# 竹内好とその時代

## 歴史学からの対話

黒川みどり
山田　智
編

有志舎

竹内 好（1967 年，『竹内好全集』第 1 巻より）

# 竹内好とその時代——歴史学からの対話——

《目次》

## 〈凡例〉

一、以下の書籍については略記を統一した。
『竹内好全集』〈全一七巻、筑摩書房、一九八〇〜八二年〉→（書名省略）巻号（丸数字）＋頁
『状況的 竹内好対談集』〈合同出版、一九七〇年〉→『状況的』＋頁
『丸山眞男集』〈全一六巻、岩波書店、一九九六〜九七年〉、〈別巻新訂増補、同、二〇一五年〉→『丸山集』＋巻号（丸数字）＋頁
『丸山眞男集　別集』〈第一〜三巻、岩波書店、二〇一四〜一五年〉→『丸山別集』＋巻号（丸数字）＋頁
『丸山眞男座談』〈全九巻、岩波書店、一九九八年〉→『丸山座談』＋巻号（丸数字）＋頁

二、中国人の人名のうち一般になじみが薄いと思われる人物については、竹内の時代には一般的であった日本読みを、各章の初出時に付した。

# 総論●竹内好と〈歴史学〉との対話

山田　智

## はじめに

私は文学者の会合では歴史家のような顔をするし、歴史家の前では文学者のような顔をする。

「戦後歴史学」華やかなりし一九五一年一〇月二七日、歴史学研究会主催の平和懇談会の席上、満座の歴史家たちを前に竹内はこう言い放って当日の議論の口火を切った。[*1] しかしやはりなお、竹内好は中国文学の研究者であった。それも、歴史的世界で生み出された古典文学ではなく、彼と同時代の「現代文学」の。そして彼は、その中国の現代文学の研究を通して、彼の人生の眼前に繰り広げられた中国革命の現実を彼独自の視点から歴史的に把握することを目指し、一つの歴史認識にまで高めることに成功した。

竹内の生きた時代、社会の歴史的把握の本家である歴史学は、彼の傍らで、中国革命により理論的に寄り添う形でその中国に対する歴史認識を展開していた。そして竹内は、少なからざる歴史学研究者と交流を持ち、またその研究成果にも触れたが、決して歴史の「専門家」の見立てに臆することも、またかぶれることもなく、彼自身の歴史観を貫くことができた。いいかえれば、当時の歴史学は竹内の歴史観に大きな影響を与えることができなかった。これは歴史学の敗北なのだろうか。あるいは、歴史学の示した認識に対してかたくなにその扉を閉ざした竹内の知性の限界なのだろうか。

竹内に一貫していたのは、作品に込められた主観を自らの思想と対峙させて把握する、文学研究者としての立場であり、これは、史資料の解釈に主観の混入を嫌う歴史学とは対極的なものであるとも言える。この竹内が、彼と同時代に全盛を極めた社会経済史よりも、思想史、それもまだ大きな地歩を占めるには至っていなかった当時の歴史学の世界のものではなく、歴史学とは畑を異にする政治学分野の政治思想史の、その中でも唯一、丸山眞男を高く評価し、彼との交流を積極的に選択したことは、その学問的方法からも極めて自然な選択だったのであろう。加えて、中国史に大別される学術世界の中からは、自らの身を中国に置きつつ日本のアカデミズム歴史学に背を向けた異形の中国史研究者・中江丑吉への傾斜を試み、また法制史という立場から中国の歴史社会の把握に積極的に取り組んだ仁井田陞が、竹内にとっては高く評価すべき対象となった。さらに日本史分野の中では、民衆世界への接近方法の模索を続けていた石母田正へ接近していった。

歴史学へのこのような独特の意識を持ちつつ中国革命の進展の中に生きた竹内にとって、そもそも毛沢東の革命思想のもつ公式的側面――マルクス主義的唯物史観に基づく中国における共産主義革命の社会経済史的説明と実践は、必ずしも重要ではなく、そのような外套をまといながら中国革命の思想と実践を模索する姿が受け継がれる中国における革命の「伝統」こそが、中国における人民革命の本質であった。それゆえに竹内は、孫文―魯迅の系譜に毛沢東を置くことに何らの躊躇もなく、また蔡元培《さいげんばい》などの保守的知識人をも、その革命の伝統の中に自然に位置づけることができた。またこのように中国革命を理解する姿勢こそが、文学研究者・竹内をして、中国革命―中国の近代化を歴史的に理解することを可能ならしめた。この竹内独自の中国理解の根源には、魯迅に対する深い洞察があり、また魯迅の作品を通じて会得した中国像を、自らの経験や交流の中で思想として昇華してゆく過程には、様々な歴史的現実との向き合いがあり、そしてその傍らには歴史学研究者の影が常につかず離れずの形で伴走していた。

以下、本書の総論として、中国文学研究者という立場を崩すことなく歴史認識を磨き上げていった竹内が、同時代の歴史学とどのような「対話」を繰り広げ、また歴史と向き合ってきたのかを、その歴史家的側面に注目しながらたどってゆきたい。

## 1　「歴史家」の発見――楊聯陞・顧頡剛と中江丑吉――

茫洋とした道筋を経て「中国」の「文学研究」を起家の学として選ぶにいたった竹内であったが、この確信的な選択ではなかったと思われる中国文学以上に、思想形成期の竹内の選択肢として浮かび上がってこないのが歴史学である。たとえば旧制大阪高等学校時代の同級生である田中克己が「竹内は東大の支那文学科、わたしは東洋史学科をえらび、ともに中国を愛する意思を実現せしめた」[*2]と回顧するように、虚学を通じての中国へのアプローチ方法として「文史哲」のそれぞれの道の高等教育の場は、当時の日本では既に十分に整備されていた。しかし、竹内の歴史学への接近の可能性を、現在残されている竹内本人の回想や、当時の竹内を知る人の言の中に見いだすことは難しい。この竹内が初めて直接対面した「歴史家」が郭沫若《かくまつじゃく》であった。

一九三三年秋、竹内は市川に居を構えた郭沫若を訪れた。郭沫若はかつて、竹内が卒論で取り上げた郁達夫《いくたっぷ》とともに創造社を結成して文学運動の最前線にいた人物であり、竹内は「当時の文学運動のもようを直接本人からうかがう目的で」（⑬五六）訪問したのであった。しかし郭沫若は「質問には答えてくれたが、話はとかく歴史研究上のエピソードのほうに流れ」（⑬五六）てしまった。この時期の郭沫若が、留学と亡命という二度の日本滞在を経て「医学生から詩人、詩人から革命家、そして今度は歴史家」（⑬五六）と自らの立ち位置を変えていたためであろう。このように竹内の期待には応えることのない郭沫若であったが、翌一九三四年の中国文学研究会の結成やその後の活動を通じても両者の交流は続き、最後の機会となった一九三六年暮れの郁達夫の歓迎会にいたるまで、郭沫若は竹内に対して文学者として振舞うことはなかった。

ではこの郭沫若との交流は、彼を「歴史家」として竹内に印象付けたのであろうか。一九五〇年に出版された『世界文学辞典』の郭沫若の項を担当した竹内は、郭沫若を「中国の文学者」と位置づけたうえで、「亡命中は歴史研究に沈潜し、唯物史観に立った最初の古代史『中国古代史研究』ほか多くの金石考古学に関する専門的著述をなし」たとするが、日中戦争期の著作については「『青銅時代』、『十書批判』、『歴史人物』等の史論と多くの史劇とを書いた」と、その著作を「史論」と断ずる（③二四四〜二四五）。また、『十書批判』の日本語訳の紹介に際しても「郭氏の本質は詩人で、熱血漢である」（⑫二六三）と、歴史学研究の書の紹介とは思えぬ著者の位置づけをしており、また戦後初の訪日に際して郭沫若を紹介する文章でも、「氏は「創造社」の文学運動以来、一貫して直情径行の詩人であった」（⑬五八）とするなど、竹内は一貫して郭沫若を歴史家とは紹介しなかった。それでは竹内は郭沫若を文学者として評価していたのかといえば、そもそも初めての中国訪問の際に北京で入手した、竹内にとって初めての郭沫若体験となる諸篇からして「帰国してからおぼつかない語学で、それらを読みはじめたのですが、さっぱりおもしろくな」（⑬五一）かったようであるし、また詩人としても「郭沫若の単純直截さにくらべて、大河の流れるような毛沢東の構想力は、詩才でもかれのほうが一枚上ではないかという気がする」（⑤四一二）と、その感性にすら高い評価を与えてはいない。このように文学者としても必ずしも高くは評価していない郭沫若のことを、竹内はついに歴史家とは表現しなかった。それでは竹内にとって、歴史家とはどのような人達のことであったのであろうか。

あたかも盧溝橋事件に始まる日中の全面戦争を受けて帰国した郭沫若の後を追うかのようなタイミングで、竹内は中国・北京への留学の途についた。この中国留学の中で、竹内は一人の中国人の友人を得ることになる。それは、当時、清華大学図書館主任であった日本文学研究者の銭稲孫《せんとうそん》から日本語と中国語との相互学習の相手として紹介された楊聯陞《ようれんしょう》という、竹内より四歳若い歴史学研究者であった。竹内と楊聯陞との交流は、やがて単なる語学の相互学習相手という範疇を超えたものとなるが、一九三九年の竹内の帰国まで続いた両者の交友には一つの「黙契」が、一貫して存在したという。それは、お互いに時局についての話題を一切しないというものであった。二人の交流が、まさに日中の全面戦争が始まった時期に重なっているということを考えれば、そもそも時局がらみの話題は非常に取り上げにくいものであったであろうことは容易に想像できる。しかし両者の黙契は、少なくとも楊にとってはけっしてそのような消極的な動機によるものではなかった。

この頃の楊聯陞は、まだ数ページ程度の小篇を数本発表しただけの、ほんの駆け出しの研究者であった。この楊が後年、考証学の伝統を継ぐ実証的歴史学研究者として評価されることになるのだが、この竹内との交誼が始まる直前に、後に実証性の高さを謳われる楊の著作の中で異彩を放つ一本の大作をものしている。「東漢的豪族」[*3]と題された、当初は高校の教科書の一部として執筆されたその論文の中で、楊は「豪族」という歴史史料上の存在をあえて拡大解釈することで、自らの視点を歴史世界の中に限定せずに、歴史世界と向き合う目を通じて、革命運動と反動とが社会に歪みを生み続ける中国社会の現実に向き合わんとしていていた。そしてその結果として生じた実証上の瑕疵を、楊は生涯修正することはなかった。[*4]また、「北京特輯号」と銘打たれた、留学中の竹内が北京で編集した『中国文学月報』四二号（一九三八年八月）に、おそらく竹内からの懇請を受けてのものと思われる一文を寄稿するが（「都門雑誌中之俗曲史料」)、そこでは『食貨(半月刊)』誌に初めて寄稿して以来となる字《あざな》「蓮生」を執筆者名としており、その内容も、これまで楊が手がけてきた「歴史学」とは全く方向の異なる文学・言語学的資料紹介であった。もちろん、博識な楊が『中国文学月報』という媒体の性格に合わせたという側面もあろうが、楊が歴史学を時代と向き合う自分自身の中心学問と位置づけていたとすれば、あえて歴史学以外の分野の原稿をもって竹内との交誼に応えたこともまた、竹内との黙契を履行する一つの形であったと考えられる。そして竹内もまた、自らが編集した当該号の「後記」の執筆を放棄することで、前号より予告されていた「楊蓮生」という執筆者が何者であるかについての情報が、中国を侵略している国の学術雑誌に掲載されることを回避している。

このような両者の交流の中で、竹内にとっては時局のことを話題にあげないことは、竹内自身が侵略国側の人間であるという気まずさを被侵略国の人間である楊聯陞への「いたわり」へと糊塗するものであったが、楊にとっては、日本の侵略を認めないことを沈黙によってしか示せない状況下において、その沈黙を徹底することが、示しうる最大の「抵抗」であった。この楊の抵抗こそは、魯迅が魏晋南北朝期の文学者の姿に見出した、隠逸的・厭世的に装うことでその抵抗の精神を積極的に隠し、その抵抗の精神を永らえさせるという中国知識人の伝統的な抵抗の系譜を引くものであった。たしかに、竹内が楊における抵抗の本質に気づきはじめるのは「敗戦後の米軍占領下の日本」という経験を経てのことでもあろうが、[*5] この自らの追体験による認識の深化も含めて、この楊聯陞との交友は、竹内にとって中国人の歴史家、それは単なる学問対象の分類上の便宜ではなく、抵抗する「人」のあり方の一つの典型例として、深く心に刻まれていった。

楊聯陞は、竹内の帰国に際してタゴールの詩の翻案を書幅に仕立てて贈っている。竹内は後年、そのタゴールを「底には非常に強い怒りを含んでいる。社会あるいは世界の不正に対する怒りが、非常に強くある」と評し、またタゴールの本質を「中国なら汲み取れる。日本では汲み取れない」とするが(⑤一〇五)、このタゴール理解における日中の対極的な位置づけは、かつて楊の心底を推し量りきれなかった自らへの反省であったろうし、あるいは、文学者・タゴールの本質に気づかせてくれた歴史家・楊聯陞への素直な敬意の表れでもあったろう。

楊聯陞という一人の中国人歴史家との交流を終えて帰国した竹内は、中国社会を歴史的に捉えるという意識を強めてゆく。それは竹内一人の問題ではなく、『中国文学月報』の後記に「歴研の東洋史の人たちと僕らの会の間にいま清末研究会（未定）設立の相談が起っている」と公表しているように、中国文学研究会全体での歴史学との協業として模索されたが、その目的は「支那史に於る近代の意味を劃定」（⑭一四三）することにあるとする。この試みは具体化されることなく終わったようだが、歴史学との共同研究は戦後になって「現代中国思想研究会」という形で実現することとなる。*6

このころ竹内は、もう一人の中国人歴史家・顧頡剛《こけつごう》の問題意識と出会うことになる。一九四〇年四月より回教圏研究所の研究員となった竹内は、同研究所の研究員らしい仕事の成果として「顧頡剛と回教徒問題」（⑭二一二〜二二五）を一九四一年二月の某日に一日で書き上げる。ここで竹内は当時の中国の歴史学界、特に古代史学界の状況を「考古学的な面」・「社会史的な面」・「文献考証的な面」の三つの潮流に分類し、顧頡剛を「擬古派」と呼ばれた文献考証的歴史学者と位置づけつつ、その学問を「アカデミイの壁に閉じ籠った枯燥なものでなく、豊富な生活の意欲に裏づけられた積極的なもの」（⑭二一五）と評価し、疑古派には「史観がない」という「社会史派」からの批判を退けるが、あるいはこれらの中国の古代史研究の状況整理や顧頡剛への評価の背景には、楊聯陞との交流のなかで得た中国の考証学の系譜を引く歴史学への信頼感があったのかもしれない。ともあれ、竹内がここで顧頡剛を採り上げて論じようとしたのは、「私たちの身近くいる一人の古代史研究の学者が、現実の問題である回教徒問題を学問化した過程を、その学者の学問する意欲の内面から辿ってみることによって、一般に文化問題としての回教の問題が今日支那で如何に存在するか、また逆に、それを在らしめる支那の文化というものが何であるかということ、それを解きほごすための手がかりの一つを得たいと思うのである」（⑭二一五）と、その学問的実証方法そのものへの関心ではなく、その問題意識のあり方を通じて中国文化一般への普遍的視座を得ようとしたためであった。

こうして竹内は、「回教徒問題」という現実的課題の解決を、その歴史的展開を論じるなかで模索する手法、まさに歴史学的な思考に正面から向き合う機会を得た。ここで顧頡剛が見出した「回教徒問題」が「国内」の民族問題であるという視点は、やがて日本の沖縄問題へ、また「同胞の確執という社会悪」（⑭二二五）であるという点では被差別部落の問題へと、のちに竹内がその眼差しを拡大してゆくための貴重な経験となったであろう。そしてそれ以上に、顧頡剛という歴史家を、この回教徒問題から直接的には離れて、その自叙伝[*7]にまでたどることで、「文献整理を手段とする（中略）冷徹に見える学問に身を打ち込む学者が、実は豊かな感性の持ち主であ」り、「それを日常の生活に発散させるのではなくて、ひたすら学問の内部へ向って注ぎかける」（⑭二二一）ありかた、そういった歴史家の生き方を、「たとい環境は如何に悪劣であろうとも、学者として彼は幸福な人であったに違いない」（⑭二二五）と、憧憬を持って高く評価することで、歴史家という一つの人間類型が竹内の中に確立された。またそれゆえに、竹内にとってそのきっかけとなった「民族問題としての支那回教の問題の彼の理解の仕方」が、「たとい間違いでも、それを打砕くものは、彼と同じ誠実さをもった人間以外にはない」（⑭二二五）とし、学問は単なる実証作業ではなく、人間としての誠実さをはかるための営為であるとの確信を深めていった。

このように自らが「歴史」の渦中にありながら歴史そのものを対象とする二人の中国人歴史家の学問的実践の姿勢に触れた竹内であったが、彼を取り巻く歴史的環境は、よりいっそうの厳しさを増していた。「顧頡剛と回教徒問題」を執筆した三ヵ月後の一九四一年五月、竹内は東洋思想叢書の一篇として『魯迅』を担当することが決まった。このとき竹内の盟友の武田泰淳は『司馬遷』を担当することになるが、一九四三年一月に刊行された『中国文学』九一号の後記に、「僕と武田は一週間に一、二度は必ず会っており、この一年間の話題の中心は主に世界史一派と司馬遷であった」（⑭四四五）とあるように、竹内に先んじた従軍経験により「歴史に出てこない」中国の村落世界を戦場として経験することにより自らの歴史認識を確立しはじめた武田の司馬遷観に触れ、その会話の中で自らの歴史認識を再確認しながら、おそらく一九四二年の秋ごろまでには、自らの担当する『魯迅』の執筆に取り掛かった。しかしこの間、竹内にはもう一つ大きな仕事が待っていた。「大東亜戦争と吾等の決意（宣言）」（⑭二九四〜二九八）の執筆である。「弱いものいじめ」であった中国との戦争を、「強者」と戦い、「東亜から侵略者を追いはらう」「真に民族の解放のために戦い取る」ものへと昇華させた対米英開戦は、「世界」を「一夜にして変貌」させる「歴史」の創造であり、「世界史の変革の壮挙」であった。この時竹内が恐れていたのは、この現実に背を向けることによって「明日の歴史の埒外に」放り出されることであった。

そのような立場を拒絶するためにも、自らの歴史観を整理し、改めて中国に向き合うことが、竹内には必要となっていったのであろう。竹内は『魯迅』と平行して執筆した「現代支那文学精神について」のなかで、「現代支那を「近代」として把えるのでなければ、現代支那の種々の問題は理解されないのではないか。私は近ごろになって、この考え方に自分がますます傾くのを感ずる」（⑭四六二）として、周作人の「中国を理解せんとすれば（中略）まず自国の明治維新史を一読することである」という文章をひきつつ、「現代支那は、古典支那の延長ではなく、むしろ逆に古典支那の書き換えによって現代支那が成立しているということである。（中略）わが日本が持ったものとも同じである。日本の近代が独自であった如く、支那の近代も支那独自であるが、それは大きく見れば近代という世界史の中の風土的な独自さであった。世界史と対立する意味での支那が、近代の框外に存在するということではなく、むしろ古典支那と呼ばるべき近代に対立する意味の一つの世界は、近代支那によって全く否定せられ、異った価値を与えられて近代支那の中に包摂されている、と考えたいのである。云い換えれば、現代支那は、近代の支那における自己実現であり、近代の中に変貌している古典支那の伝統以外に、それと無関係な古典支那は存在しないということである」と、「現代支那が古典支那から非連続につながっているという歴史認識」（⑭四六四）を表明するに至ったのである。そして中国史における近代史の画期を、「五四は、新しい精神の勃興によって前代との連続が断ち切られた時期である。その新しい精神を激成したものは、文学革命の運動であった」（⑭四六九）とし、「現代支那の文化的性格がいちじるしく文学的に規定づけられているように私は思う」と、その歴史観を自らの学問である文学研究の世界観の中から説明するのである。

こうして自らの歴史観を確立させ、中国と日本の現実に向かい合おうとしていた竹内を待っていたのは、脱稿した『魯迅』の刊行を待つことさえ許されぬ召集と中国大陸への出征、そして敗戦による捕虜体験と、復員後の占領下の日本という、めまぐるしく転換する歴史的現実の過酷さであった。しかしこの軍隊生活、そして敗戦による捕虜として体験した声をあげられぬ弱者としての境遇は、かつての楊聯陞の心情を、あるいは魯迅の抵抗精神を、より実感的に理解しその理解を深める契機となりえたのではなかろうか。それゆえに竹内は、復員後の『中国文学』の復刊を契機に「歴史の一番大切な時機に革命勢力となりえなかったことの責任を強く感じ、今後の努力によってそれを償わなければならぬ」（⑬一〇一）と、文学研究の立場と中国研究の二つの立場から、中国文学会の戦争責任を厳しく問うが、これは同時に、中国研究会の創立者の一人であった自らへの批判でもあったろう。また刊行を予定していた茅盾《ぼうじゅん》の『見聞雑記』の翻訳の後記の中で、中国が抗戦に勝利した根本理由を「ある種の歴史的自覚、歴史を創りつつあるものの自覚、その自覚に基く愛国心、と云えるような一つの精神」であるとし、「大切なのはそのような精神を感ずる場所に立つことだ。その精神を生み出した物質的基礎について考えるのは、そのような場所に立った後になすべきことである」（③七二）と、自らの眼前に展開した歴史を物質的基盤からではなく思想から理解することと、またそのような理解のできる場所に身を置くことを、これからの「中国研究」家たちのあるべき姿であると自覚するにいたる。こうして歴史的激動の続く中国に向き合う意識を確立した竹内は、次いで日本人の歴史家と向き合う機会を得る。中国革命期から日中戦争期まで北京に暮らし、一九四二年に物故した中江丑吉である。

竹内が中江を正面から取り上げた文章は、わずかに一篇、中江の遺稿を集めた『中国古代政治思想』(岩波書店、一九五〇年)を紹介するための小篇があるだけである(一九五〇年、④三九〇～三九三)。それは、今日的意味での書評と呼ぶのを憚られるほど、対象とする書物の内容についての具体的言及に欠けるものではあるが、その代わりに筆者である中江個人に対する好意が横溢する文章となっている。竹内は中江の人となりを知った頃から「その気骨ある徹底した反アカデミズムの態度に共感し、ひそかに尊敬し、そのような人を民間の篤学者あつかいする「支那学」者を軽蔑した」し、また「そうした人間が、冷徹な学問に魂をこめるようになる心的経緯について、パトスの根元について疑問」をもったとする。それゆえに、「この書物を通じて、第一に感じられることは、体系への志向の激しい気魄であ」ったし、「この気魄こそ、これまでの日本の学問、とくに中国関係の学問に欠けたものであって、それにくらべれば、驚くべき博引さえも物の数ではな」いことになる。この「非凡な精神力と、不屈の闘魂」に支えられながら中江が目指したものは、「伝説時代から歴史時代へかけての、古代中国の政治思想を、人類の全生活史中において位置づけて再構成することであ」り、そのためには「あらゆる前提を退けて、自己完結的な、したがって現実的な、ひとつの世界を築くことであった」。

歴史学の成果を通じて竹内の目に映った中江は、「本質的に一個の哲人」であり、「一方の極に、激しい現代批判の情熱をおいて見なければ理解されない」人物であった。それゆえに、「今日では、考古学その他関係諸学の進歩と、および問題の所在の歴史的推移によって、著者の血のにじむような苦心」が「結果としては利用価値の乏しいものになってい」たとしても、「それはこの書物の古典的価値を否定するものではな」く、「むしろ、日本の学問の祖述主義、権威主義に対して、今日でも対照的な利用価値をそなえている」ものであるとする。

そしてこのような中江に対して、竹内はその学問の区々たる内容ではなく、中江の「精神史の転回点をなす伝記的事実」を解き、「俗人からは夢想家に見え」る「思想上のデモクラートと学問生活における価値観上のアリストクラートが対立する」その「悲劇的な人格は、やはり近代日本の後進性がうんだ悲劇の反映である」という観点から「中江丑吉を研究したいと思ってい」た。結局この構想が実現されることはなかったが、それは竹内の関心が中江から逸れていったというよりも、むしろ自らと中江との同一性への気付きが、この課題への直截的かつ性急な取り組みを遠ざけたのではなかろうか。

竹内と中江との相似性について、木下順二は次のように竹内自らが中江について語った言葉自体を竹内へ反照している（⑫月報一二）。

竹内さんが中江丑吉に似ている証拠、といってはおかしなことになりますが、「中江丑吉著『中国古代政治思想』」という竹内さんの書評の中の丑吉評で、そのまま竹内さんに当てはまる表現がいくつもあります。「自己自身の精神の内部格闘」だとか、「このような著者の学問の無償性」だとか、「しかし、そうかといって、かれはヘーゲリアンでもマルクシストでもない。かれの目指したものは、あくまでかれ自身の体系であり、その不可能を知りつつそれに挑んだ」などという言葉です。

竹内と中江の相似性については、橋川文三も「いわゆる学者、いわゆる思想に対して拒否的な姿勢をつらぬいたという点でも似ている」としているが、[*8] 丸山眞男によれば、それは単なる姿勢の問題に留まるものではなく、近代化過程の混沌の中にあった日中全面戦争期の北京にあって、竹内と中江がともに生活者として解体と創生の両義性を見抜くという、思想の次元での相似性であった。[*9] 後年になって木下は対談の場で竹内に中江との相似を直接指摘するが、[*10] その答えは「いや、向こうのほうが偉いよ（笑）」と、相似性そのものは否定していないことから、やはりどこかの段階で竹内自身もそれを自覚していたのであろう。またこの対談の中で、「あれだけ自由人としてふるまえたというのは、物質的な基盤があったとしても、やはり偉いと思うね。そうとう抵抗を続けた」、「ただそういう人がいたということは、やはりいつも気になるような、そういうふうな人物だな」と、中江を見出して二〇年以上の年月を経てもなお変わらぬ中江への評価と関心の高さを語っている。

こうして竹内は、自らの姿勢や思想に確信を与えてくれる日本人中国研究者を、歴史学という領域にようやく見出すのである。

楊聯陞と顧頡剛を経験して中江丑吉にたどり着いた竹内にとって、この三者に通底する歴史家という人間のあり方は、伝統的な漢学・支那学に背を向け続けた自らの研究者としてのあり方を力強く後押しするものであったであろう。また自らの対象への接近方法、それは対象が現象化する歴史的な経緯を明らかにしながらその対象を現代的に意味づけし、そしてその未来への展望を探るという、時系列を構造化する把握法を、この時代に主流となりつつあった唯物史観という図式化された方法論を経ずに科学的手法として確認することができたことは、以後の竹内にとって大きな財産となったであろう。

一方でこれらの歴史家への接近が、歴史学の実証成果などへの関心にはつながらなかったところもまた、文学研究者としての竹内を規定する重要な資質であったのではなかろうか。たとえばこの頃盛んに喧伝された、戦後の「科学的歴史学」を象徴する考古学の発掘調査にたいする竹内の無関心を自ら告白した文章がある。

去年（一九五三年）の秋、岡山へ行ったとき、県下で大規模な古墳発掘をやっているという話をきいたが、深く気にとめなかった。（中略）私は古墳のことも知らないし、発掘のことも知らない。ズブのシロウトである。（中略）村の青年や小学生は、発掘の仕事に参加することによってズブのシロウトからアマチュア考古学者に成長していくが、私はそうはならない。（中略）ズブのシロウトである私は、それらの文章をよんで感銘するということは、まずない。これは文章がよく書いていないからではなくて、本来に私に関心がないからだ。（一九五四年五月「「月の輪古墳」を見て」、⑫二七〇）

これは、登呂遺跡（静岡県）の発掘調査とともに「市民参加」による国民的歴史学の「実践」現場であった月の輪古墳（岡山県）の調査の記録映画を見ての感想であるが、その運動としての意義を認めつつも、その歴史学的成果に対して全く関心を持てない自らを再確認する、そのある種の戸惑いのような心情の吐露ばかりが印象に残り、あまり当該の映画の宣伝に相応しいとは思えない文章になってしまっている。しかし、おためごかし的に発掘調査の成果への関心を装ったりすることは、竹内にはできなかったのであろう。それは、この映画に接したことが、二〇年も前に郭沫若から中国考古の成果を延々と聞かされたとき以来、その話が面白かったことを認めながらも、やはり関心を持ちきれなかった歴史学の実証的世界への違和感を再確認する機会となり、また自分自身のそのような嗜好性を偽ることが、科学者としての誠実さを欠くことと、ひいては歴史学への侮蔑につながることが、竹内には深く自覚されていたのであろう。

以上のように、竹内にとって「歴史学」との接触はまずはその方法論や実証研究の成果への関心からではなく、歴史学研究者―歴史家という人間そのものとの接触やその人自身への関心から始まっており、この歴史学との距離感は、終生変わらぬものであった。このような心情的な距離感を持ちつつも、竹内の傍らには常に歴史学が存在していた。それは中国文学研究会と歴史学研究会とがまさに時期を同じくして立ち上げられたことに象徴されるように、激動する時代の中に生きる、その時代を理解しようとする人たちにとって、歴史学という方法が非常に魅力的な方法として、文学に並ぶ有力な選択肢として存在し続けたためであり、竹内は自らの文学研究者としての立場を崩すことなく、厭わずに歴史学との対話を続けてゆくこととなる。

## 2 「歴史家」との交差――丸山眞男・石母田正と戦後歴史学――

既に物故していた中江丑吉を見出すに先立って、復員直後の竹内は同時代を生きる二人の「歴史家」の著作に接することになる。丸山眞男と大塚久雄である。奇しくも両者ともに、竹内が出征前に個人的な付き合いを持っていた歴史学研究会に連なる、いわゆる歴史学の専門家ではなかったが、にもかかわらず後世「丸山政治思想史」、「大塚史学」と称される独自の歴史へのアプローチを切り開いた人物であった。この時、再建された歴史学研究会を中心とした「歴研派」とともに、竹内の目の前には非常に豊かな歴史学の選択肢が用意されていた。

丸山と大塚という、すでに一家をなしていた両名にたいする竹内の評価は早い段階から対称的なものであった。丸山への評価は「『世界』五月号、丸山真男という人（東大法学部助教授）の「超国家主義の論理と心理」を読む。面白かった。近来になく面白かった。帰還後よんだ中で随一のものである」（「復員日記」一九四六年一〇月一九日、⑮四三六）、「夜、丸山真男の「超国家主義の論理と心理」再読」（同一一月二日、⑮四四一）と、「超国家主義の論理と心理」への共感から始まった。しかし、この丸山の最も人口に膾炙したであろう論文は、必ずしも歴史学的手法に拠ったものではなく、この論文によって竹内が丸山を歴史家と認識したとは考えにくい。

次いで「飯塚浩二氏から『世界史における東洋社会』と『東洋文化講座』の第二冊を送ってきたので、早速目を通す。前者は飯塚流で視野は広いが、独創的なものはないようだ。後者は丸山真男がやはり面白い」（「浦和日記」一九四八年七月一〇日、⑯三〇）、「飯塚浩二と『東洋文化講座』をよみつぐ。丸山真男の「日本ファシズム」は予想通り面白い。

引例適切、vivid に image がうかぶように述べられている。この人の感覚と、それを支える思想とは、やはり他の人よりきわ立って秀れている。服部之総と遠山茂樹ははるかにおちる、面白くない。まだ飯塚浩二氏の説話調の方がよめる」（同七月一一日、⑯三二）と、竹内は丸山の「日本ファシズムの思想と運動」に接することで丸山の「感覚とそれを支える思想」への共感を深め、ついに「私は丸山真男の「近代日本思想史における国家理性」（『展望』一九四九年一月号）に方法論的にも教えられるところがあった」（④一一）と赤裸々に語るように、丸山「思想史」の方法を積極的に摂取するようになる。このように、竹内は丸山本人の思想から入り、やがてその手法としての思想史への評価へとたどり着いたため、それを社会科学的な構築性の見事さとして評価するよりも、文学的・芸術的なものとして評価する傾向が強かった（「思想と文学の間」⑫三二九～三三二）。

竹内が実際に丸山と面識を得たのは、一九四七年九月末日の東洋文化研究所であった（⑮五一七）。以後両者は交友を重ねるが、先の「近代日本思想史における国家理性」（『丸山集』④三～二四）に対しては一年を経ずして次のような厳しい批判を展開している。

丸山の説は、中国が日本より近代化に立ちおくれた原因を、イデオロギイの側面から、妥当に説明を下してはいるが、かれはなお、その立ちおくれを立ちおくれのままで処理していて、時間的な差が同時に質の差を含むという展望を与えていないように思われた。（中略）丸山のような学者さえ、日本人の伝統的な中国侮蔑感が意識下にあって正しい理解を妨げているような気がする。（④一三）

これは丸山個人に対する批判ではなく、丸山にすら見出される日本人の中国観を克服する道を、過去と未来の歴史的過程の中に見出すことこそが、自らのこれからの課題であることを再確認する契機を得られたことの表明であった。丸山もまた、当該論文を含まない論文集ではあるものの、『日本政治思想史研究』（岩波書店、一九五二年）の「あとがき」（『丸山集』⑤二八三～二九四）において「総括的に自己批判するならば、今日から見てまず最も目につく欠陥は、冒頭の中国の停滞性に対する日本の相対的進歩性という見地であろう。（中略）カッコ付の近代を経験した日本と、それが成功しなかつた中国とにおいて、大衆的地盤での近代化という点では、今日まさに逆の対比が生まれつつある」と、竹内からの批判を素直に受け入れ、さらに竹内の『日本イデオロギー』（筑摩書房、一九五二年）の紹介に際しては、「日本の官僚主義的思考＝行動様式に対する彼の一貫した思想的対決」と、「官僚主義を排撃する論理がまさしく官僚的な押し付けがましさを持つという日本イデオロギーの宿命から何とかして脱れようとする苦しまぎれの便法」としての竹内の逆説的言辞を正確に読み解くことで、特に同書に収められた「日本共産党に与う」（一九五〇年二月、⑥一三三〜一四五）に対して「進歩陣営」より湧き上がった批判を退ける（一九五二年九月、『丸山集』⑤二四九〜二五一）。こうして、竹内と丸山は、相互の学問に対する深い理解をもって終生の交誼を結ぶことになる。

一方で大塚久雄については、「先日から車中などで『帝大新聞』の「日本封建性の分析」をよむ。大塚久雄の、ヨーロッパの産業資本は前近代の資本と非連続に独立して発生したという説（Max Weber だろう）、しかし東洋のそれは近代以前のものからつながっているという説は頗る暗示的だ。ヨオロッパ近代文化の独立性に対して、東洋のそれの依存性（前近代への）がよく説明される。重要な問題だ。しかし大塚久雄の文章は、この簡単な結論をもってまわった表現（重要なことは何もいっていない）で、しちむずかしくしていて不愉快だ。academician だ」（「浦和日記」一九四七年一〇月五日、⑮五一九）と、まずその内容以前に文体への違和感を覚え、やがて「大塚久雄の新刊『近代化の人間的基礎』をもらう。帰りの電車で序文をよみ失望、大塚という人、意外にはやく限界をあらわしたようだ。もうその俗臭が鼻をつく」（同一九四八年九月二〇日、⑮四〇）、「夜、大塚久雄『近代化の人間的考察』をよむ。得るところなし。大塚久雄はもうだめだ」（同九月二三日、⑮四一）と、大塚の学問そのものを否定するに至る。

直接の接点を得る前に既にして分かたれてしまった竹内の両者への評価であるが、すでに歴史の精神的基盤の重視を中国の抗戦の勝因と理解していた立場から、また歴史家に人としての生の思想を求めるようになっていた竹内が、ストレートに自己を語る丸山の思想史を受け入れたことは極めて自然な選択であり、やがてこの丸山が竹内にとって終生の友人となった。一方で一度は大塚を切り捨てた竹内であったが、これから二〇年の歳月を経た後の対談などがきっかけに大塚の意識に直接触れる機会を得ると、その意識への興味をかきたてられるようになる。このとき竹内は歴史理論家であった大塚を前に「ただ私は学問のほうはだめなんで、だから、理論化は自分ではできないと最初からあきらめております。ただ、そういう発想をだれかがつかってくれればという期待がありまして、それでいつも思いつきのような発言ばかりしているのです」（一九六七年一〇月、『状況的』二〇八）と、謙遜とも真情の吐露ともとれる発言から対談を始めており、また対談の翌年の講演では、大塚が竹内の中国近代化論に好意的な理解を示していることを紹介することでその講演を締めくくっている（「中国近代革命の進展と日中関係」④三八九）。また対談後には、なお大塚との議論を戦わせたかったと振り返る（『状況的』「あとがきにかえて」三四五～三四六）。

ところで、当時の歴史学の主流であった基本法則全盛期のマルクス主義歴史学は、竹内の目にはどのように映ったのであろうか。後年の述懐になるが、竹内は「思えば私が若いころ、マルクス主義に魅力を感じた理由の一つは、史的唯物論に見られる必然論の側面であった。歴史の必然！　この声は霹靂のように鳴りひびいた。ブルジョア史学の偶然論にあきたりなかった私は、その声に飛びついた。そしてはるか未来に、必然の細い細い道をたどってではあるが、自由の王国を一瞬垣間見たように思った」（「学者の責任について」⑧二五七）と、方法論としての唯物史観に感じた魅力がその必然論にあったことを明かしているが、一方でそこに立脚する歴史家のあり方については次のような評価が残されている。

日本へ輸入されたマルクス主義は、日本人の対中国認識に関するかぎり、このような侮蔑感を固定する働きをした。なぜならば、それは生産力という単一な物質で歴史を割り切ることで価値を量る決定論として受けいれられたから。学者たちは、中国がいかに日本より近代化に立ちおくれているかを「科学的に」立証した。つまり、素朴侮蔑感にたいして科学的侮蔑感ともいうべきものを確立した。このマルクス主義によって武装された中国観が、客観的に見れば、日本の侵略を理論的側面から助けたことは、否定されない。(「日本人の中国観」、④九〜一〇)

ここでは中国の抗戦を支えた精神と対極となりながら、日本の中国侵略の根元となったアジア蔑視の思想を理論武装することになった過去を、戦後に至ってなおそのままに引きずる「学者たち」のありかたを批判し、ここから先に触れた丸山批判へと議論は展開する。また実践面での批判としては、藤間生大『歴史の学びかた』への書評(一九五〇年五月)中に展開された以下の箇所が注目される。

私の判断でいえば、実践という概念を著者が哲学的に把握していないからである。卑俗に、街頭へ出るのが実践だと思っている。これは日本のマルクス主義者にかなり普遍的な欠点であって、たとえばノーマンなどとくらべてみると、そのことがよく分かる。(⑫一八一〜一八二)

竹内はここで、現実的な歴史社会のなかで貫徹されるべき実践のあり方の欠点がマルクス主義を奉じる「歴史家」に普遍的に見られることを指摘するが、この欠点が竹内には、とくに歴史家に対しては許容できないものであったのであろう。この竹内の憤りは、これまで彼が体験し内面化してきた歴史家、楊聯陞や顧頡剛、そして中江丑吉の生き様をこそ標準とすることからくる、歴史家一般に対する竹内の過大な期待が、裏返って現われたともいえよう。それは、先に挙げた楊聯陞への自らの理解の浅さを吐露する「中国人のある旧友へ」(一九五〇年五月、⑬六一〜六四)が、これらの日本の歴史学に対する批判と前後して書かれていることからもうかがえる。

ここで竹内は対象となる「友人」の名を明かさぬまま「私はあなたをいたわっていたのでしょうか。そうです。不遜にもいたわっていたのです。そして、あなたをいたわることによって、自分をいたわっていたのです。その不遜さが今日復讐されようとは、私は当時はまだ気づいていませんでした」（⑬六三）と自らの「不遜」を述懐し、「文化の深さは、蓄積の量ではなく、それが現在あらわれる抵抗の量によって測られるということ、あなたがその一端につながっている北京市民、あるいは全中国民衆の目に見えぬ抵抗が、どんなに大きかったかということ、そしてそのことを、私をも含めて、日本人一般が気づかなかったし、いまも十分には気づいていないこと、とくに文化問題として気づいていないこと、私があなたをいたわるつもりであなたを傷つけていたのが、文化にたいする私の理解の浅さからくるものであったということを、私はさとりました」（⑬六四）と独白する。このように、占領下の日本よりはるかに劣悪な条件の下で時代に「抵抗」する歴史家のあり方を、漸くに咀嚼し得た竹内ならではの、日本の歴史家への厳しい要求が生じたのであろう。

このような竹内の歴史家観の中で、唯一例外的にマルクス主義を標榜しながら竹内に認められたのが石母田正であった。一九五一年一〇月二七日に歴史学研究会の主催でおこなわれた「平和懇談会」[*11]の席上、「人民の友にはなれそうだが、人民の子にはまだ道遠しの感がある」と自らの限界と向き合う石母田に対して、「謙虚に似て、じつは謙虚ではない」「人民の友であるか人民の子であるかは、実践の過程にある主観が問題にすべきことではない。将来、形成されるであろう人民が、過去に遡って歴史的に規定すべきことである」「将来の歴史的評価を先取しようとする態度、したがって歴史に対する傲慢と、そこから生まれるインテリゲンチャの労働者に対する劣等意識が石母田さんの心底にありはしないか」と、非常に厳しい評価を下す竹内であったが、一方で石母田の『歴史と民族の発見』（岩波書店、一九五二年）に対しては「ちかごろ感銘の深かった本の一つ」とし、それゆえに竹内は同書に対する書評を、「石母田正氏はマルクス主義に立つ歴史家のなかでは、例外的なほど、柔軟な考え方をする人なので、私は目にふれるかぎりの文章を愛読してきて、今まで一度も、ヘキエキしたり、失笑したりした記憶がない」（⑫二三一）と、無条件な礼賛から始めている。ここで竹内は、石母田の「歴史家というよりも、生活実践者としての一人の人間の苦悩」(⑫二三二)に共感し、「歴史家は何をなすべきか」という痛切な問いを、「日本人は何をなすべきか、という場所で解こうと」(⑫二三三)するその姿に、中国の歴史家・顧頡剛の姿に通じるものを見出す。また別の文章では「魯迅に触れている部分」を取り上げ、ここで石母田が「魯迅を媒介にすることによって日本と中国との近代化の方式のちがいを論じ」、また「魯迅の文章からの発想によって、人民の歴史の具体化への試みを出している」(⑫二三四)ことを紹介する。ここで竹内が挙げた魯迅の例だけから見ると、あたかも魯迅を取り上げたことに対する竹内のある種の身内贔屓のような印象も受けるが、竹内が石母田に共感したもっとも本質的な問題は、当時の歴史学にたいして感じていた竹内の不満にたいする解決の道を、石母田が切り開きかけていた点にある。

その不満について竹内は「歴史家への注文」(一九五二年四月、⑥七〇~七四)の中で、「歴史家が日本の史学の長所として誇っている問題意識」が「西洋の学界で問題にされている問題意識」であり、「日本人として、一個の生活人としての立場から生まれた問題意識ではない」ことをあげている。そしてそのような問題意識は、竹内に言わせれば「学問の国際性」ではなく「無国籍の学問」に陥り、世界史的普遍性を志向していたはずの当時の歴史学とは、実際には真逆を向くものであった。この問題を解消するために竹内は、「国籍があってはじめて、生活との結びつきがあってはじめて、世界共通の問題に参加し、学問の発展に寄与することが、可能になるのではないでしょうか」と訴える。そしてこの主体性を欠いたありかたについて、「日本の学問は概して寄食的であり、植民地的であり、ドレイ的であります」と断じ、「このような学問の自己変革が、今日の学問の課題であり、それを歴史の領域で、あるいは歴史を手がかりにして、解決へ向かって問題を照らし出すことが、歴史学の課題である」とする。

この痛切なまでの問題意識に答え得るものとして竹内が見出したのが『歴史と民族の発見』として集約された石母田の諸篇であり、そこで開陳された石母田の問題意識を、「もはや無国籍ではなく、あきらかにドレイからの脱却を志したドレイの苦悶を訴え出してい」ると評価するのである。ここで竹内のいう「国籍」とは、区々たる国民国家ナショナリズムではなく、「民族」と等置されるべき、運動の主体となるべき存在であった。近代中国が抵抗の過程で獲得した民族としての自覚は、抵抗の経験が薄い日本ではいまだ獲得されておらず、それは学問の世界においても同じであることに石母田が気付いていったことは、石母田への竹内の評価というよりも、そのことによって竹内が励まされた側面の方が大きかったのかもしれない。このころ鶴見和子の『パール・バック』への書評でも、次のように評価している。

> たとえば、石母田正氏は、支配民族には被支配民族と同様に自由がない、というテーゼを出した。むろん、石母田氏の場合は、私よりはるかに理論的に精密であり、私と直接のツナガリがあるわけでもないが、私は私なりに、これを自分の仮説の承認、発展と考えるのである。（一九五三年八月、④二八〇）

また後年の『アジア主義』編纂（一九六三年）に際して、石母田の『続歴史と民族の発見』（一九五三年）から「幸徳秋水と中国—民族と愛国心の問題について—」[*12]を採用するに当たっては、その理由として「日本の社会主義が成立当時からコスモポリタンの性格を免れなかったという重要な指摘をコミュニズム内部からおこなった画期的な論文である」（⑰四一）と変わらぬ評価を示している。

このような竹内からの好意的評価にたいして、石母田は「中国の歴史家について—竹内好氏に—」[*13]の中で、「顧頡剛の歴史学にたいするひたむきな情熱が、一方では革命後の反動的な潮流や伝統的な迷蒙にたいするかしゃくない批判の武器となるとともに、他面では革命の退潮を反映して、学問の世界にとじこもろうとする頑固な傾向をつくりあげてしまったこと」が「戦争中、この中国の史家の自叙伝を読んで私が共鳴した」ことであり、また「戦争中の日本の進歩的な歴史学徒のあり方でもありました」とするが、やがて竹内に触れたことで「帝国主義の支配と搾取のもとにあり、しかもそれに対抗すべき民族は余りにも古いものによって腐朽させられていることを自覚」していることを…

「支配民族の歴史学徒であったわれわれが、顧頡剛のこの面を当時理解し得なかった」ことに気付き、胡適《こてき》と顧頡剛の民衆観の相違を論じながら、「現在の日本のわれわれの思想改造や学風の改革について」の竹内の意見を求めることで稿を結んでいる。

竹内が信を寄せた丸山にせよ石母田にせよ、その実証の対象は日本であった。竹内の本来の対象である中国を扱う歴史家、同時代の日本の中国史家への竹内の評価はどうだったのであろうか。早くから交流のあった野原四郎の他に、竹内が非常に高く評価していたのが仁井田陞であった。竹内と仁井田が直接接触を持ったのは、竹内の回想によれば一九四六年秋に東洋文化講座出席のため東大を訪れた折のことである。[*14] その仁井田の学問に対して竹内は、遺稿集『東洋とは何か』[*15]を紹介する文章（④四二八～四三〇）の中で、仁井田の『中国法制史』[*16]を「いまでも利用する。（中略）思想の問題を考えるのに、思惟が放縦に流れぬように制度の側面からチェックするのにきわめて便利な本だからである」とした上で、「仁井田さんは、むろん法制度については専門家のわけだが、制度だけを実体化するのでなく、制度と意識の両面を、その相即と相剋においてとらえようとする方法が貫かれている。そのため逆に思想のとらえ方も鋭くなる」と、法制史という自らと最も遠い方法論に立つ仁井田の中に、単なる制度史に終わらずに中国の伝統思想の本質にまで迫る眼を見出していた。仁井田もまた、「世間には私を買いかぶっている人がいて困る。たとえば「孫文」について、また「毛沢東」について書いてくれという。（中略）竹内好さんの「毛沢東」以上のものが書けるあてがないものに筆をとらせたとて、結局は相互に迷惑するだけである」[*17]と、竹内の毛沢東観には十分な信頼を置いていた。

両者の歴史観の近さと、一方でその表現方法の個性の差が明瞭に見て取れるのが、先に挙げた中江丑吉『中国古代政治思想研究』への両者の書評である。竹内が「私は、著者の学問の内容に関してよりも、その人間に心をひかれた」とし、「私にとって、伝説上の人物であった」（④三九一）とする中江の遺稿集から読み取ったのは、「体系への志向の激しい気魄」と「一人の人間の孤独さ」であった。それゆえに竹内は、「この気魄こそ、これまでの日本の学問、とくに中国関係の学問に欠けたものであって、それにくらべれば、驚くべき博引さえも物の数ではない」（④三九一）と、あえてその経書の難解な考証の具体的な意義には立ち入らなかった。これに対し仁井田は、「本書はいわば中江氏の憂悶の書である」とした上で、「中江氏が同じく中国を扱うにしても、開墾の困難な、しかも方法如何によって不毛に終わりかねない古い時代の研究」のなかでどのように同時代中国への感心から「中国の古典をその身近に引きよせ、その学問的視点から処理」していったのかを具体的に紹介している。[*18] 両者の書評を併せ読むと、あたかも現代中国文学をその研究対象とする竹内には容易には手を出しかねる領域を、前近代中国の法制史を研究対象とする仁井田が上手く補うかの感があるが、これも両者の中江評価が、言い換えれば現代中国に対する意識が相通じていたからこそであろう。

竹内の歴史家に対する批判と期待は後年まで変わることはなかった。「学者の責任について」（一九六六年六月、⑧二四五〜二七三）の中で竹内は、「私の感じでいうと、歴史家は文献の読み方が甘い。文字の表面だけをかすっている。眼光紙背に徹するまでは望まぬが、せめて紙中にはとどいてもらいたい。そうでないと「主観」や「意図」や「目的」どころか、歴史学の眼目である「事実」の確定さえできぬではないか」（⑧二七一）と文学研究者の立場から文献史学者の史料読解に対する痛烈な批判を浴びせるが、一方で「私の見るところ、歴史家には善人が多すぎる。善人だから歴史家になるのかもしれないが」（⑧二七二）と、あこがれにも似た竹内の歴史家観を赤裸々に語っている。

## 3 「歴史」の発見と「歴史」との交錯——歴史の中の竹内好——

こうして中国文学研究者・竹内は歴史学の研究成果を歴史家の思想の具現化の産物としてとらえ、丸山眞男とその政治思想史を伴走者として自らの中国観・歴史観を磨き上げていった。しかしこの選択は単に竹内個人の嗜好からのみするものではなく、竹内が直面していた自らの学問と中国の現実とが要請するものでもあった。

学問という面では、歴史家との本格的な接触が始まったころの竹内は、かの『魯迅』が再販・評価される一方で、国共内戦の混乱のなかで出版権の処理が難しくなり、肝心の魯迅の作品の翻訳出版が思い通りには進まないという問題に直面していた。しかしそのような状況を生んだ国共内戦の当事者の一方に、自らの信じる魯迅像を巧みに咀嚼する存在を見出す。毛沢東である。文学を通じての革命を信じた魯迅と、その魯迅に傾倒してゆく自らの魯迅観が、現実の革命家の実践の中に定位されることを見出した竹内の「魯迅と毛沢東」（一九四七年八月、⑤二五一～二五八）は、延安の陥落（一九四七年三月）により国共内戦が国民党優位に進められているように見える時期に執筆・発表された。その直後、北海道大学法文学部に赴任する盟友の武田泰淳を送別する一方で（九月一一日）、東洋文化研究所で丸山眞男との初めての対面を果たしている（九月一三日）。このような中で、竹内は東洋文化研究所の公開講座で「魯迅の歩いた道—中国における近代意識の形成—」と題した講演をおこない（一一月一五日）、この講演こそが、竹内がアジアにおける「歴史」的過程としての近代を正面から論じた「近代とは何か」の母体となった。

竹内が文学の中から見出した中国の「近代」、それは単に社会から隔絶した文学世界における時期区分ではなく、現実の歴史としての「近代」の文学における投影としてのものであった。先にあげた「日本人の中国観」は、国共内戦が三大戦役（一九四八年九月～一九四九年一月）を経て最終的に中国共産党の圧倒的な優位が確立され、中華民国の首都・南京を含む主要都市の「解放」が続くという情勢の中で執筆されたものだが、ここで竹内は、「孫文と毛沢東とは、機械的に対立していず、毛沢東が孫文を含む形で、孫文は今日でもやはり生きているのである。中共は、孫文を否定するのでなくて、孫文の遺産である革命の真の継承者が今日の国民党でないことを主張するだけだ」(④六)と、毛沢東を中国の革命の伝統の中に積極的に位置づけている。さらにこの中国における革命の伝統を、「中国では、伝統の否定そのものが伝統に根ざしていた。つまり、歴史を作り出す内在的な力をそなえていた」(④一一)とすることで、停滞論を全面否定するにいたる。次いで一〇月一日をもって中華人民共和国の成立が宣言されるが、この「新中国」の成立は、竹内が戦争中に見出した中国における近代の画期としての文学運動以来の革命運動のひとまずの完成となりうるものであり、このことを歴史的に説明することは、竹内にとっては必然でもあった。こうしてすでに歴史的な叙述をする立場、歴史家に接近しつつあった竹内は、自らの近代化にたいする歴史観を中国の歴史世界のなかで論理化してゆくことになる。

「現代中国文学の史的概観」(一九五〇年六月、④四三~五九)は、中国における「近代」の成立を文学と革命運動という二つの要素の止揚の結果として説明したものであるが、ここで竹内は両者の結合を次のように説明する。

近代への画期点である五・四(一九一九年)を成功させたものは、学生の愛国運動を全国の市民、商人、労働者が一斉に支持したという顕著な事実である。学生は、昔のように官吏の身分を取得するために学問しなかった。官吏への道は狭かったし、貧弱な民族資本は実業界への就職もかれらに保証しなかった。学生は、現状を否定するために自己の身分的特権を放棄するしか道がなかったわけであり、その点で民衆と共同の利害関係に立ったのである。これが近代文学発生の社会的地盤である。そして、学生にこの意識の変革を行わせたものが、文学革命であった。(④四八~四九)

ここで竹内の視線は運動の中心となった「学生」へと向けられているが、やがて階級などの社会集団としての学生総体の歴史的把握よりも、学生の革命運動を保障した北京大学学長・蔡元培の、その学問そのものではなく五・四運動期を中心とした「精神史」の解明へとその関心を向かわせることとなる。竹内はすでに「蔡元培が、五四をもって支那における文芸復興と規定したのは、彼独自の文化史観に基くものではあるが、そのこととは関係なく、私は正しい歴史的な見方であると思う」と評価していたが（「現代支那文学精神について」一九四三年七月、⑭四六九）、「中国の学生運動―五四運動と蔡元培―」（一九五一年二月、④六〇～八一）ではその蔡元培自身の歴史の中での生き方を明らかにすることに関心は移っており、続けて公刊された「評伝 毛沢東」（一九五一年四月、⑤二五九～三一六）でも、「毛沢東という一個の人間の像を、歴史的に形成されたものとして掴」むことを目指し、その中で「毛沢東の歴史観において、歴史は所与ではなく、現在の意志の下に統率しうるもの、すべきものである」と、毛沢東という個人の歴史観に肉薄してゆく。こうして竹内は、歴史の中に「人物」を見出し、その思想を歴史的に定位し、さらにその歴史世界から現実の世界に語りかけるという歴史叙述にたどり着くこととなった。

一方で様々な歴史学と向き合いの中で鍛え上げられた竹内の「近代」観は、一九六〇年代までには一個の歴史観として他者から受容されてゆくようになる。

「新中国」成立前後の時代的背景を濃厚に漂わせる時評的性格を持つ論考九篇（一九四八年六月～一九五一年二月）をまとめて出版した『現代中国論』は、市民文庫（一九五一年）から河出文庫（一九五四年）、そして普通社（一九六三年）から勁草書房（一九六四年）へと移った中国新書版として広く受け入れられたが、その読者の一人であった亀井勝一郎は「戦後私の眼をひらいてくれたのは竹内好氏の『現代中国論』であった」といい、また「この本は史書ではないが、私には現代史の課題を語るとき、見のがしえない根本の観点を摘出して見せた本のやうに思われた」と、その歴史観からの影響を語っている。[*19] この亀井の発言を含む昭和史論争や明治維新論をめぐる議論の中身については、本書第二部第二章にゆずるが、竹内はこのころ勃興してきた新しい歴史学の担い手、民衆思想史家とも出会う。

民衆史研究を切り開いた色川大吉との対談に鶴見俊輔とともに臨んだ記録「維新の精神と構想」（一九六八年）[*20]では、藤田省三『維新の精神』[*21]への批判から始める色川に対して、「私もだいたい藤田流の考え方です」（二四〇）と断った上で、主に竹内が色川に個別の質問を投げかけるが、色川からの答えに容易には首を振らない、ある種、民衆思想史に対する懐疑的な姿勢を見せながら、同席した鶴見に向かって「その歴史観についていえば、私は書かれた歴史というものはすべて偽造だという説なのです。だから、偽造すべきである」、「私は歴史家とは全く観点が違う。鶴見さんは中間派で、事実の客観性だけは認めるのですが、私は事実の客観性も認めかねるのです。だってね、歴史は必ず書きかえられますよ。書きかえられるということは、すべて偽造だということなのだ。逆にいうと、現在の必要によって書きかえられるものが歴史だと定義するわけです」（二五四）と、新しい歴史学の潮流を、その隆盛とやがての衰退とまでを見通すかのような形で突き放してゆく姿勢を示した。この大胆なまでの「歴史の書き換え」論の背景には、文化大革命という歴史の激動に見舞われていた中国があり、このころ竹内はこの文革中国とどう向き合うかという問題に直面していた。

一九六七年四月一三日から五月一七日にかけて、盟友の武田泰淳は三度目となる「新中国」訪問を、文化大革命の最中におこなう。武田の帰国後間もなく、竹内には武田との「私の中国文化大革命観」と題する対談が用意された（『状況的』二七五〜二九九）。ここで竹内は主に武田が見聞してきた文革下の中国の実情を聞きだす役回りとなり、当時のマスコミ報道からは知りえなかった文革下の中国社会の実情の一端に触れており、さらに文革初期の中国の民衆社会を扱ったドキュメンタリー映画「夜明けの国」（一〇月末公開）に接し、そこに描かれた中国社会への率直な感動をあらわにしている（④四二四〜四二七）[*22]。このような経験を経て、一一月二九日の「明治維新と中国革命」と題する講演では、文革という眼前の歴史現象にたいして、意図的に消極的な姿勢を示していることを語っている。

去年（一九六六年）から今年にかけてマスコミが文化大革命を大きく取り上げて報道したことはご記憶にあると思います。私はこの間に一回も発言していない。それは私はわからないからです。いろんな報道があるが、どんな情報も信用できないのです。動きつつある物をとらえることは大変難しいことなのです。（⑤一五五）

この発言を単なる逃避ととらえることは可能であろうが、竹内は先の武田との対談において、毛沢東の個人崇拝化の進行に対しては自らの過去の評伝での見通しの誤りを認め、また違和感を明らかにしているし、一方で毛沢東の思想を世界革命・永久革命とし、その現実的保障として文化大革命を位置づけてもいる（『状況的』一九四〜一九五）。こうして否定的にとらえるべき現象の存在と、受容されるべき論理や現実の存在という矛盾した中国社会の現実の中に直面した竹内が示したあえて語らないという姿勢は、竹内が始めて出合った歴史家・楊聯陞から学んだ抵抗のありかたを竹内流に咀嚼したものではなかっただろうか。

こうして文革に揺れる中国の現状に対して楊聯陞の流儀によって向き合うに前後して、竹内は一方で日本、あるいは日中関係の大きな歴史的転換点であった六〇年安保、そして日中国交正常化問題に直面することになる。これらの現実に対して竹内は、あるいは都立大学教授の職を辞し、また一方では雑誌『中国』を廃刊することで、それぞれ積極的な行動をもって拒絶の姿勢を示したが、木下順二はこの竹内の対処の姿勢を、かの中江丑吉の「断つ」という思想の竹内における現われの一つととらえている。[*23] また木下は、この大きな二つの「断つ」のほかにも表面化しないいくつかの「断つ」が竹内には自己設定されていたと考えるが、その自己設定は中江を知ることによってこそ可能だったのではなかろうか。

## むすびにかえて――「歴史」への渇望――

ネルーの『父が子に語る世界歴史』を紹介するに際して竹内は、「ものを歴史的に見る、歴史を通してものを考える、という心の習性をそだてるために、この本は役に立つ。知識だけなら辞典からでも得られるが、心の習性は自分でそだてるより仕方がない。その手引きになる本は、これまた自分で発見するほかない。ネルーの『父が子に語る世界歴史』は、私にとってそうした発見の一つだった」と、自ら歴史的にものを見る習性への渇望を顕わにし、一方で「歴史は単なる過去の集積ではなく、現在の必要から組織すべきものである」というネルーの歴史観を「やはり革命家でないと書けない歴史である。書斎派の及ぶところでない」とするが（一九六九年八月、⑤二二六～二二八）、既に歴史を「現在の必要によって書きかえられる」ととらえた竹内自身の歴史観は、「革命家」のそれに等しいものであったといっても過言ではなかろう。竹内にとって歴史は、観察の対象ではなく思想と実践の場であり、その両者の人格的結合を「歴史家」に求め続けたのではなかろうか。

竹内好が生きた時代、激動するアジア・中国を認識するということは、その歴史的な流れと位置付けを認識することと同義であった。その歴史認識の根源性を明確にあらわした非歴史学研究者である竹内の傍らには、本稿で取り上げた以外にも多くの歴史学研究者が存在した。そのような環境の中で磨き上げられた竹内の中国観は、竹内の時代に主流であった社会経済史的な歴史学的方法に依らなかったにもかかわらず極めて「歴史」的であった。中国の近代化の歴史の現実を文学に現れた「思想」を通じて動態的にとらえる竹内の手法は、その視点を中国にとどまらせずに日本をも射程に入れ、さらに広く世界へと拡大してゆく普遍的な世界史認識に昇華してゆくものとなった。

以上のように、アカデミックな歴史学研究との対話の中で竹内の歴史を見る眼が完成していったという事実は、現代の歴史認識一般における長く続く停滞状況と、そして同時に日本社会全体における中国認識の希薄化を打破するための道標となり得るものではなかろうかという課題設定の下、以下本書ではまず第一部を「生涯と思想」とし、小嶋茂稔「〈魯迅〉にいたる道」・黒川みどり「〈ドレイ〉からの脱却を求めて」の二本立ての評伝を載せる。「〈魯迅〉にいたる道」では、竹内の生い立ちから『魯迅』執筆、そして『魯迅』執筆後の竹内の魯迅観の変化までの、主として復員までの竹内を追い、「〈ドレイ〉からの解放を求めて」では、敗戦後の多方面にわたった竹内思想の展開を、時系列にとらえなおしながらその全体構造を明らかにする。次に第二部を「思想と近現代史から」として、竹内が会長としてかかわることになった思想の科学研究会が竹内の思想実践においてどのような意味を持ったのかを問う廣木尚「〈共通の広場〉の模索―竹内好と第三次『思想の科学』―」、竹内の日本近代史研究の一つの核となった明治維新のとらえ方がどのように展開したのかを解き明かす田澤晴子「明治維新論の展開」、そして竹内の朝鮮認識とその受容をめぐる言説の展開について姜海守「〈朝鮮〉というトポスからみた「方法としてのアジア」」の三篇の各論を載せる。

竹内の展開した思想的課題についてはすでに多くの成果が蓄積されているが、本書はあくまで歴史学という立場と手法にこだわりながら竹内の思想と人物を照射する試みであり、この試みによって竹内理解へ一石を投ずることができるのであれば、幸甚である。

**註**

＊1　平和懇談会記録「歴史学はどうあるべきか」(『歴史学研究』一五五、一九五二年)四七～五五頁。

＊2　「思い出の中から」(『思想の科学』九一、一九七八年)。

＊3　初出『清華学報』一一―四、一九三六年一〇月。『东汉的豪族』（商务印书馆、二〇一一年）一～五八頁。
＊4　拙稿「竹内好と楊聯陞」（『静岡大学教育学部研究報告〈人文・社会・自然科学篇〉』六七、二〇一七年）参照。
＊5　鶴見俊輔『竹内好 ある方法の伝記』（岩波現代新書、二〇一〇年）六八頁。
＊6　その成果は雑誌『思想』への連載を経て『中国革命の思想―アヘン戦争から新中国まで―』（山口一郎・斎藤秋男・野原四郎との共著。岩波新書、一九五三年）としてまとめられている。
＊7　「自序」（『古史辨』一、樸社、一九二六年）。なお『古史辨自序』として平岡武夫訳（創元社、一九四〇年）がすでに出版されていた（現在は『ある歴史家の生い立ち―古史辨自序―』と改題して、岩波文庫に収める）。
＊8　講演「生活・思想・学問」（一九七〇年五月一五日）。『時代と予見』（現代ジャーナリズム出版会、一九七五年）一七頁。
＊9　「竹内日記を読む　丸山真男氏に聞く」（初出一九八二年、『丸山集』⑫二五～三九）。
＊10　竹内・木下と堀田善衛の対談「近くて遠い国・中国」（一九七二年三月二五日、『日中の原点から』河出書房新社、一九七二年、一九七～二六七頁）。
＊11　前掲注①五二頁。
＊12　『石母田正全集』一五（岩波書店、一九九〇年）一八五～二一三頁。
＊13　「中国の歴史家について―竹内好氏に―」（初出一九五二年、『続 歴史と民族の発見』東京大学出版会一九五三年、二三五～二五〇頁、『石母田正全集』一五、一三五～一四七頁）。
＊14　川島武宜・丸山眞男との対談「仁井田陞博士と東洋学」（初出一九六六年、『丸山座談』⑦七五～一〇〇）。
＊15　東京大学出版会ＵＰ選書、一九六八年。
＊16　岩波全書、一九五二年。
＊17　「中国の法と社会―研究生活三十五年の回顧―」（初出一九六四年、『東洋とは何か』）二七七頁。
＊18　初出一九五〇年、『東洋とは何か』二九六～三〇四頁。
＊19　初出一九五六年、『現代史の課題』中央公論社、一九五七年。
＊20　初出一九六八年、『文明横議 色川大吉対談集』日本書籍、一九七九年、二三四～二五六頁。
＊21　初出一九六七年、『藤田省三著作集』四、みすず書房、一九九七年。
＊22　映画『夜明けの国』に接した竹内とその文革観への影響については、土屋昌明「竹内好と文化大革命―映画『夜明けの国』をめ

ぐって―」（『専修大学社会科学研究所月報』五三九、二〇〇八年、一八～三五頁）参照。

*23 「竹内好さんの死」（『読売新聞』一九七七年三月五日夕刊）。

# 第一部　生涯と思想――評伝編――

# 一　〈魯迅〉にいたる道——復員まで——

小嶋茂稔

## 1　竹内好と魯迅

かつて高橋和巳は、「竹内好が魯迅から学んだもの、それは何よりも大著述を犠牲にしても守り通した、あらがいの姿勢であり、魯迅の名を冠した著述が前後三冊あるうち、昭和十九年、『東洋思想叢書』の一冊として日本評論社より刊行された竹内の最初の著述が、（中略）なお記念さるべきであるのも、その著述自体が鬱屈した「あらがい」の産物であることによる。戦後、昭和二十三年に世界評論社から出版された『魯迅』は、より精緻な学問的完成をもつが、魯迅の生涯とその業績によりつつ、文学者とはいかにあり得るかを見定めようとしたかつての視点は魯迅を通してこの日本の現実を批判する『日本イデオロギー』的立場への移行が行われている。同社刊『魯迅雑記』はいっそう顕著に文明批評的である」と述べた。[*1] 自らの魯迅理解を媒介に日本の現実を批判し続けた戦後の竹内の知的営為に学ぶために、戦中・敗戦直後に公刊されたその魯迅の名を冠したその著書の中で竹内が何を主張したかを確かめることは、今なお無意味ではなかろう。

竹内自身、一九四四年版『魯迅』(以下、『魯迅』)の未来社からの再版にあたり、「私はかねて、この本を書く以前の自分の文を集めて、ささやかな自分だけの記念の集を作りたいと考えていた。(中略)魯迅そのものでなく、私の『魯迅』に関心をもたれる方は、その未完の本を参照していただけたら、私が『魯迅』にたどりつく経緯がわかってもらえるかもしれない。それは結局、中国文学研究会という小さな結社の歴史に関係してくるだろう。『魯迅』は私ひとりの仕事というよりは、この会の歴史の一産物なのである」(未来社版あとがき、①一七五)と語ったように『魯迅』に到達する竹内の歩みは、中国文学研究会の活動を抜きには語れない。あわせて戦前期の竹内のその他様々な経験が、いかにその中国認識に影響したかを分析することも必要である。また、敗戦後の「魯迅の名を冠した」二冊の著述に見える、戦中執筆の『魯迅』からの竹内の魯迅理解の深化を窺い知るためには、その兵士としての中国経験や復員後の魯迅再読の経緯を追わなければなるまい。

本章は、「魯迅の名を冠した」三冊の著作を刊行するまでの竹内の半生を、中国文学との出会い、中国文学研究会での活動、留学・出征等の中国経験などをからませつつ、そうした経験と竹内の魯迅理解の深まりの関わり合いを論じるものである。

## 2　中国文学との出会いに至るまで[*2]

### (1)　旧制中学校卒業まで

竹内好は、一九一〇年一〇月二日、長野県南佐久郡臼田町にて、父・武一(旧姓は伊藤)、母・起よしの第一子として生まれた。父は、一九〇五年四月に、長野税務監督局雇として臼田税務署に勤務、その後正規職員に昇格し、岩村田税務署に転勤し同署の庶務課長に昇進していた。竹内家に入籍したのは、好が生まれる直前の九月のことであった。竹内家の宗家は代々臼田上諏訪社の神職を務め、起よしの父・銀次郎は臼田で質屋・瀬戸物屋などを経営し羽振りが良かったという。その後武一の転勤により住まいを東京に移す。一九一五年、父は退職し、事業を起こしたが、順調ではなかった。一九一七年四月、好は、麹町区立富士見小学校に入学。父の事業の失敗のため竹内家は貧乏のどん底にあり、流行のアルミの弁当箱を持参できず身を切られるような昼食時間を過ごしたという（「忘れえぬ教師」⑬八）。小学校四年時以降、次第に読書欲も高まったが、苦しい生活のなか、思うように本などを買ってもらう訳にはいかず、友人から借りたり、家人が読み捨てたものを押し入れから「発掘」して読みあさった（「無名作家たちの恩寵」⑬一五）という。

中学校は東京府立第一中学校に進学する。「入学試験の第一日目、（中略）新調の着物を与えられた喜びの方が私には大きく、受験の不安はあまり感じなかった」（「忘れえぬ教師」⑬一一）との回想から、その頃には、竹内家の経済状況は好転に向かっていたことが窺える。中学二年の一一月に、生母・起よしが行年四〇で逝去し、翌年七月には、父は義母チヨとの同居を始める。生母を亡くした一〇代前半の少年として感じたことは多かったろうと思われるが、後年の回想等でも生母の死への言及は見られない。

中学四年修了の際に、第一高等学校・第三高等学校を受験して失敗し（「年譜」⑰二八五）、中学卒業後、大阪高等学校を受験・入学する。

## (2)　大阪高等学校時代

竹内によれば、進学先として大阪高等学校（以下、大高）を選択したのは、「一高志望の秀才たちに反感をもったこと、何となく自由を予想したこと、それから関西へのあこがれがあっ」て「もともと三高志望」であったことに起因する。当時、「合法的に家から脱出するには、高等学校は地方をえらぶのが常道」という事情もあった（「京都の縁」⑬二〇）。また、竹内が入学した年の大高の入試では文科の入試に数学を免じたため、「天下の数学きらいが大阪高校に殺到し」、「地元の秀才の集るジミな学校」であった大高に、「関東や東北の荒武者が闖入する結果になった」（「中野清見のこと」⑬四〇）という。

竹内は入学後、図南寮に入寮し、寮図書委員を務め、寮生による自主刊行の雑誌『帝陵』の編集などの活動を行っていたが、「授業をさぼる習慣」も身につき（⑬四一）必ずしも勤勉な高校生ではなかったようである。

一九三〇年一一月、竹内が高校三年の秋、図南寮の雑誌『帝陵』五号に掲載された三篇の文章が左傾作品とみなされ、五人の生徒が特別高等警察によって阿倍野署に留置されるという事件が起こり、留置された生徒と同クラスの生徒たちが、生徒を特高に引き渡した学校当局の責任追求を全校に訴えていた。一一月二五日、当時東京帝大教授の河合栄治郎の思想善導講演会が終った直後、校友会理事の生徒が立ち上がって事情を全校生徒に訴え、ストライキに突入する事件がおこった。「年譜」によれば、この時竹内は、「運動部はふだん体を鍛えているのだから、今こそこのストの柱になれ」といわんばかりの演説をした（⑰二八八）。田中克己は、「講堂で生徒大会とのことである。入っていって最後列に坐ると、演説しているのは竹内で「神聖なる授業中に生徒五名を警察に引き渡した」（傍点原文ママ）学校当局を言葉の調子はきつくないが、極めてきびしい内容で糾弾しているのである。竹内の演説が終わると、わたしは「ストライキ」と叫びこれが全会一致で承認された。（中略）学校側は主謀者として竹内と保田與重郎と認めた様子である。わたしたちはこの二人の犠牲者を出すことにしのびずストライキを解いた」[*3]と回想し、竹内も後年「私は（中略）深く事件の中心部にいた」（⑬三六）とするが、それ以上の詳細は明らかではない。[*4]

なお、竹内は、大高時代のこともほとんど語っていないが、進学先を支那文学科に決定するに当っては在学中に何らか積極的な契機もあったのではないか。田中克己は、「竹内は東大の支那文学科、わたしは東洋史学科をえらび、ともに中国を愛する意思を実現せしめた」[*5]（傍点原文ママ）と語っている。竹内とともに大高での三年間を送った田中には、竹内の内なる「中国を愛する意思」が感じられたということであろうか。

### (3) 東京帝国大学文学部への入学

竹内は、一九三一年三月、大高を卒業、四月、東京帝国大学文学部支那文学科に入学する。支那文学科選択の理由は、「試験がないところというと印度哲学とか支那文学で、印哲はともかく、支那文ならあまり勉強しなくてもやれると思って、腰かけに行った」（高橋和巳との対談「文学 反抗 革命」『状況的』三七）からであるという。

「腰かけに」進学したその当時の支那文学科の状況を概観しておこう。竹内入学翌年の一九三二年一月、東京帝国大学文学部においては支那哲学科と支那文学科が一つになり「支那哲学支那文学科」となった。[*6]『東京帝国大学一覧昭和八年版』によれば、一九三一年度入学者は二学科をあわせて三一名。専任教官は、第一講座・高田真治、第二講座・塩谷温、[*7]第三講座・宇野哲人の他、支那語学支那文学担当として竹田復があった。『漢学会雑誌』第一巻第一号（一九三三年六月）の彙報欄によれば、一九三三年度の支那文学関連講義は、塩谷温「支那文学ト自然」「琵琶記講義」「支那文学演習」、竹田復「支那文学演習（元曲）」、佐久節（講師）「文選講読」である。こうした講義は竹内の関心を惹かなかったであろう。高橋和巳との対談のなかでも、竹内は当時の支那文学科のことを「まったく阿呆な存在」、「文学のにおいもない」と切り捨てている（『状況的』三三）。

「年譜」によれば、一年時の期末受験科目は「教育学、支那語、文学地理、浮世絵、独逸小説史、俳諧史、言語学、評論史、西鶴」（⑰二九〇）である。これが全てではないにせよ、支那文学科に関する科目が「支那語」のほかに見えないことも、「籍だけは中国文学科においていたが、本気で中国文学をやろうという気はな」（「孫文観の問題点」⑤二五）かったという竹内の後年の述懐を裏打ちする。二年時の受講科目には、「支那語（『支那現代独幕戯劇集』）」、

『近思録』、『清平山堂話本』、『楚辞』、『馬氏文通』、「支那文学概論」等がみえる（⑰二九〇）。さすがに、卒業のため支那文学科の講義も受講するようになったのであろう。

しかし、「年譜」（⑰二八九）によれば、一年次には、芥川龍之介『支那遊記』・魯迅「阿Q正伝」[*8]や『中央公論』掲載の長岡克暁「蔣介石の支那」を読み、長岡論文の読後には「支那問題研究の必要を痛感」し、「阿Q正伝」に対しては「ユモレスクなるに感心」したとのことであるから、支那文学科の講義演習や研究室の雰囲気には馴染めずとも、竹内が、同時代の中国や現代文学には関心を向けつつあったことは疑えないであろう。

### (4) 初めての中国旅行と大学卒業

竹内は、二年次の八月から一〇月にかけ、外務省対支文化事業部の半額補助による学生主体の団体旅行に参加し、初めて朝鮮半島と中国の地を訪問した。この旅行が、中国や中国文学と関わり続けた竹内の一生を決定付けることになる。竹内自身も、「学生のころに一度行きましてね。これは私にとって非常に大きな事件なんです。（中略）あれがなければ中国文学なんかやらなかった」（「わが回想」⑬二三八）と後年回想している。

この旅行は、「年譜」（⑰二九〇）によれば、一九三二年八月七日に出発し、朝鮮各地を経て長春まで行き、二二日に大連で解散。その後竹内が私費で北平（国民政府は南京を首都とし、一九二八年に北京は北平に改称された）に留学し、一〇月八日に帰国したものであり、その過程は竹内自身の日記「鮮満旅行記」（⑮三～一〇）と「遊平日記」（⑮一一～三六）から窺うことができる。朝鮮滞在中には京城帝国大学法文学部支那哲文研究室や図書館を見学したが（⑮九～一〇）、その他は「おきまりの遊覧コース」であった（「おもかげの消えぬ人」⑤二四五）。また竹内は、京城での見学日程を放棄し、東海岸へ単独旅行を行い、「K市」に住む大高時代の旧友を訪ねている。京城に到着して以降の旅行の経緯は、日記が京城到着の八月八日を最後に記述がなく、なぜ竹内が大連での旅行団解散後、二ヵ月近くの北平滞在を思い立ったかについては詳細は不明である。大連を発ったのは、八月二二日。竹内は旅行団から別れ、一人北平に向かった。

北平滞在中の竹内は、一声館という旅館に一ヵ月弱滞在し、その後尚賢公寓という下宿屋で過ごした。国立北平図書館、故宮博物院、万寿山など、学術機関や名所を訪問したほか、家庭教師をつけて中国語の勉強にも励んでいる。この間知り合った北平駐留中の浜太尉から、「余り長く滞在せず、引上げて来年にも時局おさまりし後再遊する方」(⑮二二)が良いとの忠告を受けているが、それだけ熱心に竹内が北平とその周辺を見学し、中国への関心を深めていったことが窺える。浜の言う「時局」とは、竹内が滞在したこの時期が、ちょうど満洲事変勃発から一年の節目に当たっていたことを意味する。当の九月一八日は、竹内は終日外出し、日記には「本日礼拝日にて国難記念日。(中略)街は青天白日旗を多く掲げたり。半旗を掲ぐべきを、普通の祝意を表せる格好のもの多かりしは滑稽なり」(⑮二六)などと、当日の様子を記している。

この旅行中、竹内は積極的に文学書の購入に努めた。まったく予備知識がなく、中国における現代文学の有無についても見当はつかなかったが、同時代の日本文学には新感覚派からはじまり、『戦旗』と『文戦』とをふくめてプロレタリア文学につき合っていた経験をもとに、本屋にたちよるたびに、勘だけを頼りに、新傾向の匂いのする文学書を買い集めたという(「本のことなど」⑬五〇)。九月二八日の日記には、「商務印の二階に上れば四部叢刊本その他多くの本あり。『穆天子伝』及『西京雑記』を買う。また『小説叢考』、同『拾遺』、『宣和遺事』、『京音国音対照表』を買う」(⑮三二)とあり、その積極的な購書ぶりが窺える。また、九月一五日の日記に、「洋溢胡同に池田氏を訪ね幸い在家。(中略)古雑誌を多く蒐集しあり。図書館でも之以上ないと自慢す。(中略)すでに、三年暮し、専門に現代文学の蒐集をせる由」(⑮二四)とある池田孝道との出会いもあった。池田の蔵書の特徴は、同時代の文学雑誌を多く有していたことで、「よく手に入れたと思ったほどのコレクション」で、「噂にだけは聞いている雑誌が、製本してずらっと並んでい」（⑬二四二）た。ちなみに、後年、池田が北平から東京に引き揚げてきた際に、その雑誌のコレクションは竹内らが創設した中国文学研究会が一時預かることになり、池田の事情で満鉄に売却するまで、竹内らの研究の参考資料として大いに役立ったという（⑬五三）。

こうした北平での体験を、竹内はのちに「生きている人間を見た。それは感動的な出来事であった」（「私の著作と思索」⑬二七九）と語るが、「青年期の逃避欲を満足させた」この北平滞在が、竹内の中国へのそして中国文学への関心を高めたのであった。

一九三二年一〇月、その人生に決定的な影響を与えた旅行を終え、竹内は東京に帰還する。帰国後から翌年の日記は残されておらず（⑮解題）、二年次から三年次にかけての竹内の行動は窺い知り難い。「年譜」によれば、帝大内の大高七回生が組織した「橄欖クラブ」で朗読劇の演出を引き受けたり、大高の同級生であった室清・加藤定雄らと読書会を開いていたようであるが、中国文学との関わりについては明らかではない。

大学三年の一九三三年九月下旬に、郁達夫を読みはじめ、「きわめて面白く、夏休み中に読みはじめなかったことを後悔」（「年譜」⑰二九一）し、卒業論文のテーマを郁達夫に定める。連日一冊ずつの読書を進め、卒業論文『郁達夫研究』を完成させた。なお、竹内と同時に卒業した三四名の中で現代文学を卒業論文の課題としたのは竹内一人であったとは夙に指摘がある（⑰二九一）が、支那文学科と支那哲学科が最初の卒業生を出した一九〇五年以来、両学科の卒業論文で同時代の文学や思想を課題としたものとしても、竹内の前年に卒業した小森政治の「魯迅論」のほか見当たらないことから考えても、[*9]竹内が同時代文学を卒業論文のテーマに選択したことはかなり「大胆」であったとも言えよう。のちに中国文学研究会の活動を共にする竹内の学科の先輩で、魯迅の紹介者として知られる増田渉のそれも「元詩の研究」であった。当時の「限界」は元・明あたりであったように思われる。そうしたなか竹内が現代文学をテーマに選択したということは、それだけ同時代の「中国文学」に対する思いが真剣であったということになろう。

卒論の完成から卒業直後にかけての竹内は、後年公表した日記「中国文学研究会結成のころ」（『辺境』九、一九七二年）の「はじめに」によれば、まだ親がかりで、就職のあてもなく、満鉄をねらって画策したが失敗するという状況にあった（⑮四二）が、就職活動と並行しつつ、中国文学研究会の創設に向けた活動を始める。戦前期の、そして魯迅を冠した三冊の著作に到る竹内の歩みを語る上で、この中国文学研究会とその機関誌『中国文学月報』（のちに『中国文学』と改題）は、特別の意味を持っている。節を改めよう。

## 3　中国文学研究会の結成[*10]と「漢学」「支那学」との対峙

### (1)　中国文学研究会の結成

竹内が中国文学研究会（以下、研究会）の設立準備に入ったのは、立間祥介によれば、卒業論文製作活動を進めていた一九三三年後半のことであった。竹内が中国文学研究会の設立準備を始めた一九三三年の日記は残されていないため（⑮五三一）、研究会設立に向けた動きについては、立間の叙述に依拠せざるを得ない。立間によれば「翌（昭和）八年後半、研究会設立の意図のもとにメンバーの選定にかかり、また、中国人留学生たちがやっていた文学サークルなどとも連絡をと」りはじめていたが、「この段階で竹内がもっともよく話し合ったのは支那文同期の横地倫平や佐山嵓らであ」った（立間編「中国文学研究会年譜」三三頁）。一九三四年一月四日の日記に、「午後、横地、岡崎両氏来る。雑談、中国文学研究会具体的成立には到らず」とあり、二四日に、「十一時頃、武田来り、二時間ほど話して帰る。中国文学研究会に勧誘す。現代小説相当読んでいるのに感心す」とあり、三一日に「一時半ころ横地来る。（中略）横地より変った報告なし。ただ佐山より賛成の回答を受けしと」（⑮四三頁）とあるように、一九三四年に入って、会の設立に本格的に取組み始めたことが分かる。岡崎とは岡崎俊夫[*11]であり、武田とは武田泰淳[*12]である。岡崎と武田は、ともに浦和高等学校出身で、岡崎は支那哲学科に在籍、竹内の一年先輩であった。大学進学後はプロレタリア科学研究所に所属し、その後同研究所の支那問題研究会で活動するなどしていたが、一九三二年春の日本プロレタリア文化連盟弾圧の際に本郷で会合中検挙され、それをしおに政治運動から離れた。卒業後、『時事新報』の記者を務めながら、研究会の結成準備に参画している。[*13] 武田は、竹内と同じく一九三一年に支那文学科に進学した。浦高在学中以来、日本共産党系組織（反帝同盟）の末端に連なって活動していたが、大学入学から間もない一九三一年五月に、東京中央郵便局へ鉄道逓信従業員のゼネストを呼びかけるビラまきに出かけ、検挙・拘留され、翌年三月三一日付けで大学を退学している。[*14]

三月一日の日記に「横地、佐山、武田、岡崎ら来訪、中国文学研究会の第一回準備総会を開く。会名は中国文学研究会に決定、披露まで当分の間準備行動とす」とあって、この時点から、研究会の活動が次第に形になってきたことが分かる。しかし、五月一日の日記に、「午後、研究会。武田、佐山、横地、それに楊哲民、顧志堅両氏来る。今後毎月 party を持つこととする。研究発表はなく、主に翻訳の質問をしたり、あとは雑談」（⑮五二）とあるように「あまり実績はあがらなかった」（「年譜」⑰二九二）ようである。六月三日の日記には「午後、連中皆揃い、研究会規約の討議をなす。更に雑誌発行の具体策を練り、大体九月発行を目標に、七月一杯原稿〆切、現代文学鳥瞰特輯号とし、各自テーマを樹つること等を申合わす」（⑮六二）、八日の日記には「武田より電話あり、武田宅に行く。歴史学研究［会］に照会し、四海書房のものが雑誌を出す本屋を探してくれることになり、こちらの条件通知のための相談なり」（⑮六三）とあって、会活動の活性化に向け雑誌刊行までも協議の対象になっていたことが窺えるが、後述するように、七月に入って、この段階までの活動は仕切り直しを余儀なくされるに到っている。

また竹内自身についていえば、このころ、友人たちが次々と就職するのを横目に漫然と日々を過ごしていた。父の事業は、竹内の府立一中入学頃から好転していたようであったし、竹内が一五歳の時に転居した芝区白金今里町八九番地の家は、田中克己によれば「白金今里町の大邸宅」(「思い出の中から」)であったから、大学卒業頃までの竹内家の生活は経済的にはかなりゆとりあるものであったと推測される。しかし、一九三四年一二月一四日の日記には、「昼、親父の用にて勧銀と区役所へ行く。家の財政いよいよ欠乏せる様子見ゆ」(⑮八一)と記されており、大学卒業後の竹内を繞る経済的状況は必ずしも安穏たるものではなかったようである。なお、五月一六日に徴兵検査を受け、竹内は第二乙種となり、「とにかく安心」(⑮五七)したことが日記には記されている。

さて、研究会の活動は六月に入って転機を迎える。六日の日記に、「松井氏の講演をきく。殆ど茅盾の作品を読んでいないので驚く」(⑮六三)とみえる当時陸軍士官学校の漢文教官を務めていた松井武男との邂逅である。松井は、一九二九年に東京帝大支那文学科を卒業、増田渉とは同級生であった。「年譜」は、「これより松井とあい識り、さらに増田渉、松川朴平らとの交流を生じたことが、研究会の基礎を固めるうえでの転機となった」(⑰二九二)と、この邂逅を位置づける。松井との出会いが契機となり、七月一日に本郷で開催された松川朴平・土屋申一の帰朝歓迎会に竹内は招待され、その席で研究会の宣伝をし、増田渉と知り合うこともできた(七月一日付日記⑮六五)。増田渉は、学生時代から佐藤春夫に師事し、大学卒業後はひとり上海に遊んで魯迅に学び、この竹内との出会いの時点ですでに「魯迅伝」を『改造』誌上に発表していた。七月以降、中国文学研究会の活動は次第に活発になる。当時来日していた日本文学研究家の周作人と徐祖正の歓迎会を「研究会が主催する形」(七月二五日付日記⑮六八)で実施することとなった。八月四日に、日比谷の山水楼で開催されたこの歓迎会が「中国文学研究会」の名称を対外的に用いた最初の企画となった。発起人には、有島生馬・佐藤春夫・竹田復・新居格・与謝野寛らの名が連なり、これら発起人の依頼には竹内が回ったということである(立間編「中国文学研究会年譜」三九頁)。

その後も研究会運営に関する準備的会合を重ね、一〇月二九日に、本郷三丁目の帝大仏教青年会館において第一回例会が開催された。報告は、一戸務「郁達夫論」と辛島驍「最近の中国文壇」であり、参加者は学生が多かったとはいえ五〇名集まっている。実質的な最初の会合としてはまずまずであったように思われるが、竹内自身は翌日記した日記に「武田がいやだと言うに無理にさそい、岡崎・横地と四人で三文銀座で駄弁る。何とはなき寂寞に鎖されよくしゃべる。松井の拙劣さ。学生はなるほど多く来たが、好奇心と、一戸、辛島の名で来た連中多し」（⑮七三）などと、必ずしも研究会の運営が自分の理想通りに運んでいない心情を吐露している。とはいえ、第一回例会以降は、会活動は順調に進み、例会のほか「肩のこらぬ集まりを持とうという趣旨」（立間編「中国文学研究会年譜」四〇頁）で懇話会を始めている。さらに新しい会員を開拓するため、一一月八日には支那文学科の後輩たちの会合に赴いたりしている。竹内が「いずれも支那文二年、おとなしき連中のみ。学校にもよく出るらし。（中略）『茅盾自選集』の序文だけこつこつやる。感心なり」（⑮七五）と評した後輩たちの中には、のちに研究会の同人となる飯塚朗や千田九一がいた。年が明けてからは、実藤恵秀や松枝茂夫とも面会が実現している。

こうして一九三四年の秋から三五年の年頭にかけ、竹内の意向に沿う仲間も集まりはじめ、一九三五年一月二六日に学士会館で開催した第三回例会では、郭沫若の講演「易について」に一〇〇名を越える聴衆を集めることに成功し、竹内も日記の中でその喜びを、「涙流るる盛会なり」「祝杯を上ぐ」などと率直に語っている（⑮九二）。あわせて例会活動に並行して進めていた機関誌の発行準備もようやく軌道に乗り、三月五日付けで『中国文学月報』創刊号を発刊するに到った。

### (2)『中国文学月報』の刊行

郭沫若による題字「中国文学」を掲げ、研究会の会誌『中国文学月報』（以下、『月報』）は刊行された。巻頭に、中国文学における小品文の盛行や農民文学の傾向を竹内が紹介した「今日の中国文学の問題」（⑭四〜一二）が掲載され、塩谷温や白川次郎（尾崎秀実の筆名）などから「「中国文学月報」への感想と希望」が寄せられている。また会の名称に「支那」ではなく「中国」を用いた理由が竹内の手になる編集後記に記されている。[*15]『月報』は、後述する北京留学などの一時期を除き、編集後記はほぼ竹内が執筆しており、「集稿、整理、校正、発送のすべてにタッチ」(「年譜」⑰二九四)していた。研究会活動と『月報』の発行は竹内の生活そのものであったと言ってよい。

四月には武田泰淳が目黒署に連行され四五日間留置されるという事件が起った。これは、満洲国皇帝溥儀の東京訪問に際して、不測の事態を恐れての予備検束であった。この時、中国からの留学生も多数検挙され、その中には、前年一二月に開催した研究会の第一回懇話会で「吾が文学経歴」という講話を行った謝冰瑩《しゃひょうえい》も含まれており、研究会との関係を疑われるに至った。四月二三日付けの読売新聞朝刊に掲載された記事では謝冰瑩が研究会を組織したように書かれていたため、『月報』三号(一九三五年五月)では会告を出してそれが誤報であることを言明している。竹内らも当然自分たちにも警察の手が伸びるものと予測していたが別条なかったということである。しかしこの一件によって、研究会再始動以来行動をともにしてきた松井武男が会と距離をおくようになる(立間編「中国文学研究会年譜」四六~四七頁)。

七月に発行した『月報』五号に竹内照夫「所謂漢学に就て」が掲載されたことを契機に、漢学を巡る論争が『月報』誌上で展開される。この論争は、研究会活動を通して竹内が何を追求しようとしたのか、北京留学前の竹内好の見解を窺ううえで興味深い内容を含んでいるので、項を改めて(「(3)中国文学研究会と漢学」)検討することとしたい。いっぽう、竹内好の厳しい批判に同人たちが辟易したこともあって、『月報』への原稿の集まりは良くなく、そのため『月報』六号(一九三五年八月)・七号(同九月)では「現代小品文」を特輯し、同時代中国の代表的な小品文を掲載している。その後も『月報』では特輯主義が採用されている。

竹内自身については、一九三五年の日記から、『月報』の編集・校正・会運営の雑務と並行して自身の研究活動に専心しようとする——しかし、なかなか思うようには進展しない——様子を窺うことが出来る。「一身を立つるまで酒を断たんと欲す。覚然として生活の空粗を痛感す。今度こそは大丈夫らしきなり」（七月二日付日記⑮一一六）など日常生活の改善を誓ったほか、八月の予定を日記に記したその末尾に「更に就職を決定すべきこと」（七月三一日付日記⑮一二〇）、中国人留学生のための日本語速修学校であった東亜学校の講師となった岡崎俊夫に対し「内心大に嫉妬す。浅間しき限りなり」（九月二三日付日記⑮一二八）と記し、「竹内照夫、五高教授に栄転」（同）と記すなど、友人たちの動向を気にしながら、自らの就職について模索していた様子も窺い知れる。一〇月より竹内も、岡崎も勤務する東亜学校に出講することになった。「年譜」によれば、東亜学校は「当時学生数二千名に近く、持時間が多く世間の倍近い給料が出た」（⑰二九四）ということであるが、日記には、「やはりはじめると常住之に没頭せねばならぬが、苦痛と云えば苦痛なり。なるべく早く足を洗うこと」（一〇月九日付日記⑮一二九）と記し、東亜学校の仕事には必ずしも自足していなかったものと思われる。立間編「中国文学研究会年譜」によれば東亜学校の仕事は翌年三月まで務めているが退職の事情は不明である。

翌一九三六年は、一一月発行の『月報』二〇号で「魯迅特輯号」を刊行したことが特筆される。一〇月一九日に魯迅が逝去したため「訃報に接した時は殆ど全部が組上がっていた。改めて編輯し直すことは到底困難であるので、すべてを原のままに残し、紀念のために一番よい方法を考へた末、「死」一篇を追加し」（編集後記⑭七九）ている。竹内自身も「魯迅論」を寄稿した。年譜によれば七月から八月にかけて「この間、『月報』の「魯迅特輯号」にそなえて、魯迅『吶喊』『華蓋集』を読む。「狂人日記」にもっとも興味をひかれた。九月、ひきつづき魯迅を読み、下旬から「魯迅論」執筆」（⑰二九五頁）とある。なお、この「魯迅論」と『魯迅』との間の魯迅理解の差異と、それをもたらした要因の追求は本章の主要な課題でもあり、第５節にて詳述する。

いっぽうで、この年の終わり頃から研究会の運営方法や編集方針が変わりつつあった。これは、竹内が中国への留学を真剣に検討し始めたことと関連があろう。一九三七年一月一日発行の『月報』二二号の会報欄には、「例会改組について」の記事が掲載され、不振に陥っていた例会活動の活性策が公告されている。『月報』二三号（二月一日発行）は「中国文学研究の方法の問題」特輯であったが、竹内執筆の編集後記には、「本号の編輯は主として長瀬誠が担当した」⑭八一）と、この特輯が同人・長瀬誠が主導したものであったことを記している。その後も、『月報』二四号（三月一日発行）「言語問題特輯」は実藤恵秀が編集を担当し、『月報』二六号（五月一日発行）「王国維記念特輯」は、吉村永吉の担当であった。竹内はこの王国維特輯には不満で、厳しい批判を『月報』に掲載するが、これもこの時点での竹内の見解を窺うえで意味があると考えるので、次項（「(3)中国文学研究会と漢学」）で検討したい。

竹内は一九三七年一〇月から北京へ留学する。なお、日中戦争開戦後、一九三七年七月に北平を占領した日本軍が発足させた北平治安維持会によって、北平は北京と改称されている。「北京日記」⑮三三一〜三九一）をもとにした「年譜」の叙述をかりると「日華学会の高橋君平の斡旋によって」⑰二九六）一月一八日から書類準備にかかっている。それ以前の「北京日記」には留学に関する記事は見えないので、竹内の中国留学の決意がどの時点でなされたものかは一九三六年の日記が公開されていない現状では不明とせざるを得ない。しかし大学卒業直後に中国渡航に関心を示していた（一九三四年四月一三日付日記⑮四九）ことからもこの留学は竹内の望みがかなったものと見るべきである。留学を見据え、竹内の自宅に置いてあった研究会の事務所も六月に本郷区本郷二丁目の和田ビルに移した。七月中旬には出発の予定であったので、竹内は『月報』二八号に六月二四日付けで「留別の言葉」⑭一〇四〜一〇五）を寄せたが、七月七日に発生した盧溝橋事件の影響もあって、結局一〇月まで出発は遅れる。そのため、その時期発生した研究会の内部抗争に際会することとなり、『月報』三〇号には千田九一の編集後記の後に再後記⑭一〇五〜一〇六）を寄せることにもなった。この研究会内部の紛糾についても、次項にて詳述したい。一〇月一七日、竹内は「父、弟、妹、池野、叔父に送られ」⑮一六六）、つばめ号にて東京駅を発ち、大阪から船で天津に向かった。二七日には北京に到着し二年間の留学生活が始まる。この北京留学は、竹内の中国観に大きな影響を与えることになるが、その詳細については、次節にて論じたい。

### (3) 中国文学研究会と漢学

ここでは、『月報』誌上で展開された漢学をめぐる論争と、北京留学直前の中国文学研究会の内紛とに焦点を当てつつ、この時点での竹内好の中国や中国文学に対する考え方を論じてみたい。漢学をめぐる論争とは、『月報』五号誌上に竹内照夫が「漢学の「非科学性」は果して容認せられるべきものであらうか」と問いかけつつ、漢学を「我が国の封建制度に助長せられつつ、徳川時代に於てその完成を見た一箇の思想的体系」であり、「あらゆる科学的性分を包含し之を衣被するに堅固な道徳的観念を以てしたエンチクロペヂズムス」であると断じつつ、「漢学は聖学である。漢学の実践性は、通俗的道徳のみを包含しない。その百科全書性が探求し得た真善美は、その統合に於て聖なるものを把握し、その演繹に由つて人性の凡ての部面は高揚される。それ故に漢学は、やはり孔子を中心として廻転するパノラマのやうに、知識の諸門を通じて至聖の姿を望むものである」と位置づけた論文（「所謂漢学に就いて」）を発表したことが契機となったものである。編集者としてこの文に接した竹内好は、「竹内照夫、原稿を送り来る。漢学のもつ実践性と雑多性を指摘し、漢学の有する価値を（内在的）抽象せるものにして極めて面白し。論粗なりと雖も之だけ書けるものは外にはなかるべし」（一九三五年六月一六日付日記⑮一一五）と評価しつつ、「反駁を当然書くべきなり」と続けている。

竹内好の反駁は、『月報』八号（一九三五年一〇月）に「漢学の反省—竹内照夫氏の所論を駁す—」と題して掲載されている。竹内好は、「漢学の理念は如何にあろうとも、現実の漢学が既に学問する情熱の雰囲気を失っていることは掩い得ない。論者の頭の中で「聖学」が何廻転しようとも、現に我々の住む「漢学」の世界が「終局に於て実人生的効用と人間的要求」とを充しているか否かは、見る人各々の自由な裁量に委すばかりである」（⑭二一）と論断し、返す刀で「漢学の不振は固より漢学の罪であろう。しかし、所論に対して半句の抗議も申込まれなかったとなると、罪はむしろ我々自身の肉体的現身に転化されてくるのである」と自らの他に竹内照夫に対し駁論が出ない状況を嘆いた。この論争は、竹内照夫の反論（「非道弘人」）のほか、丸山正三郎「漢学者とヂャーナリズム」、武田泰淳「新漢学論」が小特集「漢学を繞る諸問題」として『月報』九号（一九三五年一一月）に掲載され、さらなる盛り上がりを見せる。武田泰淳も「従来の漢学の中にふくまれる「支那哲学」「支那文学」はどうやら哲学でも文学でもなくて要するに所謂「支那文学」「支那哲学」であったうらみがある」[*16]と語り、のちに竹内好自身も「文学を文献とすりかえる狡猾な権威」（「私と周囲と中国文学」⑭六九）「語原穿鑿に身を委ねて自己の言葉を平然と忘れた無恥」（⑭七〇）という言葉で旧来の「支那文学」を暗に批判するが、「支那哲学」「支那文学」が依然「哲学」「文学」たりえず「漢学」や「支那学」の枠内に自足することへの反撥は、北平滞在の経験を持つ竹内に即して言えば、現実の中国から遊離するものとしてその念は強かったものと思われる。

こうした竹内好の苛立ちは、研究会や『月報』に一定の声価があがり会員も増加する——その中には中山久四郎・小柳司氣太などの「大家」の名も含まれる——なかで、同人たちの中に、研究会を伝統的学界の中で新たに権威化していこうとする動きが生じた時に、一つの頂点に達したものと思われる。それは、『月報』二六号（一九三七年二月）の王国維特輯に対する竹内の批判「王国維特輯号を読む—謬れる傾向について、とくに同人に—」（『月報』二七号、一九三七年六月。⑭九五～一〇二）から窺いうる。王国維特輯号の執筆者は、神田喜一郎、青木正児・小川環樹など京都支那学系の研究者と、会の同人である長瀬誠・目加田誠・岡崎俊夫・吉村永吉で、編集担当は吉村であった。竹内は、批判の言を「王国維特輯号、一言以て評するならば、センティメンタルというほかない」と説き起こし、「哀れを止めたのは、このつつましい一場のコンクウルに、同人勢の見事な敗北ぶりである」と断定し、会創立以來の盟友である岡崎俊夫の「王国維の悲劇」を徹底的に批判している。そのうえで竹内は、「この会の営みに対して現代中国文化の唯一の紹介者という世評は前から存在した。肝に銘じて頂戴してある。ちかごろは支那学の新機運という評価が新に成立したそうな」「だが今日、王国維号を通読して噂の全く虚誕に出でざる所以を了得したのは僕にとってせめてもの幸であったろう」と語る。会の方向性が、竹内が乗り越えようとした漢学や支那学と変らなくなり、そうした世評に自足しているかのような同人に対する率直な意志表明であった。一九三七年九月発行の『月報』三〇号は、編集を担当した千田九一が急遽出征した後、盧溝橋事件の影響で留学延期となった竹内が「再後記」を記している。千田の執筆した編集後記とは内容の大きく変った僅か八頁の『月報』となっているが、これは竹内によれば「東京で会がもめ」たことによる。続く『月報』三一号の編集後記でも竹内は「会の紛糾について真面目に心配して下さる方もあるが、こればっかりは娑婆の生活に免れないらしい。(中略)二、三の同人がやめ、その代り若い人が加わってくれました。(中略)幾たびか志を決しかね躊躇したのは事実です。だが僕ら今となっては他へゆく道がない。今後は多少とも世の刺美に煩わされないでしょう」⑭一〇六)と顛末をやんわりと語っている。このあたりの事情は「北京日記」を一瞥しても記載はなく、「大雑把にいえば、元来アカデミズム否定から出発したこの研究会に、このころ同人の一部から「月報」をよりアカデミックなものに近づけようとする意見が出て来たというのも、その一因であったようである」(立間「中国文学研究会年譜」五五頁)という立間の記載に依拠せざるを得ない。立間によれば、この時、岡本武彦・斎藤護一・長瀬誠の三名が同人から退いたということである。竹内は、中国文学研究会を創立の原点に引き戻して留学に旅だったとも評し得よう。その北京での体験は、竹内に何をもたらしたのか、節を改めて論じたい。

## 4　北京留学と帰国後の竹内

### (1)　北京での二年間

後年竹内は、「二度目は全然つまらなかった。戦争中ですから、つまり北京は占領下ですから、普通の中国人の生活は、日本人に圧迫されながらも残っていますけど、しかしそれは第一回に行った時とは全く変質しているんです」(「わが回想」⑬二四九～二五〇)とか「つまらなくて飲んだくれて勉強どころじゃないんだね。(中略)まあ夢が破れたということでしょうね」(⑬二五一)と語っている。すでに日中戦争は始まり、竹内が北京に到着した一〇月は、傀儡政権の中華民国臨時政府も未成立で、北京は事実上の日本軍の統治下にあった。渡航を望み続けた愛着ある研究対象の中国が自国と戦争状態にあり、その日本軍のもとで治安が保たれている北京での留学生活を送るというのは、竹内にとっては意に沿わないものであったろう。「北京日記」を見ると、友人知人から借金を重ね、その金で夜ごとに飲み歩き、時には娼館にも顔を出すという、放蕩を尽くした竹内の二年間が伝わってくる。しかし、それ故に、この二年間の経験は、帰国後の竹内の中国認識に陰に陽に影響を与えたとみることもできるだろう。[*17] 少なくとも帰国の翌年、改題した『中国文学』六四号(一九四〇年八月)に発表した「支那と中国」には、留学経験に基づく竹内の変化を窺うことができる。その詳細は、次項(「(2)「支那」か「中国」か」)にて見ることとし、ここでは、北京滞在中の竹内の歩みを時系列に沿いつつ、概観したい。

一〇月に北京に到着し、一一月に新居に落ち着いた竹内は、銭稲孫から楊聯陞を中国語の家庭教師として紹介される。楊聯陞は「東漢的豪族」(『清華学報』一一―四、一九三六)を既に公刊していた漢代社会経済史研究の若き俊秀であった。[*18] 年が明けて一九三八年には、内務省の赤羽王郎の顧問となったり、近代科学図書館や北京大学理学院の日本語講師を引き受けたりしている。五月一四日に佐藤春夫や保田與重郎らが北京を訪れ、それから五月いっぱいはその応接にあたり、その間、周作人・銭稲孫・徐祖正らも招いての歓迎の宴も催している。七月には、研究会の同人である飯塚朗が北京留学に訪れ共同生活を始めている。九月に発行した『月報』四二号は、竹内が当時の北京在住者から原稿を集めて作った「北京特輯号」でもあった。それなりに順調な留学生活のようにも見えるが、一一月五日の日記には、「『月報』の第三巻の合本つく。よみ返してみると、あのころの引しまった気持が蘇ってくる。今の生活が省みられるだけの強さがあのころはあったようなり。このままではならじと思う」（⑮二四四〜二四五）と記しており、当初の思惑通りに進まない留学生活の中での煩悶を窺うことができる。

一九三九年は、竹内の私生活にとっては、激動の一年であった。公刊された「北京日記」には記載はないが、二月、竹内は父の希望を容れて一時帰国し、三月五日に浅間温泉にて見合いをした。帰京後、急性肺炎を起こしていた父が急逝し、葬儀を済ませて、四月二三日に北京に戻る。六月一日に再び帰国し、亡父の埋骨や、亡父の事業の残務整理に着手し、先の見合いで「郷里の人を貰ふ約束」をしていた女性との縁談を正式に破約としている。この一時帰国の間に、留学を満期の二年で切り上げて帰国することを決意し、また『月報』の一般雑誌化の話を進め始めたようである。このあたりの経緯も「北京日記」には記載がないが、一時帰国から北京へ戻る船中で武田泰淳に書いた手紙の内容から窺うことができる。[*19] そして帰国の意志を固めた竹内を精神的に新たに苦しめることになるのが、七月二三日の、料亭万寿のマダム春江が新京より連れてきた峯子という女性との出会いであった。初対面の印象を竹内は日記に「インテリめいてやや美しく話あいそうなり」（⑮二九九）と記し、以下、「北京日記」には峯子との交際の様子が生々しく綴られる。帰国船の切符は「竹内峯子」を含めて二枚申し込むなど、峯子とは結婚を考えるまでに到ったが、結局は破綻した。帰国船の中で竹内は「一度はこのまま朽ち果てて惜しくないと思った北京。いまはるかな思いとなって我が胸を苦しめる北京。つい手が届きそうで、もはや苦い思い出しか残らぬ彼方へ消えてしまった北京」（一〇月一九日付日記⑮三四五）と記す。戦争が原因とはいえ期待していた北京とは異なる北京での二年間は、父の急逝・縁談と破談・峯子との恋愛なども共鳴し、二〇代後半の竹内の内面に大きな影響を与えたに相違ない。次項においては、その影響の結果と思われる変化の一端を、帰国後発表した論文に即しつつ述べてみたいと思う。

## (2) 「支那」か「中国」か

研究会の名称を「中国」文学研究会としたように、「支那」を「中国」と呼称することは竹内にとって譲れない一線であった。『月報』二三号（一九三七年二月）に掲載した「私と周囲と中国文学」のなかでも、「だが、私が私の宇宙の深さを誇り得るためには、私は改めて、私の眇小を観じ去るために、中国文学の全眺望を見下ろす峰に立たねばならぬのかもしれません。対象としての中国文学――それは私にとって、中国文学であると共に、中国文学としての響をもつ」（⑭七二、傍点原文ママ）と語る。この「中国文学であると同時に、中国文学としての響」という叙述に、「中国」と呼称することへの竹内の信念を窺えよう。

しかし、帰国後、『中国文学』六四号（一九四〇年八月）に公表した「支那と中国」では、「さて僕は、かつて中国と口にも出し筆にもした僕は、いま口に出し筆にすることに気持が落着かない。この変化はいつころ起こったのであろうか。二年間北京に暮らすようになってから、僕は支那という言葉に忘れていた愛着の念を再び感じ出していた。昔なじんだ言葉を思い出してふと口にすれば、今さら何をけうとい中国の響よ。（中略）僕は自分に支那がふさわしいと直覚したのである。支那こそ僕のものだ。ほかの何ものよりもそれはいま僕の心情にかなう。（中略）僕には支那が丁度いいのだ」（⑭一六七）と語る。竹内は話題を、北京在住中に頻繁に利用した洋車及びその車夫たちとの接触の思い出に変え、「車夫に支那人を発見して僕が支那という言葉を使うようになったとすれば、説明はまことに簡単だが、実際はそんなわけではない。たしかに彼らは支那人である。厚手の絨毯を敷きつめた客間で、相手の顔色を窺いながらおずおず口に出す中国人という日本語の響きは決して浮んでこない。（中略）ながなが洋車ひきの物語を綴ってみるのも、故らに寓意を弄ぶ意味では勿論なく、僕らの中国文学が危い哉とはっきり嘆いてみたいのである。（原文改行）中国文学といい、中国文学研究会という。そう云ってみたところで何になろう。年老いた洋車ひきの裸の背筋を流れる汗を見つめて、この者に何を加え得るかと問うのである」（⑭一七一）と論じて、これまで用いてきた「中国」という語の空疎さを確かめつつ、「憐憫さるべきは、一人の支那人を愛し一人の支那人を憎み得ぬ彼ら自身の精神の貧しさなのである。もし、支那に支那人が侮蔑を感ずるならば、その被侮蔑感を僕は払拭したい。いつか支那人の前で、ためらうことなく、相手の気嫌を忖度することなく、はっきり支那と云いきれる自身を養いたい。（中略）僕は、日本語の響を純粋にするためにも今は支那といいたい」⑭一七二）と宣言する。菅孝行はこの竹内の言明を、「竹内は、「支那」に、日本人をも朝鮮人をも中国人をも抱きかかえてくれる母なる大地を、すなわち近代に引き裂かれ、自らもその分断に客観的には加担しているアジアの全体性を見ている」（『竹内好論―亜細亜への反歌―』三一書房、一九七六年、第二章五〇頁）と解する。しかし私は、北京での生活が、一九三二年に経験した「中国」とは異なる言わば他者としての「中国」を痛烈に竹内に認識させた結果として、「相手の機嫌を忖度」せずに「中国」を「支那」と呼ぼうとする新たな姿勢に到達させたのではないかと考えたい。それは長期化する日中戦争の中で竹内自身も感じた平石直昭の言う「挫折感」（「竹内好における歴史像の転回」『思想』九九〇、二〇〇六年）が齎した諦念の現れでもあり、日本軍占領下の北京に二年間近く身を措いて感じた疎外感のようなものの帰結でもあった。

この文章の公表以降竹内は、戦前著す殆どの文章で「中国」ではなく「支那」を用いた。[*20]「支那」か「中国」かは、言葉の問題を重要視した竹内にとっては、相当大きかったはずであり、それだけ、北京の二年間は、竹内の中国観に大きく影響したのである。

### (3) 帰国と中国文学研究会の改組

一九三九年一〇月二一日の夜に東京に帰着した竹内は、その後、神谷正男・武田泰淳などと面会し、研究会の状況を確かめつつ、私生活では、芝白金の自宅を処分するための貸家探しや、父の事業の整理に奔走することとなる。一二月二四日に目黒区上目黒の新居に引っ越し、芝白金今里の家は売却した。こうした帰国後の竹内の日常は、一九四〇年六月二日分まで公刊されている「北京日記」から窺えるが、五月末に仙台に赴き、「三十日昭和土地の債務を完済す。支払いしは二千五百円」（⑮三九一）とあるも、「島崎弁ゴ士より手形の催促あり。寺田、花月の件は未解決」とあるように、「北京日記」の最終日（一九四〇年六月二日）でも、依然亡父の負債の整理に追われている。

北京滞在中に、送られてくる『月報』を見て、「『月報』来る。一向面白くなし」（一九三八年一〇月一三日「北京日記」⑮二三四）、「『月報』十二月号が来た。神谷の編輯なれどサンタンたるものなり」（一二月二三日「北京日記」⑮二七五）などと日記に記しているように、不在中の『月報』については不満が多かったようである。東京と北京の往復を繰り返した一九三九年の段階で、東京滞在中に出版社と協議があったことが、武田泰淳に宛てた手紙の記述からも窺える。[*21] そうした準備も踏まえてか、年が明けた一九四〇年一月、研究会は同人組織の解消を決定し、同人にあたる特別会員制を設けて編輯その他を委嘱することとなった。このことは、『月報』五九号の編集後記で竹内が事実上の会告を行っている（⑭一四二〜一四四）。この決定にあわせて本郷に設けていた事務所も、新しい竹内の自宅におかれることとなった。こうして四月一日発行の『中国文学』六〇号から、雑誌は装いを一新して、生活社から発売・発行されることとなり、生活社から編集費が出ることになったので、はじめて原稿料が出せるようになった。一方竹内自身は、父を亡くした後の一家の生計を支えるため、回教圏研究所の正式な所員となり、中国のイスラーム教徒の調査に従事するようにもなった。

改組後の研究会と『中国文学』の活動は、やはり竹内が中心となって進められたが、原稿の集まりは悪く編集に苦慮していたようである（「年譜」⑰二九八）。ただ、同人制をやめ、『中国文学』となって以降は広く研究会の外にも寄稿者を求めたためか、誌面は多様化した。その中で、翻訳のあり方を巡る、竹内と吉川幸次郎とのやり取りが、「翻訳論の問題」として、『中国文学』七二号（一九四一年五月）に掲載されたことに注目したい。吉川とのやり取りを経て竹内は、「僕にとって、支那文学を在らしめるものは、僕自身であるし、吉川氏にとっては、支那文学に無限に近づくことが学問の態度なのである」（⑭二六六）と、翻訳を巡る両者の認識の差異が、結局は「支那文学」への態度の差異に起因することを理解する。吉川のそれが「支那学」のあり方を代表するものであることは疑い得ない。引き続き、竹内は、「支那学の世界」（『中国文学』七三、一九四一年六月）と題する文章で、倉石武四郎がその著『支那語教育の理論と実際』で披瀝した見解に全面的賛意を示しつつも、「倉石さんの改革は、瀕死の支那学を甦らせることになるだろうか。僕はそうは思わない。むしろ、かえって死期を早めるのではないか。（中略）今日、倉石さんは、支那学の貧困を、手段の改革によって救い得ると信じている。実は支那学にとっては思想そのものが貧困なのである。それを忘れて無理に新しい手段を加えようとすれば、支那学は雲霧となって四散するであろう」（⑭二六九～二七〇）と語る。続く文章では「支那学の立場に立ってものを見る前に、なぜ広い立場から支那学を見ぬのか。支那学の存続を前提とする前に、なぜ自己の生活を根拠としないか」と述べる。ここには、中国語教育の変革に情熱を傾ける先輩・倉石への敬意を充分に示しつつも、既存の「支那学」の枠内で志向する倉石への批判が示されている。北京留学の結果として「支那」という語で中国を語ることを選択した竹内であったが、それは当時の日本の中国認識の枠組みに同化することまでは意味しなかったということであろう。『魯迅』の中に、「私は、支那文学に対して、一個の傍観者である。私は支那文学の成長を心に念ずるが、その私の希望は傍観者の希望である。私は指一本貸す能力がない。私は支那文学を指導しようとは思わぬし、籠絡しようとも思わぬ。また籠絡される支那文学であるとも思わぬ。私は、私なりの教訓を魯迅から牽き出すだけである。私において、魯迅は一個の強烈な生活者である。骨髄までの文学者である。魯迅文学の厳しさが私を打つ」（「伝記に関する疑問」①三九、なお、①中の「中国」を刊行時の用字に従い「支那」に改めた）という文章があるが、ここには先の「支那文学を在らしめるものは、僕自身」であり、「支那文学に無限に近づく」ことを目的としないとした先の竹内の言明の真意が改めて滲みでているようにも思われる。

## 5　一九四〇年代の竹内――復員まで――

### (1)『魯迅』の執筆契約

一九四〇年に入って、中国文学研究会の組織形態と『中国文学月報』の発行形態を改めた竹内は、四月から回教圏研究所の研究員として職業生活にも入った。五月には仙台に赴いて亡父の事業の債務を完済した他、廃名の『橋』や劉半農・商鴻逵『賽金花口述』の翻訳に従事し、後者は『中国文学』六五号（一九四〇年九月）に掲載している。武田泰淳などと時折旅行に出かけるなど、「年譜」からは、相変わらず『中国文学』の編集に苦慮しつつも、新しい環境で少しずつ自分の研究を進めつつある竹内を窺うことができる。一九四一年の四月になると、東亜研究所と京北実業学校で中国語の講師も始めている。回教圏研究所の収入もあわせると月収一七〇円であったそうだが、生活は楽ではなかった（「わが回想」⑬二四六頁）。同じく四月に、魯迅の弟で汪兆銘政権の華北政務委員会教育総署督弁の要職にあった周作人が汪政権の文化使節として来日したが、その際には、個人的に滞在先の帝国ホテルに訪問するのみであったという。

五月上旬、日本評論社の赤羽尚志（筆名は伊豆公夫）と「東洋思想叢書」の企画について相談し、魯迅をやることにきめ、一五日に出版契約を結んでいる。日本評論社が竹内らと接触した機縁は、「僕は野原四郎と昭和初年代から付き合いがあり、彼は僕より一歳年上で、僕を弟みたいにかわいがってくれました。日本評論社から出たシリーズの『東洋思想叢書』は、仏教とか中国を中心とする古典とか様々なテーマをたてたのですが、各テーマを誰に書かせるかということで、僕はいろいろな人を訪問して回りました。その時野原君が中国文学研究会で知っていた武田・竹内氏を紹介してくれたのです」（伊豆公夫「私の歴史研究　在野の歴史学に生きる」（中）『歴史評論』四四一、一九八七年）とあって、中国史家の野原四郎が仲介役になっていたことが分かる。野原は、歴史学研究会を拠点に活躍していたが、一九三二年に創立された歴史学研究会と中国文学研究会とが密かな連携を持ったことは、ここで強調しておいても良いだろう（斎藤秋男「中国文学研究会とわたし」『中国研究月報』五九六、一九九七、に言及がある）。

一九三四年の研究会の設立期には、武田泰淳が雑誌発行のための準備として、歴史学研究会の関係者と接触したことは、竹内の日記（一九三四年六月八日⑮六三）からも窺えるが、中国文学研究会と歴史学研究会（なかでも東洋史の関係者）との交流は、一九四〇年頃かなり盛んであった。『月報』五九号（一九四〇年二月）の編集後記には「いま歴史学研究会の有志の希望によって曹が講師になり文法を主にした支那語の講習会をやっている。今まで本郷でやったが今後は神田の蛍雪書院で毎週火曜日夜行う。（中略）歴研の東洋史の人たちと僕らの会の間にいま清末研究会（未定）設立の相談が起っている。実際は支那史に於る近代の意味を劃定しなければ僕ら支那に関し何も云えぬ筈なのだ。そういう観点から支那を見ている人は従来無いわけではないが極めて少いからアカデミイに似而非学が横行しジャナリズムに脚下を忘れた放論が行われるのだ」（⑭一四三～一四四）とみえる。実際、一九三九年一二月には実藤恵秀が歴研の例会で日中文化交流の史料に関する研究発表をしたり（一二月七日日記⑮三七二）している。編集後記で語った清末研究会は結局実現しなかったようであるが、一九四〇年以降、『中国文学』誌上に東洋史関係者の寄稿が散見されるようになる。[*22]

『魯迅』の出版契約を締結し、その執筆準備を進めていたこの時期には、[*23] それが反映したと思われる文章も見受けられるが、この時期の竹内の魯迅理解の変遷については、次節で述べることとしたい。

### (2) 対米英開戦と中国文学研究会の解散

一九四一年一二月八日の対米英開戦を受け、竹内は「大東亜戦争と吾等の決意（宣言）」（『中国文学』八〇号、一九四二年、⑭二九四〜二九八）を書いた。

「わが日本は、東亜建設の美名に隠れて弱いものいじめをするのではないかと今の今まで疑ってきた」が、「見よ、一たび戦端の開かれるや、堂々の布陣、雄宏の規模、懦夫をして立たしめるの概があるではないか。この世界史の変革の壮挙の前には、思えば支那事変は一個の犠牲として堪え得られる底のもの」であり、「われらは支那を愛し、支那と共に歩む」「われらは支那を研究し、支那の正しき解放者と協力し、わが日本国民に真個の支那を知らしめる。われらは似て非なる支那通、支那学者、および節操なき支那放浪者を駆逐し、日支両国万年の共栄のため献身する」との宣言については、後年竹内は「大東亜戦争」によって「日華事変の何とも言えないようないやな気持がふっ切れた」のを感じ、「大東亜戦争を肯定することに託して日華事変をたたいた」のであったが、一方では「大東亜戦争にそっぽを向いたら危いという予感があって、自己防衛のために書いたという一面もあった」（「座談会・大東亜共栄圏の理念と現実」『思想の科学』（第五次）二一、一九六三年）と語っている。確かに丸山昇のいうように「この「宣言」に関する限り、当時において、百パーセントの太平洋戦争歓迎論として機能したという思想的政治的役割を曖昧にしておくこと」[*24]はできないが、いっぽうでこの「宣言」は、「近代の超克」など竹内の戦後の思想を考えるうえでも重要な意味を持っている。この点の詳細については、次章の黒川みどり「〈ドレイ〉からの脱却を求めて」を参照していただきたい。

一九四二年に入り、竹内は、回教圏研究所より「回教徒団体及回教調査機関との連絡並に調査」のための中国出張をすることとなり、二月から四月にかけて中国各地に滞在した。この時、日本軍によって租界が接収された上海を訪問し、「細民層の住宅事情と民家の構造」（「年譜」⑰三〇一）を調査し、その成果は、「旅日記抄（三）上海の民家」（『中国文学』八七号、一九四二年、⑭四一三〜四二二）に窺うことができるが、幼方直吉によれば、竹内が「旅日記抄」（三）に記載しなかった上海の経験として、魯迅の墓の訪問があったという。幼方は、「魯迅の墓を正面からみて、竹内をはじめわれわれ一同は愕然とした。碑面にはめられた魯迅の陶製肖像が無残にも打ち壊され、その半分がいたましく残っているにすぎない。竹内がそれをみて、一言も発せずジッと見つめていたことが私には極めて印象的で」（「上海の竹内好――一九四二年――」③月報）あったと語っている。

前年の四月から『中国文学』の編集実務を、東洋大学の支那哲学文学科を卒業したばかりの斎藤秋男に委ね、竹内の負担は軽減していたと想定されるが、しかし、時局の進展は別の障碍を研究会や竹内に齎すようになっていた。すでに一九四一年の八月一三日に目黒署特高課の刑事が調査に来たが（「年譜」⑰二九九）、対米英開戦以降は、「月一回、または二カ月に一回程度、特高と憲兵が必ず顔を出すようになった。いつ検挙されるかわからないような状態だった」（立間編「中国文学研究会年譜」六四頁）という。一九四二年には、『中国文学』八八号に掲載した松枝茂夫訳「思痛記」が、内容が残酷過ぎるというので当局から注意を受けたりしている（立間編「中国文学研究会年譜」六五頁）。紙の割当ての関係から雑誌も次第に薄くなっていき、第九一号（一九四三年一月）の編集後記には「雑誌は四月の九十六頁倍大号を頂点として次第に薄くなったが、この原因は、一つには僕らの追求しているものが、このような行為の型にはぴったりしないものが出来てきたのではないかという気がする。近く根本的な改革が行われるかもしれぬ」（⑭四四五）と述べ、「根本的な改革」――研究会の解散がすでに竹内の考えの中にあったことを窺わせる。

一九四三年三月刊行の『中国文学』九二号が終刊号となった。終刊号には、『月報』時代に用いた郭沫若の手になる「中国文学」の題字が用いられ、巻頭には、「今般内外の情勢に鑑るところあり、中国文学研究会本来の使命達成のために中国文学研究会を解散し雑誌「中国文学」を廃刊することと致しました」で始まる「中国文学の廃刊について」が掲載されている。この公告も竹内が執筆したと思われるが、「本来の使命達成のため」「解散」し「廃刊」する、というのがいかにも竹内らしい。終刊号には、旧同人を中心に、武田泰淳・飯塚朗・岡崎俊夫・実藤恵秀・猪俣庄八・増田渉・豊田穣・千田九一・竹内好らが、思い思いの文章を寄せている。千田「長泉院の夜―中国文学の廃刊に寄せて」は、一九四三年一月二三日に武田泰淳宅にて開かれた会の解散と雑誌の廃刊を決めた会合の様子を綴ったものであり、当日の竹内について、「その晩は竹内も元気がなかつた。大きな眼玉を眼鏡にかくして、これも、あまり表情を変えない、むつゝり屋であるが、その晩は特に元気がなさゝうに見えた。萎れてゐて、匙を投げたといふ顔付であつた。それでも、こんな会を開いて、どうにもして呉れ、と言ひたげに見えるのは、やはり何といつても、ともかく今まで続いて来た雑誌への愛着の故であらう」と推測し、『中国文学』は「竹内がやらなければ誰もやらないのである。竹内がやれなければ誰もやれないのである」と語っている。竹内がやめるという以上は、他の旧同人もついていくしかない、というのが実情だったのであろう。この時朝日新聞の記者として北京にあった岡崎俊夫は終刊号に「北京行状記」を寄せているが、その稿末に竹内に宛てたと思しき書信が活字のポイントを下げて掲載され、「僕は僕で独自の考から賛成し兼ねるが、しかし遠くに離れてゐて碌に話しも通ぜず、たゞ切歯するのみ」と、会の解散に反対する意向を滲ませていた。

竹内自身は「『中国文学』の廃刊と私」⑭四四六～四五八）を寄せ、解散の理由として、党派性の喪失、中国文学という態度の大東亜文化の建設に対して存在の意味を喪失したこと、竹内にとって支那文学の問題が日本文学の改革の問題に転化してはじめて意味を持つ以上中国文学研究会の解散はその決意の発端となりうること、の三つを挙げている。竹内自ら「私の挙げた解散の理由は、そのまま転じて解散を非とする理由にもなる性質のもの」と言い「解散を決意した私が、解散を非とする私と表裏なのである」とまで語ったように、会の解散と雑誌の廃刊は、竹内にとってもギリギリの選択であったと思われる。孫歌の語るように（『竹内好という問い』岩波書店、二〇〇五年、三九～四〇頁）、漢学と支那学の否定から生まれた中国文学は、確かに自己更新を必要としたであろうし、それを最もよく自覚していたはずの竹内の解散を決断した気持に嘘はないだろうと思われる。しかし、一九四二年発行の『中国文学』各号の編集後記を見る限り、解散なり廃刊をにおわせるような叙述は殆ど見受けられず、一九四三年三月の廃刊・解散はいかにも唐突の感は免れない。その点、千田九一が「長泉院の夜」で指摘した「用紙の減配、原稿難、手不足、多忙、疲労、生活社との関係」等々の理由も決して小さいものではなかったように思われる。研究会や雑誌をめぐる客観的な情勢を踏まえつつ、あえて一九四三年年頭というタイミングで解散・廃刊を決意したものであろうと思われる。

### (3)『魯迅』脱稿・出征・復員

竹内が、日本評論社に『魯迅』の原稿を手渡したのは一九四三年一一月九日のことであった。召集令状が届いたのは一二月一日。四日に千葉県印旛郡佐倉町東部第六四部隊に入隊し、中支派遣独立混成第一七旅団の補充要員となる。一二月二八日には、湖北省咸寧にて歩兵第八八大隊に配属となり、翌一九四四年一月、第三中隊に配属となるが、そこで、中国文学研究会旧同人の斎藤秋男が古参上等兵としていた(「年譜」⑰三〇二)。

竹内の従軍中にかかわる述懐によれば、「私たち老兵が補充要員として配当されたのは、ある独立混成旅団で、その任務は、粤漢線北段の警備であった。戦闘を任務とする師団編成の部隊にくらべると兵隊の質もわるく、装備もおとるのが独混である。(中略)私は作戦中にアメーバ赤痢にやられ、ひどい下痢になやまされていたが、休ませてもらえず、日ごとに衰弱しながら、炎天下の陣地構築の土木工事に毎日駆り出されていた」(「赤い米」⑬七五)という。その後大隊本部付きとなって、宣撫班に所属する(「年譜」⑰三〇三)。翌一九四五年五月には旅団司令部勤務を命じられ、月末には報道班に入り、そのまま八月一五日を迎えることとなった。ちなみに、竹内は高橋和巳との対談の中で従軍体験を語り、「侵略戦争であるというような規定からくる痛みよりももっとちがうもの、弱い者いじめであることがいやなんです。(中略)私はこれは言いたくないのですが、白状すると、鉄砲を一ぺんも撃ってない。それは偶然そうなったんですがね。しかしそれによって救われている。歩兵ですから当然戦闘に参加したけれども、作戦のとき私は命令受領という特別の役についたので、鉄砲は撃たなかった」と述懐している（『状況的』三九）。

ともあれ、日本の敗戦を中国で迎えた竹内は、八月三一日付けで現地で召集解除となり、岳州から漢口を経て武昌に赴き、そこで第四野鉄司令部鉄道運営隊の臨時通訳を務め（「年譜」⑰三〇三）復員を待ったようである。ただ後年斎藤秋男が語るところによれば、竹内同様に現地除隊の道を選んだ斎藤が漢口へ向かう道すがら、岳州で日本兵と会い、竹内の消息を訊ねたところ、「竹内はおれたちとは反対に、重慶へ行きたい、重慶がムリなら長沙までも行ってみる、といってるそうだ――」との返答を得たとのことである（斎藤秋男「文学をめぐる歳月―続稿「戦後自分史」（上）―」『あしかび』三六、一九八九年）。敗戦直後の竹内にはなお、重慶ないし長沙まで赴いて、中国の実相に迫りたいという願いがあったのだろうか。しかしそれは実現しなかったようである。

一九四六年四月になって復員のための中国国内の移動が始まり、五月中旬から下旬にかけて上海に移動、六月三日に中国を離れ、七日に鹿児島に到着。上陸まで二〇日近く船中に留めおかれるが、二三日上陸し、二四日鉄道にて東京に向かい、二昼夜をかけて二六日一六時半に品川駅に到着する。到着当日の「復員日記」を以下に掲げよう。

下車。一同と別れる。出迎えを探したが見当らず。あとできいて分ったが、山田、小倉あてのは届いて家に知らせたが、貞子が東京駅に出迎えに来ていた由。品川で下りたが知り人がいないのでplatformに三十分位いたが決心して武田を訪うことにする。荷物をあずけて外へ出る。駅の内外、人々の風俗、昔と殆ど変っていない。電車に進駐軍専用車が附属し、三三五五彼らの姿が見えるのが変っている位。歩いて今里を通る。元の家は焼けている。この辺は半分位がやられ半分が残っている。目黒辺も同じ。思ったほどひどくなし。品川へ来るまでは、蒲田辺が一番ひどかった。目黒の行人坂に物売が沢山ならんでいる。殆ど何でもある。値段はやはり百倍位。十円が単位である。武田の家の近所はやられているが、お寺だけは残っている。大島老夫婦も無事。武田、頭を延ばした外あまり変りなし。家の中も昔のままなり。夕飯を御馳走になり、入浴。浴衣を着て絹布の布団に休む。（⑮四〇一〜四〇二）

行き違いで家族と会うことが出来なかった竹内が、復員直後に訪ねたのは、やはりというべきか武田泰淳の家であった。ここから竹内の戦後の新たな歩みが始まり、中国文学研究の枠を越えた活躍を遂げていくことになる。その戦後の竹内については、次章に委ねたい。次節以降は、以上に述べた竹内の復員までの歩みを念頭に、戦後の竹内の思想の根幹に位置づけられるべき魯迅理解の変遷を、概観していくこととしたい。

## 6 「魯迅論」から『魯迅』へ

### (1) 「中国の近代と日本の近代」の衝撃

復員後、戦後のある時点から、竹内は、魯迅を媒介に、現実の日本社会や日本の近代の歩みを批判的に論じるようになる。竹内の批判の矛先の一つは戦後の歴史学でもあった。本節では、まず、その竹内好の議論を、歴史学の側でどのように受け止めたかを見てみたい。戦後日本の歴史学の展開を、「世界史」認識を軸に論じた成瀬治は、「戦後いちはやく日本知識人の中国観に根本的な批判を加えたのは、魯迅の研究者、竹内好であった。（中略）文化思想の上では徹底した欧化主義者でありながら、ヨーロッパおよび日本の知識人が中国の現代に、過去の栄光の遺跡のみを見、珍しい風物を愛でつつ人間に目を向けようとしないことに憤りを発した魯迅から深く学んだ竹内は、中国の「近代」がもつ歴史的意義を、いかなる社会科学者よりも正確に読みとることができた」と語り（『世界史の意識と理論』岩波書店、一九七七年、五四頁）、遠山茂樹（『戦後の歴史学と歴史意識』岩波書店、一九六八年）も、戦後歴史学を論じる中で、竹内の歴史学批判に言及した。ここで成瀬と遠山とが参照する竹内の論文は同一のものである。その論文とは、竹内が、一九四七年一一月一五日に、東京大学東洋文化研究所主催の公開講座第三八講「魯迅の歩いた道—中国における近代意識の形成」で語ったものを母胎としつつ「自分勝手に思惟の放縦を許し」(『竹内好評論集』第三巻、筑摩書房、一九六六年、解題)て書いた「中国の近代と日本の近代—魯迅をてがかりとして—」(東京大学東洋文化研究所編『東洋文化講座』第三巻「東洋的社会倫理の性格」白日書院、一九四八年。のち『現代中国論』河出書房、一九五一年、に収録された際に、「近代とは何か(日本と中国の場合)」と改題。④一二八~一七一)である。竹内は、この文章のなかで、魯迅のそれと比較しながら、日本文化ないし日本人の知性のあり方を批判する。

日本イデオロギイには失敗がない。それは永久に失敗することで、永久に成功している。無限のくりかえしである。そしてそれが、進歩のように観念されている。まったく、それは進歩というよりほかにいいようがないだろう。ヨオロッパ人は、日本の近代化の速度におどろいている。日本人が敗戦の痛手を受けることの少いのにおどろいている。魯迅は、日本のすべてを排斥しても日本人の「勤勉」だけは学ばなければならぬ、といった。まったく、それは勤勉というよりほかにいいようがないだろう。ただ、その進歩がドレイの進歩であり、勤勉がドレイの勤勉であるだけだ。(④一四七~一四八)

こうした主体性の欠如は、自己が自己自身でないことからきている。自己が自己自身でないのは、自己自身であることを放棄したからだ。つまり抵抗を放棄したからだ。出発点で放棄している。放棄したことは、日本文化の優秀さのあらわれである。(だから日本文化の優秀さは、ドレイとしての優秀さ、ダラクの方向における優秀さだ。)抵抗を放棄した優秀さ。進歩性のゆえに、抵抗を放棄しなかった他の東洋諸国が、後退的に見える。魯迅のような人間が後退的な植民地型に見える。日本文学の目で見ると中国文学がおくれて見える。(④一五九)

ここで竹内が言う日本文化の「優秀さ」とは、あくまでも「ドレイとしての優秀さ」であり、「抵抗を放棄した優秀さ」であって、「抵抗を放棄しなかった」中国などとは異なるとする。そうした竹内の日中比較は、次のような明治維新と辛亥革命の比較にも一貫している。

明治維新は、たしかに革命であった。しかし同時に反革命でもあった。明治十年の革命の決定的な勝利は、反革命の方向での勝利であった。その勝利を内部から否定してゆく革命の力は、日本では非常に弱かった。弱かったのは、力の絶対量において弱かったよりも、革命勢力そのものが反革命の方向に利用されていくような構造的な弱さであった。辛亥革命も、革命＝反革命という革命の性質はおなじだ。しかしこれは革命の方向に発展する革命である。内部から否定する力がたえず湧き出る革命である。孫文には革命がいつも「失敗」と観念されている。辛亥革命のうみ出した軍閥政治（それは一種の植民地的な絶対王制だ）を否定し、さらに革命党そのものの官僚化を否定する方向に進展する革命である。つまり生産的な革命であり、したがって真の革命である。（④一六四）

竹内は、こうした近代中国の「抵抗」や「内部からの否定」を参照軸に、この論文発表以降も、近代から彼が生きた同時代にかけての日本の政治や文学に対して、批判的言説を投じ続ける。その経緯は次章に委ねることとするが、そうした竹内の思想形成の根本に、その中国文学研究の一つの達成としての魯迅との格闘があったことは、この「中国の近代と日本の近代」のなかで魯迅がくり返し引き合いに出されることからも改めて窺える。

本節では、この一九四八年の論文を生み出すことになる魯迅理解が、竹内のなかでどのように進展していったかを論じ、前節までに述べた竹内その人の歩みと合わせて、思想家竹内好の形成過程を、より竹内好に内在した形で論じていきたいと思う。

## (2)「魯迅論」

後年の回想の中で「私は魯迅始めたのは非常に遅いんで、中国文学研究会の最初のころは、あんまり関心なかったんです。もう魯迅の時代は過ぎたと思っていたからね」（「わが回想」⑬二七四～二七五）と竹内は述べる。中国現代文学に関心を持った時点から魯迅に傾倒していた訳ではないことは注意しておいて良いと思われる。

魯迅に関して竹内が初めて論じたのが、『月報』二〇号（一九三六年一一月）の魯迅追悼号に掲載した「魯迅論」（⑭三七～四五）である。しかし、この論文での、竹内の魯迅理解は、後年の『魯迅』などを知る立場からすれば、意外なほどに魯迅に冷淡なように見受けられる。さしあたってここで二つ事例を示そう。魯迅の代表作である「狂人日記」に対しては、

「狂人日記」は、封建的桎梏に対する呪詛ではあるが、その反抗心理は、本能的、衝動的の憎悪に止り、個人主義的な自由な環境への渇求を明かにしていない。だから、大衆感情の組織者ではあっても、先駆としての意義は甚だ稀薄なものとなる。大体、彼の作品につきまとう東洋風の陰翳は、生活に溶込んだ民間風習に由来するものであろうが、儒教的でないまでも、特に倫理的色彩に於て、気質的に、近代意識の反対者である百姓根性を多分に脱けきれぬものがある。（当然のことながら、題材だけを取上げて言うのでは決してない。）（⑭四〇）

とその限界を指摘し、魯迅その人の政治的行動のあり方に対しても、

一九三〇年、自由大同盟を経て成立した左連の椅子には、魯迅その人が坐っていたのである。彼は、その準備のために、創造社と悪態をつき合う暇に、多くのマルクス主義文学理論を翻訳している。だから、この転進は、彼の人並ならぬ聡明さを物語るものであるが、同時に、そこに現代中国文学の脆弱性を窺うように思えてならない。思想の氾濫——というのは、むしろ当らないので、発酵せずに追いやられる、思想性の欠如が、徒に小品文派に温床を与えているのである。自らの個人哲学を築き得なかった魯迅の矛盾が、肉体的に解決されることなしに、新しい客観世界での苟合的統一に安んじているに過ぎない。（⑭四三）

と論評するが、『魯迅』を知る立場からみるとあまりにも外在的な分析に映る。事実、この魯迅追悼号のあと、『月報』

二二号（一九三七年一月）に寄稿した「郁達夫覚書」（⑭五四～六三）のなかでは「広さに於て魯迅に劣り、深さに於て優る。この人を除いて新文学はない」（⑭六一）「放肆な空想が許されるならば、彼こそ今に於て、魯迅の果し得なかった文学史の、特に詩史の編述が唐突でない豊かな直観と教養とを兼ね具えた一人ではないかと思う」（⑭六二）と、郁達夫を絶賛する比較の対象に魯迅を選択しているほどである。北京留学の前年である一九三六年時点の竹内の魯迅理解は、少なくとも『魯迅』のそれとは異なっていたと言わざるを得ない。

### (3) 〈魯迅〉へ至る道のりと『魯迅』

前節で見たように、野原四郎の仲介もあって、日本評論社の「東洋思想叢書」の一冊として『魯迅』執筆を契約したのは、一九四一年五月のことであった。魯迅をテーマに選択した理由は、日本評論社の企画があったころ、「向うで魯迅の全集がでた」（「わが回想」⑬二七五）からということであるが、これはやや韜晦の気味がある。竹内は、『中国文学』六〇号（一九四〇年四月）に発表した「返答―目加田さんへ―」（⑭一五二～一五五）のなかで「目加田さんに手紙を貰ってから、これほど思いが通わぬものならいっそ口をきくまいと思いましたとある人に感懐を書き送ったら、いやそうではない、毒なきは丈夫にあらず、魯迅は君の師でしょう、魯迅に学べ、と諭された」とあり、出版契約の前年のこの時点で、それなりに魯迅に傾倒していると周囲から見られていたことは間違いない。

さて、『魯迅』の脱稿にいたるおよそ二年半の期間には、対米英開戦、「大東亜戦争と吾等の決意（宣言）」の公表、中国文学研究会の解散と『中国文学』の廃刊という、大きな事件が次々と起っている。この間の魯迅への沈潜が、「戦争中に現代中国を研究することの緊張感をもっとも強く刻み込んだ作品であり、戦後日本の魯迅研究の経典となった」*25『魯迅』に結実したことは疑い得ないが、この時期の魯迅読解が『魯迅』に結実する竹内の思想形成にどのように影響したか、それは、当時の竹内周辺の環境とのかかわりも合わせて考察する必要がある。この点について、一九四一年一二月の「大東亜戦争と吾等の決意」から四三年一一月に『魯迅』を脱稿する竹内の思想の変遷を時系列に沿って丹念に論じた平石直昭の見解（前掲「竹内好における歴史像の転回」）に依拠しつつ述べていきたい。平石は、一九四一～四三年にかけての竹内の諸作品を分析したうえで、「大東亜」の理念を「ヨーロッパ近代の超克者」たりうるものとして竹内が理解していたことを指摘し、それは微妙な揺らぎを見せつつも、一九四三年七月頃までは維持されていたとする。それが、『魯迅』になると明確に異なってくるという。平石は、『魯迅』のなかで、竹内の中国文学との関係における自己抑制的な態度と、魯迅の厳しさに対する及び難さの感覚が印象深いという。しかしそれは、一九四二年段階の「新しい支那文化」⑭四二八～四三三）などに見られる「大東亜」的理念とは異なる。平石は、「竹内にとって「大東亜文化」の理念が、魯迅の作品に深く入りこむなかで次第にリアリティーを失っていったことを示し」ているとし、「魯迅文学の厳しさの前に「大東亜文化」が拮抗できないことを思い知った」と推測する。一九四〇年代の竹内の諸作品の丁寧な読解を通した平石の理解は、概ね妥当なものではないかと思われる。

また、「魯迅論」段階の魯迅理解と、『魯迅』のそれとが全く位相を異にするのは、「狂人日記」についての『魯迅』の以下の叙述を、先の「魯迅論」のそれと比較すれば容易に理解できるであろう。

「絶望の虚妄なることは正に希望と相同じい。」これは言葉である。しかし、魯迅文学を説明する点では、言葉以上のものである。言葉としては象徴的な言葉であり、むしろ態度、行為と云えるものである。私の考える魯迅の回心を、もし言葉に現せば、やはりこのようなものになるより仕方ないのではないかと思う。絶望の虚妄なることは正に希望と相同じい。人は「絶望」と「希望」を説明することは出来るが、その自覚を得た人を説明することは出来ぬ。それは態度だからである。その態度を与えたものが「狂人日記」である。「狂人日記」が近代文学の道を開いたのは、それによって口語が自由になったのでも、作品世界が可能になったのでもなく、まして封建思想の破摧に意味があるのでもない。この稚拙な作品によって、ある根柢的な態度が据えられたことに価値があるのだと私は考える。そしてそのことの故に、「狂人日記」の作者は小説家として発展せず、むしろ小説を疎外することによって自作の贖いをしなければならなかったのだと考える。(①八三)

このように、「狂人日記」の中から、魯迅の「ある根柢的な態度」を見出すに至ったことが「魯迅論」段階とは異なった位相で竹内が魯迅に向き合った結果であると考えられるのである。いま、試みに『魯迅』の中から、竹内の特徴的な言辞を挙げてみよう。

「私が、彼の伝記の伝説化に執拗に抗議したのは、決して揚足取りのつもりからではない。魯迅文学の解釈の根本にかかわる問題だからである。説話の面白さによって真実を枉げてはならぬからである。私は魯迅の文学を、本質的に功利主義と見ない。人生のため、民族のため、あるいは愛国のための文学とみない。魯迅は、誠実な生活者であり、熱烈な民族主義者であり、また愛国者である。しかし彼は、それをもって彼の文学の支えとはしていない。むしろ、それを撲無することにおいて彼の文学が成立しているのである。魯迅の文学の根源は、無と称せらるべきある何者かである。その根柢的な自覚を得たことが、彼を文学者たらしめているので、それなくしては、民族主義者魯迅、愛国者魯迅も、畢竟言葉である。魯迅を贖罪の文学と呼ぶ体系の上に立って、私は私の抗議を発するのである」(「思想の形成」①六〇~六一)

「魯迅の見たものは暗黒である。だが、彼は、満腔の熱情をもって暗黒を見た。そして絶望した。絶望だけが、彼にとって真実であった。しかし、やがて絶望も真実でなくなった。絶望も虚妄である。「絶望の虚妄なることは正に希望と相同じい。」絶望も虚妄ならば、人は何をすればよいか。絶望に絶望した人は、文学者になるより仕方ない。何者にも頼らず、何者も自己の支えとしないことによって、すべてを我がものにしなければならぬ。かくて文学者魯迅は現在的に成立する。啓蒙者魯迅の多彩な現れを可能にするものが、可能となる。私が彼の回心と呼び、文学的正覚と呼ぶものが、影が光を生み出すようにして生み出されるのである」(「政治と文学」①

一一三）

「文学は無力である。魯迅はそう見る。無力というのは、政治に対して無力なのである。それは、裏から云えば、政治に対して有力なものは文学でない、ということである。これは文化主義だろうか。確かにそうである。魯迅は文化主義者である。しかし、この文化主義は、文化主義に対立する文化主義である。「文学文学と騒ぐ」こと、文学が「偉大な力を持つ」と信ずること、それを彼は否定したのである。（中略）真の文学は、政治に反対せず、ただ政治によって自己を支える文学を唾棄するのである。孫文に「永遠の革命者」を見ず、革命の成功者、あるいは革命の失敗者を見る文学を唾棄するのである。なぜ唾棄するのかと云えば、そのような相対的の世界は「凝固した世界」であり、自己生成は行われず、従って文学者は死滅せねばならぬからである。文学の生れる根元の場は、常に政治に取巻かれていなければならぬ。それは、文学の花を咲かせるための苛烈な自然条件である。ひよわな花は育たぬが、秀勁な花は長い生命を得る。私はそれを、現代中国文学と、魯迅とに見る」（「政治と文学」①一四三〜一四四）

こうした『魯迅』の叙述には、どことなく「『中国文学』の廃刊と私」のなかの「最初、中国文学研究会が成立したとき、混沌の中から自己を定立し生成してゆくための本源的な矛盾が確かに内在していた。われわれは議論を闘わし、それによって次第に環境から自己を選び出し、その選び出すことによって逆に環境を支配する位置に立とうとした。私たちの当初もくろんだことの何分の一も今日実現されたとは思わない。私たちは決して世界を支配する位置に立っていない。それにもかかわらず、われわれはお互いに識り合い、狃れあった。そして世間も、会をそのものとして程よく認めるようになり、われわれ自身がその評価を一応は甘んじて許すかに見える。根源的な矛盾が消えて、安定が来た。持続の日がはじまったのである。そのような会を、私は不満に思う。私にとって、会は不断に成長するものである。永久に自己否定を繰返すものである」（⑭四四八）のような叙述と同質のものを感じ取ることが出来る。

『魯迅』に向けた竹内の魯迅読解は、こうした竹内の意識にも刺激を与えたに相違なかろう。

一九四〇年代に入っての魯迅との知的格闘は確かに『魯迅』に結実した。改めて孫歌の言を藉りれば『魯迅』という書物は「魯迅研究の基礎を築いた記念碑的著作として、『魯迅』は全世界の魯迅研究者の必読書」であり、「後世のものに直接または間接的に、偶像魯迅から脱け出すための可能性を示唆してくれる」（『竹内好という問い』三〇頁）著書であり、今日なお、魯迅研究の古典として揺るぎない存在感を示している。それはまた、戦時中の一九四三年一一月、応召直前に脱稿し、親友・武田泰淳が跋文を付して、敗色濃厚となりつつあった一九四四年一二月に刊行されたという事情も手伝っているだろう。「竹内魯迅」とも称されるこの『魯迅』については、後年竹内自身も、「一方からいうと、この『魯迅』は私にとって、なつかしい本である。追い立てられるような気持で、明日の生命が保ちがたい環境で、これだけは書き残しておきたいと思うことを、精いっぱいに書いた本である。遺書、というほど大げさなものではないが、それに近い気持ちであった。そして実際、これが完成した直後に召集令状が来たのを、天佑のように思ったことを覚えている」（創元文庫版『魯迅』「あとがき」①一七二）と回想するほど思い入れの強いものであり、同時に、尾崎文昭が「戦後日本の魯迅研究において最も多く言及される作品が、おそらく竹内好の『魯迅』であることは改めて言うまでもない。かつて、中国現代文学研究に進む学生・院生がまだまだ非常に少なかった頃、この領域に入る者は皆まずは魯迅を読み、そこから自己の世界を広げていくものだと思われていた（中略）。そして、竹内好の『魯迅』がまず読むべきものと見なされていた」（「竹内好の『魯迅』と『魯迅入門』」『未名』二八、二〇一〇）と述べていることも、魯迅研究者の言であるだけに重みがある。

しかしながら、先に紹介した一九四八年の竹内好の論考「中国の近代と日本の近代」を支える魯迅理解の要諦──「ドレイ」論──が、この『魯迅』には見られない、ということもあわせて指摘しておかなければならない。つまり「中国の近代と日本の近代」を支える魯迅理解に到達するには、竹内には実はもう少し時間が必要だったのである。

竹内に即した真の意味での「〈魯迅〉に至る道」はもう少し続きを見なければならない。

## 7 『魯迅』から『魯迅入門』『魯迅雑記』へ――「ドレイ」論の確立――

### (1) 竹内好と「ドレイ」論

竹内が、中国文学研究者の枠を超えて同時代日本についての評論家として活躍するようになった契機は、魯迅を参照軸に、日本の政治指導者なり日本の近代の特質を論じるようになったことであった。そこでの竹内が強調する魯迅の考え方の要諦は、一九四八年に発表された「魯迅と日本文学」(「文化移入の方法(日本文学と中国文学 二)―魯迅を中心として―」と改題、④一一五～一二七)に以下のように見える「ドレイ」論である。

日本の社会の矛盾がいつも外へふくれることで擬似的に解決されてきたように、日本文学は、自分の貧しさを、いつも外へ新しいものを求めることによってまぎらしてきた。自分が壁にぶつからないのを、自分の進歩のせいだと思っている。そして相手が壁にぶつかったのをみると、そこに自分の後進性を移入して、相手に後進性を認める。ドレイは、自分がドレイの主人になろうとしているかぎり、希望を失うことはない。かれは可能的にドレイではないから。したがって自分がドレイであることの自覚もうまれない。ドレイが、ドレイであることを拒否し、同時にドレイの主人であることも拒否したときにもつ絶望感は、かれには理解できない。しかし、ドレイが脱却の行動をおこしうるのは、自分がドレイであることを自覚したときである。魯迅は、自分の国の歴史を「ドレイになろうと思ってもなれぬ時代」と「しばらく無事にドレイになれる時代」の交替とみて「中国歴史上かつてなかった第三の時代を創造すること」が「現代の青年の使命」だといっている。(④一二五)

前節で紹介した「中国の近代と日本の近代」のなかにも「日本文化の優秀さは、ドレイとしての優秀さ」という一節があったことも想起したい。この「ドレイ」論は、魯迅の散文詩集とも言うべき『野草』に収録されている「賢人と馬鹿と奴隷」(原題は「聡明人和儍子和奴才」)という寓話に典拠がある。その寓話を竹内の翻訳(『魯迅文集』二、ちくま文庫、一九九一年、七五~七八頁)に依拠して要約すると、

いつも主人の愚痴ばかりこぼしているドレイがおり、それを聞かされる賢人は「いまにきっとよくなる」と慰め、ドレイはその賢人の慰めに満足している。ある日、自分にあてがわれているおんぼろ小屋には窓がないという愚痴を、ドレイがたまたま馬鹿にしたところ、その馬鹿は小屋の壁を外から壊して窓を開けてやろうとするが、ドレイはドレイ仲間を呼んで馬鹿を追い払い、そのことを主人に報告する。主人のところにはその事件の見舞に大勢の客が来るが、そのなかにいた賢者に対し、ドレイは、自分が手柄を立てて主人にほめてもらえた、と晴れがましく語った。

という内容にある。「ドレイ」という語には、竹内の近代日本なり近代日本の知識人に対する批判意識が内包されている。竹内はいつの時点からこの寓話に着目し、そして「ドレイ」の語を用いるようになったのであろうか。

## (2)『魯迅』における「ドレイ」論の不在

従来、この「ドレイ」論の衝撃と、日本評論社版『魯迅』に対する高い世評とがあいまって、竹内における「賢人と馬鹿と奴隷」を重視する姿勢は、『魯迅』からすでに見られると何となく含意されていたように思われる。しかし、『魯迅』で展開される『野草』論には、ついにこの「ドレイ」への言及はなされていないのである。竹内は、『魯迅』「作品について」の「三」において、自らの見解を、

私は、魯迅の作品の中で『野草』を重く見る。魯迅解釈の参考材料として、これほど適当なものはないように思う。それは集約的に魯迅を表現している。そして作品と雑文との橋渡しになっている。つまり作家と作品の関係

を説明している。（①九八）

と述べ、『野草』各編からの数頁に亙る引用を行ったうえで、

これらの文章は、いちじるしく魯迅に近づいている。伝記や小説が伝える魯迅よりも、遙かに真に近い。文学者としての魯迅が形成されてゆく過程が、あるいは逆に発散してゆく経過が、目に見えるように描かれている。さまざまな傾向を含みながら、それらは全体としてはある統一に向って盛上るように動いている。小説にあらわれた二つの中心が、ここでは可能的に接近している。（①一〇五）

のように、伝記や小説以上に「遙かに真に近い」魯迅を読み取れる作品として『野草』を解説している。しかし、その数頁に亙る引用文のなかに、「賢人と馬鹿と奴隷」からの引用はなされていない。『魯迅』段階では、竹内は「ドレイ」論に到達していなかったか、もしくはその典拠となるべき魯迅の見解を見出すには至っていなかったということになるだろう。この点は夙に尾崎文昭が「竹内好の『魯迅』と『魯迅入門』」で指摘しており、ここでも尾崎の言をもとに論じたものである。ちなみに、『魯迅』「政治と文学」に引用されている魯迅の評論「灯火漫筆」には、

たとい学者たちがもったいをつけて、歴史の時代区分に当って「漢民族発祥時代」「漢民族発展時代」「漢民族中興時代」など、耳ざわりのよい項目をいくらならべようとも、好意のほどはありがたいが、いかにも表現がまだるっこい。次のような、もっと単刀直入の言い方があるのだ――

一、奴隷になりたくてもなれない時代

二、しばらく安全に奴隷でいられる時代

このふたつの循環が、「先儒」のいう「一治一乱」に当るわけだ。（竹内好訳『魯迅文集』第三巻、筑摩書房、一九七七年、ちくま文庫版一六〇～一六一頁）

とある。「灯火漫筆」と「賢人と馬鹿と奴隷」は同じ一九二五年に書かれており、前者で得た着想を魯迅その人が後

者に活かした可能性はあるだろう。ここでの「奴隷」も、竹内の「ドレイ」論の典拠となりうる。しかし、繰り返しになるが、竹内はこの一節を、『魯迅』では引用するのみで後年の「ドレイ」論に帰結するような議論は行っていないのである。

では、日本評論社版『魯迅』で到達していないとすれば、いつ竹内が、「ドレイ論」に到達したかということが、次の問題になる。

### (3) 竹内好における『魯迅入門』の意義

竹内好がどの段階で「ドレイ」論に到達したか。実はこの問題に対しても、すでに先に紹介した尾崎文昭の研究によって、解答が与えられている。以下、尾崎の研究に依拠しながら、関連する事情を確かめていきたい。

そもそも竹内自身、一九五二年に創元文庫として『魯迅』を再刊した際の「あとがき」で、「この十年間に、魯迅研究もかなり進歩している。私自身が、戦後に魯迅を読みかえして、『世界文学はんどぶっく 魯迅』(一九四八年、世界評論社)という本を別に書いている。そこでは、部分的には前著より進歩した見解も述べられているはずである」(①一七二)と述べている。復員後の読書・研究を通して、魯迅に対する研究が進展・深化したことは竹内自身も自負していた訳である。「あとがき」で触れている『世界文学はんどぶっく 魯迅』は、一九四八年一〇月に、「世界文学はんどぶっく」シリーズの一冊として書き下ろされたもので、その後、一九五三年六月に東洋書館から『魯迅入門』として再刊されている。飯倉照平によれば(②解題)、『魯迅入門』は、『世界文学はんどぶっく 魯迅』のなかの「I伝記」全一〇章から「1蔡元培からみた魯迅」と「2伝記の材料」の二章を割愛し、その他若干の文章を削除したほか、全体にわたって字句や字使いに手が加えられているが、内容上は大きく改訂は加えられていないという。『全集』②でも、『魯迅入門』を収録し、『世界文学はんどぶっく 魯迅』については、前者で割愛された部分のみが収録されている。竹内の魯迅認識の変容を確かめるには、基本的にこの『魯迅入門』に依拠すれば差し支えなかろう。以下、本章でも、敗戦直後の竹内の魯迅認識の到達点を探る文献として、『全集』②に収録される『魯迅入門』と、抄録される『世界文学はんどぶっく 魯迅』とを一体のものとして扱うこととし、『魯迅入門』の呼称で代表させることとしたい。[*26]

その『魯迅入門』の内容に関して、ここで文芸評論家・川西政明と魯迅研究者・藤森節子の発言を、尾崎にならって見ておこう。まず、川西は、「長い間、竹内好は「阿Q正伝」を未完成な未熟な作品と思ってきた。その誤解がとける日がきた。「阿Q」というルンペン農民は、前近代的な植民地社会の典型で、どうしようもない劣敗性の人間だと見られている。それはそのとおりである。だが、「阿Q正伝」を実際に翻訳してみて、私は魯迅がどんなに阿Qを愛していたかを知ったと竹内好はいう。このとき、竹内好の内部でものすごい転換がおこった。その転換がおこったのは、四七年ころのことであろう」(川西「解説」講談社文芸文庫版『魯迅』講談社、一九九四年、に収録)と、竹内好における「転換」を一九四七年に見出している。講談社文芸文庫版『魯迅入門』に解説を寄せた藤森も、「『魯迅』は、時として読む者を拒絶するかのような厳しい側面をみせる。独特のリズムで、激しくたたみ込むような調子で書かれていて、読む者を諄諄と理解させていくというよりは、読者の方が、とにかく書かれた文章を頭から鵜呑みにし、繰り返し読むことで、そのことだけは理解する、というところがある。(中略)これに対して、この『魯迅』からわずか五年を経たか経ないかの一九四八年に出版された『魯迅(入門)』では、(中略)叙述の方法も正攻法である。(原文改行)竹内好の内部で、なにかが起こったとしか考えられない。竹内好にとっても重要なことである」(藤森「解説」講談社文芸文庫版『魯迅入門』講談社、一九九六年、に収録)と述べ、『魯迅入門』執筆に至る過程で、竹内の内部で「なにかが起こった」ことを指摘している。こうした川西・藤森の指摘は概ね是認されるべきであろう。そもそも竹内自身が、『魯迅入門』に「進歩した成果」があったと自負していたではないか。その「進歩」の結果が、魯迅の「賢人と馬鹿と奴隷」の示唆を受けた「ドレイ」論であるとまで言えるかどうかは、復員後の竹内の論考を分析するまでは断言できないにせよ、『魯迅』から『魯迅入門』までに竹内の内部で「起こった」ことを追求し、その「ドレイ」論との関わりを明らかにする必要がありそうである。

### (4) 「ドレイ」論の確立と『魯迅雑記』

竹内の「復員日記」には、「それにつけても自分の書いた『魯迅』につき考えること多し」(一九四六年九月二三日、⑮四二九頁)「本日は晴。一日、魯迅をよみ暮す」(九月二九日、⑮四三〇頁)のように、復員直後から魯迅に取り組む姿を窺い知る記述が見受けられる。復員後の魯迅研究の成果は続々と発表され、その中のあるものは『魯迅入門』に、そしてそれ以外の多くは一九四九年に刊行された『魯迅雑記』(世界評論社)に収録されている。それらの中から、いま「ドレイ」論に言及のあるものを挙げてみよう。

尊大と卑屈は表裏であり、それは日本文化の非独立性、ドレイ性にもとづく無自覚の外国崇拝＝外国侮蔑という心理の反映に外ならないから。(③五二～五三)

これは、竹内が一九四七年一月に執筆し、『書評』という雑誌の四号(同年五月刊行)に寄せた、吉川幸次郎の『胡適自伝』の翻訳の再版書の書評の一節であり、竹内が日本文化の「ドレイ」性に言及した最初のものではないかと思われる。さらに、同年七月に執筆した「魯迅と毛沢東」(『新日本文学』九、⑤二五一～二五八)のなかでの、「魯迅は徹底して偶像を排斥した。主人持ちとなること、ドレイとなることから、身もだえして逃れようとした」という一節も「ドレイ」論の萌芽と言い得よう。

より明確に「ドレイ」論を魯迅の思想として明示したのが、一九四七年一二月に脱稿(「浦和日記」一九四七年一二月二七日。⑮五二七)した「絶望と古さ―魯迅文学の一時期―」(『国土』二―二、一九四八年二月、のち『世界文

学はんどぶっく 魯迅』に改題収録、②四四〜五八)であり、そこでは、「階級闘争説は、彼にとって、ひとつの発見であるが、それは「世界には二種類の人間――圧迫者と被圧迫者がある」という彼の認識、「奴隷――自由を失ったもの――と奴隷の主人――自由を奪うもの――とは同じである」という思想、「国民が自分で自分の悪い根性を改める」のが革命だという彼の信念と不可分に結びつき、それを彼が歩きつづけることによって、その道のうえに発見されたものである」と、「ドレイ」説が魯迅の思想であることを明言している。また同時期に執筆した「食われぬための文学―魯迅の狂人日記―」(『随筆中国』三、一九四八年四月、のち『魯迅雑記』に収録、①二一八〜二二九)でも、

日本文学には魯迅がなかった。二葉亭以来、断続して反抗詩人が生れたが、いつも妥協か敗北におわった。(中略)「奴隷に甘んずるのは奴隷だ」と魯迅はいった。「奴隷と奴隷の主人はおなじものだ」ともいった。背伸びして植民地本国の豊かな文学をまねていた日本文学は、魯迅の目には、貧しい植民地文学にみえただろう。

と語っている。

以上に見たように、「ドレイ」論は、一九四七〜四八年にかけて発表されている。論文「中国の近代と日本の近代」は、その集大成であったと評して差し支えないだろう。川西政明と藤森節子が指摘した「転換」なり「何かが起った」ことの一つは、四七〜四八年にかけて矢継ぎ早に提起した「ドレイ」論への竹内の到達であったと言っても良かろう。それは、「奴隷――自由を失ったもの――と奴隷の主人――自由を奪うもの――とは同じ」であるにもかかわらず、かつて自らが「奴隷」であり、敗戦後の今なお新たな「奴隷の主人」の「奴隷」に甘んじている自覚を持たず、そのうえに新たに「奴隷の主人」然としている同時代の日本の知識人に対する痛烈な批判でもあった。

なお、ここに紹介した戦後の竹内の評論の多くは、一九四九年に世界評論社から刊行された『魯迅雑記』に収録されている。その「あとがき」で竹内は「一九四六年の夏に解放されたとき、私は、もう一度自分が歩き出さねばならぬことに重荷を感じた。私は、私という人間のなまぬるさにあいそをつかしはしたが、やはり自分の歩いた道をたし

かめることから再出発するより仕方ないと思った。そして改めて魯迅をよみはじめた。（中略）その折々に、雑誌社の注文などで、短い文章をいくつか書いた。ここに集めたのがそれである。それらは、私の生命の幾分かをそれぞれ負担している」（⑬二八二）と述べている。この『魯迅雑記』に、竹内の魯迅再読の結果が反映されていることは、自ら語っていたことでもあったのである。ただ、『全集』の編集方針のためか、『魯迅雑記』に収録された評論は、各巻に分載される形をとった。そのため、一九四七〜四八年にかけて集中的に竹内が「ドレイ」論を提起したことが見えにくくなってしまっているのかもしれない。

さて、復員後の魯迅再読が竹内を「ドレイ」論に到達させたとして、それを媒介として日本の文学や近代を批判する境地に至った背景について、若干の想定を試みて本章を閉じたいと思う。「復員日記」一九四六年一〇月一七日（⑮四三六）に、「『歴史評論』、津田博士の弟子が津田博士の業績の紹介をしているので買ったが、資料的に少しは役に立つがつまらぬ。中西功の巻頭論文。中西という男の頭の悪さと意地きたなさと下司根性がよく分った」とあって、『歴史評論』創刊号（一九四六年一〇月）に掲載されている松島栄一「津田左右吉博士の学問と近業」と中西功「中国の勤労大衆の史観」とが批判、特に中西については日記でなければ書けないような悪口雑言が記されている。中西の論考には、毛沢東の「新民主主義」に対する無批判の礼賛や図式的マルクス主義歴史学の考え方を前提に中国史の展開を議論しているところが見られ、こうした態度があるいは竹内にとっては「ドレイ」的に見えたのかもしれない。日本の敗戦について論じた文のなかで「八・一五は私にとって、屈辱の事件である。（中略）痛切に思うことは、八・一五のとき、共和制を実現する可能性がまったくなかったかどうかということである。可能性があるのに、可能性を現実性に転化する努力をおこたったとすれば、子孫に残した重荷について私たちの世代は連帯の責任を負わなければならない」（「屈辱の事件」⑬七八）とまで語った竹内である。それまでの自らの思想的営為を突き詰めて考えることなく、敗戦を機に、都合よく変っていく者をまのあたりにした経験は、竹内には多かったと想定される。そうした体験と並行して魯迅を再読したことが、魯迅の『野草』に出てくる寓話の意味に気づかせてくれることに繋がったのではないだろうか。竹内は、『世界文学はんどぶっく 魯迅』の中で『野草』の一部となる短編「賢人と馬鹿と奴隷」について、「賢人は彼の憎むもの、奴隷は彼の憎みながら脱却できぬもの、馬鹿は彼の愛するものだ。この馬鹿は「このような戦士」[*27]の「戦士」であり、賢人は「慈善家、学者、文士、長者、青年、雅人、君子……」などの旗をかかげ、「学問、道徳、国粋、民意、ロジック、正義、東方文明……」などの刺繍のある外套をきた「無物」である」(②一五四〜一五五)と解説した。復員後の日本の知的世界は、竹内にとってまさしく「無物」がはびこる世界に見えたのではなかっただろうか。

註

＊1　高橋和巳「竹内好―その魯迅精神―」(『思想の科学』(第四次)二九・三〇、一九六一年。のち「自立の精神―竹内好における魯迅精神」と改題のうえ、『高橋和巳全集』第一三巻、河出書房新社、一九七八年、に収録)。

＊2　以下、本章における竹内好の経歴については、久米旺生の作成した年譜(⑰二八一〜三三二、以下「年譜」)に依拠している。

＊3　田中克己「思い出の中から」(『思想の科学』(第六次)九一、一九七八年)。

＊4　このストライキ事件については、編集委員「ストライキ事件」(大阪高等学校同窓会『大高 それ青春の三春秋』一九六七年)も参照。

＊5　註＊3前掲田中克己「思い出の中から」。

＊6　『東京帝国大学学術大観 文学部』第一章文学部総説(東京帝国大学編、一九四二、今井登志喜・山中謙二執筆)。

＊7　塩谷は、早くから元曲など戯曲研究を進めた比較的革新的な「支那文学」研究者であり、後年、竹内らの中国文学研究会の活動にも一定の理解を示した。藤井省三「中国の北京語文学」(『岩波講座「帝国」日本の学知 第五巻 東アジアの文学・言語空間』岩波書店、二〇〇六年)参照。

＊8　当時の日本の文化界が中国現代文学に関心を向けた様子については、丸山昇「日本における中国現代文学」(『中国文学論叢』一三、

一九九八年。のち丸山『魯迅・文学・歴史』汲古書院、二〇〇四年、に収録）を参照。

＊9 「卒業論文総目録」（『東京支那学報』三、一九五七年）。

＊10 中国文学研究会そのものを対象とした研究としては、立間祥介編「中国文学研究会年譜」（『復刻中国文学』別冊、汲古書院、一九七一年）、近藤龍哉「中国文学研究会について」（『歴史評論』二六九、一九七二年）がある。

＊11 岡崎は、その後中国文学研究会の活動を支えた重要な人物である。その活動期には竹内との衝突を繰り返しつつも、交遊は一九五九年五月の岡崎の早世まで続いた。

＊12 武田の生涯や竹内との交遊については、川西政明『武田泰淳伝』（講談社、二〇〇五年）、渡邊一民『武田泰淳と竹内好』（みすず書房、二〇一〇年）などを参照。

＊13 以上の岡崎の経歴については、岡崎「「中国文学研究会」のこと(1)」（『北斗』四―二、一九五九年。のち『天上人間』河出書房新社、一九六一年、に収録）による。

＊14 竹内と知り合うまでの上記の武田の略歴については、「武田泰淳年譜」（註＊12前掲川西『武田泰淳伝』）による。

＊15 竹内は編集後記に、「この会に対してまだ誤解があるようだ。会名の「中国文学」は「支那文学」と同義である。固有名詞が同文の二国間で翻訳なしに通用しない不便は避けたいと思う以外に他意はない。普通名詞としては「支那文学」と言って一向差し支えない」（傍点原文ママ）⑭二三）と記した。しかし後年「あの頃はみんな支那です。（中略）「支那」は古くさいし、中国人が支那という言葉を非常に嫌うってことは、文学を通してこっちにはわかっていたので、わざと「支那」を避けて「中国」という名をつけたんです」（松本昌次との対談「中国と私」『状況的』二三七）と語るように、「他意」がなかったわけではない。

＊16 武田泰淳「新漢学論」（『中国文学月報』九号、一九三五年、のち『武田泰淳全集』第一一巻、筑摩書房、一九七一、に収録）。

＊17 丸山眞男も「北京日記」には注目している（丸山「竹内日記を読む」『ちくま』一九八二年九月号、のち『丸山集』⑫に収録）が、その丸山の解釈を受けつつ岡山麻子は、「北京日記」の読解を通して、北京滞在中の竹内の経験――特に料亭「万寿」の峯子との恋愛――が、その「文学精神」の形成に寄与したとする見解を述べ（岡山『竹内好の文学精神』論創社、二〇〇二年）、ひいては、竹内が北京時代に体験した精神的な危機は自己解体を迫るほど深かったが故に岡本かの子の小説への傾倒や峯子との恋愛経験を通して「生命や存在の凝視を摑む精神の画期とすることが可能になった」と述べている（岡山「竹内好の『北京日記』―文学の解体と再生―」『社会文化史学』四四、二〇〇三年）。

＊18 竹内と楊との交流、楊聯陞の存在が竹内の思想形成に及ぼした影響などについては、山田智「竹内好と楊聯陞」（『静岡大学教育

学部研究報告（人文・社会・自然科学篇）』六七、二〇一七）及び山田の執筆になる本書総論を参照。

＊19「6　竹内好［日本から中国に向う原田丸にて］から武田泰淳［中支戦線］へ」（「竹内好の手紙（上）一九三六―一九五二」『辺境（第三次）』五、一九八七年一〇月）。「僕は耽溺し足りない北京の生活をもうあきらめようと思ふ。僕は再び支那文学と『月報』とに帰ろうと思ふ」「結婚といへば、僕は親父に折れて、この春の帰国のとき郷里の人を貰ふ約束をきめたが、今度の帰国で破約にした」等の文章が綴られている。

＊20『魯迅』でも「支那」が用いられた。敗戦後日本評論社は『魯迅』を再版した際に「支那」を「中国」に改めている。竹内の日記には「なお校正の際「支那」とあるのを全部「中国」になおしたと云うので抗議を申込むが校了ずみとして断れ」（一九四六年九月二〇日「復員日記」⑮四二七）たとあり、竹内がその措置に納得していた訳ではないことを窺わせる。

＊21「恐らく君が帰るころには、『月報』は雑誌の形で出てゐるだらう。四五十頁の洒落た雑誌を編輯する楽しみが、僕にとつてかなり大きな楽しみになるのかもしれない」と出征中の武田泰淳に宛てて語っている。註＊19前掲「6　竹内好［日本から中国に向う原田丸にて］から武田泰淳［中支戦線］へ」。

＊22青木富太郎「最近の蒙古関係の翻訳書」（『中国文学』六四号、一九四〇年）野原四郎「グラネについて」（『中国文学』七二、一九四一年）など。

＊23武田泰淳との対談において、一九四一年九月二三日の日記のなかで「何かやらねばならぬという気ばかりしている。魯迅はちょうどいい仕事かもしれね。丹念にノートをとることからはじめなければならぬだろう」と記したことを竹内は紹介している（武田泰淳との対談「「中国文学」のころ」『文芸展望』一〇、一九七五年、のち『武田泰淳全集』別巻二、筑摩書房、一九七九年、に収録）。

＊24丸山昇「日本における魯迅」（『科学と思想』四一・四二、一九八一年。のち註＊8前掲『魯迅・文学・歴史』に収録）。なお、丸山は、一九四二年に開催された大東亜文学者大会への中国文学研究会の参加要請を竹内が断ったことを（「大東亜文学者大会について」⑭四三三～四三六）、「今日からふり返って、この文章がこの時期に書かれていることは、日本の中国文学者にとって一つの救い」としている。

＊25鈴木将久「竹内好と『魯迅』」（明治大学政治経済学部創設百周年記念叢書刊行委員会『国際地域の社会科学Ⅲ　アジア学への誘い』御茶の水書房、二〇〇八年）。

＊26尾崎は、『魯迅入門』について、「より難しいと見える、より本物と見える『魯迅』のほうを攻略することに、気を取られすぎていたのだろうか。あるいは、結局どちらも理解できなかったのだろうか。魯迅思想の理解という点では『魯迅入門』のほうが一歩

深くかつ比較的に明晰であるのだから、そして竹内好自身が上述のように戦後の分析と理解のほうに優位性があると考えていたに違いないのだから、むしろこちらの方を竹内好の魯迅論の本筋として扱えばよかったのに」と語りつつ、「ただ、創元文庫版『魯迅』そしてその後の版本では、戦後の竹内好の魯迅論を反映する文章「思想家としての魯迅」が付録にされていて、多くの読者はこれを戦前版『魯迅』本文の理解の手引きにしており、戦後の魯迅理解による補いをつけていた」ことに言及している。つまり、一九四九年に執筆された「思想家としての魯迅」という補助線が引かれる形で『魯迅』が読まれたため、尾崎によれば「竹内好の戦前と戦後での魯迅理解の落差が目立たなく」なってしまったということである。なお、「思想家としての魯迅」は、『哲学講座』第一巻（筑摩書房、一九四九年）に「魯迅」と題して発表され、創元文庫収録の際に改題されたものである（飯倉照平①「解題」）。

＊27 「このような戦士」も『野草』の一部をなす作品の名称である。

# 二 〈ドレイ〉からの脱却を求めて
## ——戦後社会のなかで——

黒川みどり

竹内好は、一九六六年六月六日付『日本読書新聞』のインタビューに答えて、このように述べている。「わたしは去年の春から、もう評論はやめたし、もうだいたい言いつくしてるので、あたらしい言いたいことがない。それでやめたわけですよ。なるべく外部との接触を断って自分の残された——あと何年生きるか分らないけれども——時間を自分流に使いたいと思っています」(「予見と錯誤」⑨四一四)。さらに、翌年の「六〇年代・七年目最終報告」では、「亡国の民は、亡国の歌をうたうよりほかになすことがない」(『週刊読書人』一九六七年一月二三日、⑨四二八)と記し、評論からの「引退声明」を発した(「思想と状況」一九六八年八月、吉本隆明との対談、『状況的』六三)。

そのように意を固めた竹内が、自らのそれまでの仕事を振り返り、「私のやってきたことは、一つは中国の問題、中国と日本との関連の問題、いわば政治的な発言と、もう一つは日本の近代史、この思想史的な分野での発言があるわけなんですが、政治のほうは言論の効果がゼロになったという反省をしました」と述べるように(同上、『状況的』六五〜六六)、復員後から一九六〇年代までの彼の仕事は、次の三つに大別できよう。

第一に、中国との国交回復、すなわち彼の言葉でいえば「戦争終結」を行うことであった。竹内は、やはり「引退声明」後に、「私の戦後やりたいと思ったのは中国との戦争終結だったのですが、これはもうあきらめました。悪い場合には、中国と再び戦争になるとさえ思っている」と語っている（「戦後をどう評価するか」荒瀬豊、一九六五年六月、『状況的』九三）。自らが「なぜ中国を勉強するのか」を「一口でいうと、それは結局弱い者への共感ということ」であった。そうしてこのようにいう。「中国人に対して連帯感があるんですよ。自分は日本人ではあるが、日本政府なり日本の権力なり日本の支配的なジャーナリズムに対して局外者であるという被害者意識、そういう点は同じ被害を受けている人間としての共通感がある。その点がほかの人とはちがうのじゃないだろうか」（「文学　反抗　革命」高橋和巳、一九六九年一月、『状況的』三八）。「侵略戦争であるというような規定からくる痛みよりももっとちがうもの、弱い者いじめであることがいやなんです。自分もそういう位置にいるということがね」（同上、三九）。戦前からの中国、中国人との出会いを経てのこの「弱い者への共感」は、彼の戦後思想を考える上に重要であり、彼の中国との向き合いの中核を形づくってきたものといえよう。

第二に、第一の点と密接に絡み合いながら展開されたさまざまな政治的発言、評論、啓蒙であり、それは、中国をたえず念頭におきながらの〝開かれた〟ナショナリズム[*1]の復権、「伝統」からの民主主義の構築を軸としたものであり、六〇年代後半に彼が撤退を表明したのは、主としてこれらの仕事であった。

そして第三は、第一、第二の点を追究するために向きあった「日本の近代史」である。具体的には、明治維新の再評価、「国民文学論」「アジア主義」「近代の超克」といったテーマが並び、それらは日本近代史から未発の可能性を抽出するための営みであった。[*2]

以下におおよそこれらの三つの仕事を軸に据えながら、竹内の戦後を追っていきたい。

## 1　「インテリ」と民衆

### (1)　思想の「再建」をめざして

本節ではまず復員までのいきさつについて、竹内自身によっては語られていないが戦後の竹内をみていく上に重要と思われる次の点に絞って述べておきたい。

竹内は、中国人文学者の謝冰瑩（→第一部第一章）を漢口に訪ね、釈放されて日本に早く帰れるように、捕虜収容所の所長で謝と軍事政治学校の同期であった戴仲明《たいちゅうめい》に頼んでくれないかと願い出たことが、謝が著した竹内死後の追悼文に記されている。[*3] 竹内と謝の最初の出会いは、一九三六年、謝が、日本語を学びに来日していた際に東京目黒の警察署に留置されることとなり、竹内が武田泰淳らとともに謝の釈放に力を尽くしたことにあった。[*4] 謝の回想によれば、日本の敗戦後に漢口に訪ねてきた竹内と会見している際に茶を入れた「小使」が、「憤懣に耐えぬといった顔つきで彼をにらみつけ、「馬鹿野郎」と罵った」ところ、中国語のわかる竹内は苦笑して、「その通り、日本軍閥は本当に大馬鹿野郎です。中国人をこんなひどい目に会わせたんですから」と返した。そして竹内は日本に帰ってから、謝意と感想を述べた長文の手紙を謝に届けたという。[*5] 日本軍閥が中国を侵略して申し訳ないという意識を抱えながら、その中国の知人に懇願し彼女の骨折りによって早期釈放が実現したというこの一件は、竹内が中国と向きあう際に終始彼の脳裏から離れることはなかったのではなかろうか。

一九四六年六月二七日家族の移転先の北浦和に身を寄せた竹内は、早速応召中の空白を取り戻すべく、中国近現代史研究者の野原四郎を訪ねたり（六月二九日）、雑誌『新中国』『中国文学』をはじめ『東洋経済新報』『展望』『新日本文学』などの雑誌を入手が容易でないなか精力的に購入したりして、懸命に情報を収集していた。また七月一一日には日本共産党本部に行き、『アカハタ』編輯担当の高橋勝之のもとに赴いて最近号を購入するなど、政治社会情勢を把握しようと努めていた様子がうかがわれる（「復員日記」⑮）。

竹内が戦前から関わってきた中国文学研究会は、一九四六年三月に再建され、雑誌『中国文学』も復刊されていた。竹内はこれに対して自ら書いた「覚書」で、「伝統は、守らるべきものであると同時に、内より毀たるべきものである」と述べてその復刊のあり方を根源的に問い[*6]（一九四六年八月、⑬九五）、「あらゆるものが党派性に在る時代に、党派的でないこと、党派性を拒むこと、アイマイにすることは、それ自体が別の党派性である」と記し、翻って「党派性」に無自覚であることの問題性を衝いた（⑬九六）。また竹内は、本当の「日本文化の復興」は、「「隣邦支那を敬愛」すること一般「支那の文学に親しむ」こと一般」から「自分を区別する党派性を、自覚をもって育てていく実践の中だけから生れるのである」とも述べている（⑬九九）。それは、「隣邦支那を敬愛」などというような耳心地のよいだけの「無意味」な言葉によりかかることの不毛性、ならびに欺瞞性を指摘したものであり、のちに竹内が向きあうことになる差別の問題にも相通ずる点を含んでいよう。竹内は、毎週開かれていた中国文学研究会旧同人の例会には、九月以後毎回出席したという（「年譜」、⑰三〇三）。

竹内は旺盛な執筆活動を開始し、一九五〇年前後からは、総合雑誌『展望』などを舞台に論壇の寵児となる。[*7]この時期を振り返り、「思想より、思想の担い手としてのインテリゲンツィアが、私の主題である」（「はじめに」『日本イデオロギイ』一九五二年、⑥四）と自ら回想しているように、彼の主題はまぎれもなく「インテリゲンツィア論」であった。

それらの一部が、のちに『日本イデオロギイ』と題する単行本にまとめられている。そのタイトルは、日本の敗戦を待たずに獄死した唯物論哲学者戸坂潤の『日本イデオロギー論』（一九三五年）を意識したもので、竹内は、「私は、自分が日本イデオロギイの圏外にいないこと、もしも戸坂氏が再び筆をとれば、私自身が日本イデオロギイの一分派に分類されるかもしれない、ということを感じる」としつつも、「自分では、日本イデオロギイに安住しているつもりはない。脱却のために努力し、脱却の方向を模索しているつもりである」と宣言する（「はじめに」⑥三）。松本三之介は、戦後の竹内の思想的営為を思想の「再建」と称し、それを、「民主主義や自由主義や平和主義等々の「主義」を「導入」し「定着」させることではなく、むしろその前に、日本の思想が戦前いらい持ちつづけていたその体質を転換し、思想としての構造そのものをまず立て直すということでなければならなかった」（傍点――原文）と説明する。*8 まさにそれは、竹内が戸坂に仮託して述べたことであった。

思想の「再建」のために竹内がまず必要としたのは、戦前の思想を総括することであった。「中国の近代と日本の近代―魯迅を手がかりとして―」（『東洋文化講座』第三巻、一九四八年一一月、のちに「近代とは何か（日本と中国の場合）」と改題、④）として世に問われることとなる「予備稿」を書き上げた際の感慨を、彼は「浦和日記」に次のように記している。「ただ充足感にひたっている。こみあげてくるうれしさ。考えてみれば、よくも書けたものだと思う。途中でもう駄目だと思ったことが何べんかあった。どうやら堪えてきた。ずいぶん日数はかかったが、これで自分も一つ年を取ったような気がする。戦争から帰ってからのもやもやが、ひとまず処置できたような気がする」（一九四八年一月三一日、⑯七）。「発表当時はほとんど世評に上らなかった」というが、「伝統」に依拠する中国に対して、西洋思想の葛藤なき受容を行ってきた日本の「近代」のあり方を批判的に問うたものとして、のちに注目されるようになった論文であり、後年、竹内はその理論的完成度の低さは自ら認めつつも、「当時は自覚しなかったが、後から考えて、自分流に近代化の一般理論を目ざしたことは確からしい」と回想している。「定収入がないので、ひる間は金策に歩きまわったり、買出しに行ったりし、夜はランプの下で机に向った」生活であったが、「いま思うと、不思議なくらい前途は明るかった。ともかくここで、自分にとっての精神上の一つの難関を越えねばならぬ、という思いつめた気落ちの張りがあって、何十日かを費やしてこれを書いた。途中で行きづまって、一行も書けぬ日があったと記憶する」と述べている（「解題」『日本とアジア　竹内好評論集』第三巻、筑摩書房、一九六六年、④四四三～四四四）[*9]。

この論文を書きあげることに、竹内は、何故にかくも苦痛を伴わねばならなかったのか。そして、それほどまでに書き終えての「充足感」を味わったのはなぜなのか。それは、平石直昭が指摘するように[*10]、「大東亜」の建設に期待を託した戦争中の過去、竹内いうところの「日本イデオロギイ」にとらわれていた自己と訣別し、日本を「東洋」から切り離して「ヨーロッパ」の側に置くとともに、その日本の近代を見つめる作業に踏みだすことを意味するものであったからである。さしあたりここでは、その論文「中国の近代と日本の近代」が何を提示したのかについて述べておきたい。

竹内は、「ヨオロッパと東洋とは、対立概念である」（④一三六）、「東洋の近代は、ヨオロッパの強制の結果である」と言い切る（④一二九）。「無限の前進のヨオロッパ」（④一三九）に対して、「抵抗を通じて、東洋は自己を近代化した」のであり、「抵抗の持続は敗北感の持続である」（④一三四）がゆえに、東洋は「前進＝後退」（④一三七）であった。そして、「抵抗が少かったという意味」において、「日本は東洋諸国のなかでもっとも東洋的でない」という（④一四三）[*11]。その一方で竹内は、「日本文化は、伝統のなかに独立の体験をもたないのではないか」「外からくるものを苦痛として、抵抗において受け取ったことは一度もないのではないか」と、日本の〝ズルズルべったり〟の文化の受容のあり方をも問うた（④一六八）。竹内は、こうして中国＝東洋との関係において日本の位置とあり方を見つめ直し、西洋に追随してきた日本の「ドレイ的」なありようを見つめる決断をした（そこに至る経緯は、第一部第一章参照）。竹内における思想の「再建」の根底には、過去とのそのような訣別があったのである。

年代はややあとになるが、日本の学問が「無国籍」であるにもかかわらずそれを世界性と誤認し、もっぱら「西洋の学会で問題にされている問題意識」を追求していることの「寄食的であり、植民地的であり、ドレイ的」である点を衝いた「歴史家への注文」と題する論文がある。そこでは、「日本の中国研究は、本国で行われている研究に劣らない。もし中国語で書けば、そのまま本国の学界に通用するほどのものがある。しかしそこには、今日の日本人としての立場からの問題意識は一片もない」ことが指摘されている（「Ⅶ　歴史家への注文」一九五二年四月、⑥七二）。以下にみるように、つねに中国との戦争の問題を念頭におく竹内にあっては、「日本人としての立場」からの中国認識にこだわらざるを得なかった。この点は、竹内が戦後の日本社会について発言する際に、いかなることがあっても看過しえない原点であった。

そうであるがゆえに竹内は、戦後歴史学をリードする位置にあった歴史学研究会に対しても、自分がドレイであることに無自覚なままドレイの主人になりかわることを戒めずにはおれず、そのなかでそれらから抜きん出ていると竹内の目に映ったのが、『歴史と民族の発見―歴史学の課題と方法―』（東京大学出版会、一九五二年）を書いた石母田正の存在であった。なぜならば彼の作品は、「無国籍ではなく、あきらかにドレイからの脱却を志したドレイの苦悶を訴え出し」たものだったからである（同上、⑥七四）（→総論）。その本の表題となっている「序　歴史と民族の発見」において石母田は、自己を振り返り、「学問という伝統的な世界に育った私には、過去の日本の歴史、過去の日本人にたいすると、現在の日本人の一人一人が必死に生きているのだという同情や共感をうしなってしまいます。一人一人の平凡な日本人がもっているひろい世界、この世界が何千万も集って形成している日本という世界、その深さと可能性は無限といってよいほどの世界ですが、そのような感じや眼で、私は歴史というものを見ていなかったとおもうのです」（一二頁）との反省の弁を記し、「どんな人でも、一人一人が自分の過去の経験＝歴史によって生きており、それより生きようがないように、日本人が民族として生きるためにはその民族の経験＝歴史を通じて、それによって自覚する以外に方法はないのだとおもいます」というのであった。それは次節で述べる、竹内の求める「生活の中から生れる思想」に通じるものであり、石母田は、「民族という集団と生活がある以上民族意識は消えるはずはない」

として、「自分のせまい日常の生活と経験」、それを自覚するところから「民族意識」を打ち立てようとしたのであった（一五頁）。

ところで、竹内が丸山眞男と生涯深い親交があったことは丸山の側からもしばしば語られており、一九四七年九月三〇日、東京大学東洋文化研究所における出会い、並びにその当時の丸山に対する評価等については、本書総論に譲るが、二人は、とりわけ一九五四年末に竹内が丸山の近所の武蔵野市吉祥寺に転居してから双方の家を行き来して親密な交際を続け（「好《ハオ》さんとのつきあい」『丸山集』⑩三五一[*12]）、丸山は竹内のことを躊躇いなく「親友」と称した（「近代日本と福沢諭吉」一九八四年一一月、『丸山座談』⑨四）。

丸山は、専門分野や職業の違いを超えた「知識人の再出発」をめざして、それの一つの営みとして敗戦直後から三島庶民大学などの活動を行っており[*13]、竹内もまた次のように述べて、同じような問題意識に立つ自らの決意を語っている。

私は、私流に、ナロオドニキを組織しなければならない。私は組織するであろう。私は、自分にできることは、やるつもりだし、自分にできることだけを、やるつもりだ。私は、日本文学史から秀才を追放したいし、私の憎悪をこめたアンドレ・ジイド論（たとえば、『コンゴ紀行』から）も書きたい。しかし、その準備のために、私はもう一度、魯迅論を書かねばならぬのであって、その準備の途中で、大望だけを抱いて、結局は何もせずに、私は死ぬかもしれないが、たとえそうなっても、どうも仕方がない。（「ある挑戦―魯迅研究の方法について―」一九四九年二月三日、⑥一九一）

竹内が求めたのは、魯迅を拠点にした文学におけるナロオドニキ[*14]であった。

魯迅は、竹内にとって重要な意味をもつ対象であった（→総論、第一部第一章）。すでに述べたように、敗戦を経て竹内は、「一つの仮説」を導き出した。それは、「後進国の近代化のタイプに二つあり、日本と中国とは異質ではないか、ということ」であった。「その仮説をたしかめるために、あるいは自分に説明するために」文章を書き、「この課題は思弁的にでなく、実践的に解かれなければならぬ」と考えるようになったと、のちに自ら語っている。すなわち「解釈でなく、改革が必要」であり、「日本人の思想改造と、それにつながる自己改造が必要である」と。その姿勢をつくり出すために書かれたものが後述する「国民文学論」であり、それを深めていくには、「著者と読者との一方的な通路をこわして、新しい人倫関係を打ち立てなければならぬ」のであった。竹内は一九五七年に「魯迅友の会」（準備会は一九五四年）を組織しており、それはほかならぬその試みの一つであった（「私の著作と思索」一九五四年九月九日、⑬二八〇）。魯迅は竹内にとって、自己の生き方と直接につながる、主体をかけた対象であった。

竹内は、「一般外国文学の研究者のなかで、いちばん、尊敬している」存在として加藤周一をあげ（「ある挑戦―魯迅研究の方法について―」一九四九年五月、⑥一八四）、新日本文学や近代文学の同人たちと較べて「現実的でない」と加藤を非難する人の方が、「植民地的現実から多少とも目をそらしている不徹底性のために、より非現実的」と反駁して加藤を擁護している。しかしその一方で、竹内は加藤を、「西洋文化の輸入の徹底」をいう「絶対他力」論者と位置づけ、「日本文学の国民的解放」という目的においては一致しながらも「いわば、加藤は、最短距離を行こうとし、私は、最長距離を行こうとするようなものであって、両者のあいだには、決定的な対立がある。私は、対立者である加藤を憎み、そして、敵として尊敬する」と言い切っている（同上、⑥一八六）。そうしてそのような「秀才的思考方法」を「ドレイ根性」とまで称してあえて加藤を最大限に貶めることによって、「絶対自力」の「私流」ナロオドニキを組織する決意表明を行うのであった（同上、⑥一九一）。

こうしてすでに一九四〇年代末までにその後の自らの方向性を定めていた竹内は、「インテリ論」を引っ提げて論陣を張っていく。

## (2)「インテリ論」

竹内は、一九五一年の作品「インテリ論」を『新編日本イデオロギイ　竹内好評論集』(第二巻、筑摩書房、一九六六年)に収めるにあたり、このように述べている。「知識人論は当時の論壇の一流行であった。その流行に乗って、自分なりに一般理論の形成への参加を志したもの。これまでの読者や思索の結果たどりついた自己確認を示す。それがこの程度であるのは、人には情ないと思われるだろうが、自分では精いっぱいということで満足している」(「解題」前掲『新編日本イデオロギイ』、四一四頁)。やや抑制気味の表現ではあるが、竹内にとって「インテリ論」が自己の総括にも当たる重要な位置を占めていたことを示していよう。

竹内のインテリ論は、その後改題・改稿が行われているが、『展望』(一九五一年一月)に書いた最初の「インテリ論」[*15]では、「安藤昌益の伝統について」という副題をつけて、冒頭でE・H・ノーマンの安藤昌益論に言及しているのは、安藤の「直接の生産者への「熱情」を通して結びつこうとする意欲は、今日でも必要であり、むしろ今日こそ必要」と考えたからであった(⑥二〇八)。それは、安藤の「精神」に立ち返って学問・文化、そしてそれを牽引する知識人のあり方をもう一度原点から問い直そうとしたものであり、その根底には、「日本のインテリは、日本の社会構造を反映して奇型化されている」(傍点――引用者)、すなわち「全体社会の頭脳作用を機能的に代表するのでなくて」「部分社会」を構成し、それがさらに「閉鎖的なギルド」に分裂しているという、日本のインテリのあり方に対する痛烈な批判があった(⑥二〇九)。

竹内の批判は、インテリ論から出発して、日本社会のありように及んでいく。竹内によれば、「それぞれのギルド内部には、親分子分の階層的秩序が支配して」おり、そこでは「仲間だけに通用するフチョウ」が用いられ、そこで通用するモラルは「ヤクザ仁義」であり、「外界とのコミュニケーションを欠くから、国語の建設、国民文化の形成という民衆の基盤に立った共通の問題意識は発生しない」という(⑥二〇九)。これに重ねて想起されるのが、丸山眞男が一九五〇年代終わりごろから説いていた、「開かれた社会」の対極にある、「内と外」を峻別する「閉じた社会」のありようであり、あるいは「ササラ型」に対する「タコツボ型」の社会である。[*16] このような閉鎖的なインテリのあり方は、インテリ特有の特権意識、官尊民卑、立身出世主義を生むとともに、「インテリは、民衆にたいして抜きがたい優越感をも」ち、「民衆は、インテリにたいして劣等感をもつ」こととなる。そして、民衆は「学者を、官僚を、重役を、ある場合には芸術家を、軽蔑しながら畏怖している。白い手の労働者を、かれらは自分たちと等質物と見ていない。自分たちの生産の余剰で、自分たちの生活をよくするために学問に支払っているのだと思っていない」のである（⑥二〇九～二一〇）。

竹内は、自らをも省みてのことであろう、「戦後のさかんなインテリ論をふりかえってみると、その出発点は、戦争責任の反省にあった」といい（「インテリ論」、⑥八八）、前述のようなインテリと民衆との隔絶が「ファシズムへの抵抗の組織されなかった一原因であり、現在でもその状態が改まっていない」（⑥二一二）と述べる。逆コースの進行のなかで、ファシズムが形成されふたたび戦争に至ることへの危機意識を強めていたことがみてとれよう。

竹内によれば、インテリの孤立には二つの意味があって、一つは、インテリは「相互間において」、もう一つは「民衆に対して」であり、「日本のインテリは民衆と共通の生活の地盤に立たないで、浮き上っているから、その知的能力を民衆の代弁に役立てることができないのである」（同上、⑥八八）。なぜならば、日本の近代は、身分制を「制度として廃止することによって」（傍点――引用者）、先に述べた権威主義、官尊民卑、立身出世主義などの「古い意識」を温存しており、「国民は自由な個人へ向って解放されたのでなく、ドレイへ向って解放されるために、身分のワクをはずされたに過ぎない」からである（同上、⑥九一）。竹内が問題にするのは「インテリの寄食性」（同上、⑥九九）であり、竹内によれば、近代主義者と「近代主義者の変形にすぎない一派」であるマルクス主義者は、この点を見誤っている（同上、⑥一〇〇）。竹内いうところの「近代主義」については後述するが、インテリがモデルにしたのは「西欧的知性」であり、それは「人類の頭脳を代表するものだが、同時にそれは、帝国主義の植民地支配という人類的規模の搾取によって養われていることも事実」だからである（同上、⑥九九）。竹内によると、「寄食的になれば不要物に転化する」存在であるインテリに求められているのは、「生産に結びつく」すなわち「直接の生産者たる民衆に結びつくこと」であった（⑥九八）。竹内は、「インテリの出身は民衆であって、根は共通」（同上、⑥九二）と考えていたから、それは不可能ではないということになる。だからこそ前述したように、安藤昌益に思いを馳せながら「失われている生産への信仰を回復すること」（同上、⑨一〇二）の必要を説いたりもするのであった。そして竹内は、「インテリが、個人として、また全体として、畸型化から自分を救い出し、完全な統一を実現したとき、いいかえると、インテリとしての機能的役割を十全に果した場合、かれは民衆と結ばれるだろう」「つまり、近代的市民になるということだ」（同上、⑥九五）と述べ、そのために学ぶべきは「ダラクした今日の西欧」ではなく、「勃興期の市民社会の精神」であり、あるいは「前世紀末のロシアのナロードニキの運動とか、今世紀はじめの中国の学生運動の精神」であるという（⑥一〇二）。ここにも、知識人は「生産」を担う民衆の生活に根ざすべきであり、同時に、それを非西欧の中国の近代化のなかにみるべきであるとする竹内の考えが貫かれている。

### (3)「ドレイ的日本文化の構造」との対決

竹内によれば、現状のインテリのあり方は、「ドレイ的日本文化の構造」によって生み出されたものであり、それは、明治一〇年、すなわち西南戦争という「明治維新の革命が、反革命にたいして勝利をえたとき、つまり反革命を圧殺することによってそれ自体が反革命へ転化する方向で革命に成功したとき」に固定したのではないかという。日本の近代への問いとともに明治維新への関心は、このように竹内のなかにかなり早い時期から芽生えていた。以下は、近代に対する竹内の基本的な評価を示していると思われるため、やや長くなるが引用する。

明治維新は、革命として成功したことにおいて失敗した。辛亥革命が、革命として失敗したことにおいて革命の原動力を失わなかったのとは、反対である。日本でブルジョア革命が成功したのは、日本にそれだけの物質的基礎があったからだという進歩主義者たちの議論を、私は信用できない。そういう議論を出してくる精神が、やはり日本文化の構造なりに形成されているように思う。つまり一高―帝大型の、指導者型の考え方だ。日本には、ロシアや中国に見られたような、アジア的な野蛮な抵抗がなかった。つまり反動が力弱かった。その反動の弱かったことが、同時に革命を反革命の方向に成功させたのだと私は思う。なぜ抵抗が弱かったかというと、これも日本文化の構造とつながるのだが、歴史的に形成された日本人のドレイ根性に関係してくると思う。(「指導者意識について」一九四八年一〇月、⑥一一二)

竹内にあっては、そうした日本のあり方は「いい子になりたがる日本的指導者心理の反映で、つまりはドレイ根性の裏返し」ということになるのであり、さらに次のようにもいう。

日本の進歩主義者たちは、進歩を信じている。しかしその進歩は、進歩という観念であって、ヨーロッパの進歩ではないし、魯迅のいう「人類の進歩」でもない。魯迅の進歩は絶望に媒介されているが、日本の進歩は影のない観念である。加藤弘之の転向声明の伝統から出てくる進歩である。進歩主義は、日本イデオロギイの重要な特徴のひとつだと思うが、それは否定の契機を含まぬ進歩主義であり、つまり、ドレイ的日本文化の構造にのっかって安心している進歩主義である。(傍点——引用者、同上、⑥一一三)

そのような竹内の「進歩主義」批判は、前衛党である日本共産党に向けられた。すでに、一九四八年初頭、「浦和日記」に日本共産党が投じた近代主義批判のことが登場するが(「浦和日記」一九四八年一月二日・九日、⑯五)、竹内の本格的な日本共産党批判は、一九五〇年四月から五一年六月の間に『展望』誌上に四回にわたって連載された「日本共産党論」であった。竹内自身は、一九四九年一月に歴史家の藤間生大から日本共産党入党を勧められたが断って[*17]（「年譜」、⑰三〇五）日本共産党とは一線を画してきたが、歯に衣着せぬ批判を行ったのは、共産党を日本社会の変革の担い手として重要視していたからにほかなるまい。

竹内が共産党の役割に関心を注いだのは、一九四九年一〇月に中華人民共和国が誕生したことに加えて、その翌五〇年一月、コミンフォルムが、占領軍を解放軍と規定する日本共産党の平和革命路線を誤りであると指摘し、それを受けて日本共産党が、それに反論する所感派とそれを受け入れる国際派とに分裂したことに因っていよう。コミンフォルムの日本共産党批判は「さわやかな風のように私の心を吹いた」と竹内はいう。そしてこのように述べる。「私はコミンフォルムの批判を全的に認める。そして、これにたいする日共の回答を全的に認めない。（中略）つまり、コミンフォルムは共産主義的であり、日共は共産主義的でない」（「ゴマカシとタワゴト」一九五〇年三月、⑥二〇三～四）。さらにこのようにもいう。「アメリカとソ連の対立という高次の世界の疾患を、低次の世界にいる日本共産党あたりが、甘く見ないがいい。「奴隷の言葉」を使うことによって、その対立を利用し、自分の力で合法性を保っているなどと無邪気に信じこむ誇大妄想を止めるがいい」（「日本共産党への注文」一九四九年一〇月、⑥二〇四）。本来の立場や主張をねじ曲げてまでも合法性を保って生き延びるために、アメリカに卑屈な態度をとっていると映った日本共産党の姿は、竹内には断じて許しがたいことだったのであろう。竹内の共産党への向き合い方は、丸山眞男が「戦争直後の知識人」に見たような、過去への「自責」と「悔恨」を背景とする「共産党への過剰なまでの同伴的心理」（「近代日本の知識人」一九七七年一〇月、『丸山集』⑩二五三～二五八）によるものとは明らかに一線を画していた。

竹内の日本共産党批判は次の二点であった。

第一は、権威主義的体質とそれを支えるインテリと大衆のあり方に対してであり、竹内によれば、日本の共産主義は、日本のあらゆる思想と同様、「権威への近づきの度合によって、支配被支配の関係が成り立つ心理構造の上にのっかっている」のであり、「共産主義に忠実でありたいという主観的意図が、結果としてその構造を強めているのである」。それゆえ、「架空化された共産主義の権威が、すべての判断の基準」であるため、「革命性を日常性に卑属化した野坂（参三──引用者）理論」にさえも人びとはとびついてしまうことになる（「日本共産党論」（その二）一九五〇年六月、⑥一四九）。そのような評価の背後には、「中共では、思想の中核となる自身のモラルがそなわっていて、したがって思想が生きている」のであり、それと日本共産党とのちがいは「ドレイと自由人のちがいといってもいい根本のものである」（同上、⑥一四七頁）という認識があった。すなわちこれまでみてきた彼の中国観と一体となった、理想としての中国共産党像が存在していた。

第二は、「思想が生活に媒介されない」ことであった。竹内によれば、前述のような権威主義を生んでいるのは、「思想一般がそうであるように、日本では共産主義もまだ思想化されていない」からであり、「思想は、生活から出て、生活を越えたところに独立性を保って成り立つ」はずだが、「思想が生活に媒介されないから」「日本文化のドレイ構造を破壊するという革命の主題が忘れられる」、したがって「革命的なものが革命的であればあるほど反革命的になる」（同上、⑥一四一、及び一四四）。日本における「思想の欠如」「疑似思想の氾濫の現象」は、「制度と意識の両面からの長い積みかさねによって、一種の民族性と化しており、ほとんど自覚されない」のであり、「コミンフォルムの批判が正しく受け取られないのは、日共がこのドレイ構造の内部にいながら、そのことを自覚していないせい」であった（同上、⑥一四二）。

この竹内の批判のあり方については、松本三之介が、「「生産性」という思想の力、思想の働きが、じつは、「生活から出」ることと、「生活を越え」ることという、二つの側面から成り立つ思想のあり方、思想の構造と表裏の関係で結びつくものであることが示されている」[*18]と高く評価しているように、それこそが竹内の思想の原点であった。それゆえに竹内は、「革命は絶対に外からは来ない。私たちが日常の生活の場で考え、行動することを除いて、外からの救いがあるというのは幻想だ」と訴え続けるのであった（「日本共産党論」（その三）一九五〇年八月、⑥一五八）。

しかし、現実の日本共産党は、竹内の期待に応えるものではなかった。「一九四六年の夏、私は復員してきてから、当時まだ三日刊であった『アカハタ』を半年分まとめて丹念によ」み、「それは私をはなはだしく失望させた」（「日本共産党論」（その四）一九五一年六月、⑥一六四）と記す。後年の回想においても、「昔の『赤旗』は、大変なもんであったが、戦後に「合法化された『アカハタ』を見ても、どうも、おかしいという気がした」、「中間に断絶があったコップ（日本プロレタリア文化連盟――引用者）の組織をそのまま継承して、その間に自己変革がないのがおかしい。それでは制度があり、組織があるというだけで、外形はあるが、魂がはいっていない」、だから竹内は、新日本文学会や民主主義科学者協会など、「どの団体にもはいらなかった」という（「中国と私」一九六九年二月、⑬二一七）。新聞のセンセーショナリズムを批判する竹内にとって、それに代わる方法は「政党の機関新聞にたよること」であったが、『アカハタ』に加えて日本社会党機関紙『社会新聞』も「理想にはまだかなり遠い」と映った。それゆえ竹内は、「日本文化の荒廃を救う道は、私たちが理想の新聞を（おそらく日刊新聞でなければダメだろう）もつ以外に手がないように思う」との志を固めていった（「日本共産党論」（その四）、⑥一六五）。

こうした竹内の失望と苛立ちは日本と中国との関係に対しても同様であり、「中国人のある旧友へ」宛てた手紙のなかで次のように語られている。「一口にいえば、私はほとんど現状に絶望しております。さまざまな動きがありますが、どれも私には戦争中のものと本質的なちがいがあるように思えません。日本と中国を結ぶ紐帯は、人民的規模において、まだ基盤が準備されていないような気がします」（「中国人のある旧友へ」一九五〇年五月、⑬六四）。

竹内は、一九四九年七月一四日、社団法人「思想の科学研究会」発会式にも出席している（「年譜」、⑰三〇五）。雑誌『思想の科学』は、一九四六年二月に最初の同人会議をもち、武谷三男・武田清子・都留重人・鶴見和子・鶴見俊輔・丸山眞男・渡辺慧の七人でスタートしたが、社団法人になる際には一二〇名の会員で、不都合を表明した人以外、これまで雑誌に登場した人には全員はいってもらうこととしたという。[*19] 入会のころのことについて竹内は、「面識のない鶴見俊輔がいきなり私を訪ねてきて、私に思想の科学研究会への入会をすすめたときは、私は二つ返事で承諾した」と語っており、なぜなら、その前から雑誌を購入して読んでおり、それが「『新日本文学』とちがって、新鮮であり、魅力があった」からであった。[*20]『思想の科学』には「戦後があり」、『新日本文学』には「戦後がなかった」、「それが魅力の有無を決したのではないかと思う」という。「辛くも生き残ったという実感と、これからどう生きたらいいかという不安の念につつまれていた当時の私にとっては、事もなげに歴史を審判する新日本文学会の態度は、まぶしすぎて、ついてゆけなかった」といい（「新日本文学会への提案」一九五九年六月、⑬一〇六）、それに反して『思想の科学』は、権威によらずかつ組織の論理や理論が先にありきではなく、「生活の要求」、「民族本然の要求」に根ざした議論ができる場と思えたことが竹内を魅了したのだろう（↓第二部第一章）。

竹内が、杉照子と結婚したのもこの年三月のことであった。『展望』に初めて「伝統と革命」と題する論文が掲載されたのが、やはりこの年の九月号で、これ以後竹内は、「日本共産党論」の連載にみられるように『展望』の「常連」となり（「年譜」、⑰三〇五）、それらの原稿料などで生計を立てていたと思われる。

## 2　「個人の独立」と「国民的連帯」

### (1)　「国民文学論」の展開

一九五〇年代初めに竹内が向きあったテーマに、国民文学論と講和問題の二つがある。

前者の国民文学論については、「一九五一年（講和条約の年）ごろからおこり、五二年にはジャーナリズムでさわがれ、五三年にはジャーナリズムでは下火になったが、その精神と運動は、国民の各層の間にますます滲透していった」（「文学における独立とはなにか」一九五四年四月、⑦八四）と総括している。国民文学論それ自体は、のちに

「不毛」との評価も生んだが、[*21] 竹内にとっては、以下にみるように、彼いうところの近代主義、マルクス主義が「血ぬられた民族主義をよけて通った」ことへの反省を迫る重要な意味をもつものであった。[*22] 一九五一年に「講和条約の年」との注記がなされているように、講和条約締結をめぐって論争が繰り広げられたことは周知であり、竹内にとって、国民文学論と講和問題は密接不可分であった。

雑誌『文学』は、一九五一年九月号を、「日本文学における民族の問題」の特集号に充て、竹内もそれに「近代主義と民族の問題」を寄稿している。竹内自身が、「「国民文学」論議に私が巻き込まれるキッカケともなった文である」（「解題」、前掲『竹内好評論集』第二巻、四二二頁）と称しているもので、次のように述べる。

マルクス主義者を含めての近代主義者たちは、血ぬられた民族主義をよけて通った。自分を被害者と規定し、ナショナリズムのウルトラ化を自己の責任外の出来事とした。「日本ロマン派」を黙殺することが正しいとされた。しかし、「日本ロマン派」を倒したものは、かれらではなくて外の力なのである。外の力によって倒されたものを、自分が倒したように、自分の力を過信したことはなかっただろうか。それによって、悪夢は忘れられたかもしれないが、血は洗い清めらなかったのではないか。（「近代主義と民族の問題」一九五一年九月、⑦三一）

竹内がいうところの「近代主義とは、いいかえれば、民族主義を思考の通路に含まぬ、あるいは排除する、ということ」（同上、⑦三二）であり、その外発性を問題にしているのである。竹内の場合も含めてこのように否定的な意味合いを込めて用いられることの多い「近代主義」については、日高六郎、平石直昭が的確な整理を行っている。[*23] 平石が指摘するように、竹内の近代主義理解は、「前近代的な社会に外から近代というものが持ち込まれると、前近代社会の中に発生してくる一つの意識形態」というものであり、日本の文明開化にその典型を見いだし、「自発的なものではなく外発的な形で行われた」ことによる皮相性を問題にしたものであった。[*24] その皮相性を竹内は容認しがたく、「たとい「国民文学」というコトバがひとたび汚されたとしても、今日、私たちは国民文学への念願を捨てるわけにいかない」のであった（同上、⑦三六）。「国民文学」をとおして日本のナショナリズムに正面から向きあうことは、アジアに対する戦争責任の問題と不可分であり、それをすり抜けたまま「生きながらえる」ことは「ドレイ」以外の何物でもなかった。竹内は、「「処女性」を失った日本が、それを失わないアジアのナショナリズムに結びつく道は、おそらく非常に打開が困難だろう。（中略）たといそれで道が開けなかったところで、そのときは民族とともに滅びるだけであって、奴隷（あるいは奴隷の支配者）となって生きながらえるよりは、はるかによいことである」という（同上、⑦三七）

そして竹内は、「近代主義も、後進国の近代化の過程には、歴史的に一応の役割をもっております。しかし、それは早晩、克服されるべきものであり、それが克服されてはじめて、国民文学が可能になります」（「若い友への手紙」一九五二年一月、⑥一五）と述べているように、彼が求める「国民文学」は「近代主義」を克服の対象とすることで生み出されるものであった。ここで竹内が念頭に置いている「近代主義」の内実は、基本的に以前からの連続線上にあり、具体的には「ナショナリズムが本来もつべき、自然発生的な基盤をもたずに、したがって国民運動に展開する予想を含ま」ないもので（同上、一九五二年五月、⑥六五）、「封建制からの自己解放の運動」としてのみとらえたり（同上、⑥六四）、あるいは毛沢東いうところの「人民の中へ」を外から持ち込むだけに終始している（前掲「若い友への手紙」、⑥一四）運動のありさまが念頭に置かれていた。[*25]

竹内は、そうした思想・文化運動のあり方に問題提起をするべく、国民文学論を喚起することに意を注いだ。彼にとって国民文学という問題の「重大さ」は、「それが学問上の問題であるばかりでなく、あるいは文学創造の問題であるばかりでなく、日本人の生き方—民族の活路、という問題にかかわるから」であった（『竹内好談論集Ⅰ　国民文学の行方』蘭花堂、一九八五年、六頁）。

竹内は、「国民」を問題にするからといって、「個」の独立を軽視していたわけではなく、伊藤整、臼井吉見、折口信夫と行った「国民文学の方向」と題する座談会の場では、「国民が形成されるのは近代以後なので、近代国家が封建制の中から自分を形成して来る、それによって単一な個人の国民的結合が可能になる。この封建制からの脱却を外したら国民文学というものは意味をなさないのじゃないか」と述べて、国民文学はあくまで「単一な個人の国民的結合」を前提に成立すべきものであることを強調している（同上、一八頁）。しかし、現実の日本は、「封建制の中から抜け出して行くという動きと同時に、進んだ文化を受入れることが重なっている——むしろ近代化のために封建性からの脱却という面がはっきり意識されないのじゃないか」といい、それに対して中国の場合は、「そういう近代化の方向が与えられていない」、すなわち早くから外国の侵略を受けていたため、「むしろ内部の封建性からの脱却という方向が、外国の侵略からの独立と不可分に結びついて意識されている」のであり、そのために中国の近代化は遅れて始まり、「部分的にレベルは低い」ものであるが「改革は根底から行われている」ということになる（同上、一九頁）。そして、「私の見るところ、中国は個人の尊厳を無視していない。個人がそのものとして尊重されること、今日のごとくである社会は、かつて実現しなかったのではないかとさえ思う。そうでなければ、個人の自由がなくて、どうしてあの建設ができよう」とまで、中国のありようを積極的に評価するのであった。竹内は、「その個人は、西欧的人間観から一直線に出てきたものではな」く、「中国は、世界でもっとも帝国主義の圧迫のはげしかった国である」ため、「その中での人間の解放は、当然、西欧的人間像を導き出すわけにはいか」ず、「抽象的な、絶対的な自由人でなしに、いわば相対的な集団の中での個人といった形での自由人を形成したのである」（「中国問題の考え方」一九五三年六月、⑪二〇四）と述べているように、中国のありようのなかに、あくまで西欧型とは異なる「個」の自立の姿を見出そうとしていたのである。しかしそれが、そのように非西欧である中国のものであった——この時の竹内にとってはそのことが重要なのであったが——という点を除けば、「個」を重視する点で、「近代主義者」の筆頭に数えられる丸山眞男の主張と変わるところはない。[*26] そして、そのような問題意識と不可分に提起された「国民文学は、特定の文学様式やジャンルを指すのでなく、国の全体としての文学の存在形態を指す。しかも歴史的範疇である。デモクラシイと同様、実現を目ざすべき目標であって、しかも完全な市民社会と同様、実現の困難な状態である。それに到達することを理想として努力すべき日々の実践課題だ。既成のモデルで間にあうものは何もない」と考えられていた（傍点――引用者）（「国民文学の問題点」一九五二年八月、⑦四七）。国民文学の樹立もまた、永久革命なのであった。

一方、国民文学を打ち立てる際の核になるべき「伝統」についても同様で、これもまた、「一度過去の伝統を否定することによってしか、ほんとうの民族的な主体性は生れない」（「被占領心理」一九五〇年八月、『丸山座談』②一四）とする丸山の見解と同根であった。[*27] 当該時期の竹内の「伝統」についての考え方は、一九五二年二月に南安曇教育会で行われた「中国の現状と日華関係」と題する講演のあとの質問に答える形でも述べられており、そこでも「伝統を固定的に考えないで、今日の生活の中で生かされたものとして考える必要がある」というように、「生活」との結びつきを重視していたことが明らかである（⑪一九一）。竹内が忌避するのは、「いわゆる伝統主義者」にみられる「革新を妨げるために権威として伝統を利用する」ことであった。竹内によれば、「これは本当の伝統尊重ではない。新しい生命の根元を探るために伝統を省みるべきであって、そうでなければ、伝統が真に生かされたとはいえない」のであった（⑪一九二）。

「国民文学という形で問題をとらえ得なかった」「『近代文学』一派」を竹内が問題視するのは、彼らの前近代性の克服のための解決の方向は、「自我の確立、近代的市民への解放、というだけしか出てこない。それ以上の国民的連帯へまでは発展しない」からであった。それに対して竹内は、「個人の独立は、国民的連帯の意識と離れては実現しないし、その逆も真である」ことを強調し続けた（同上、⑦四八〜四九）。『近代文学』創刊時の同人は、荒正人・平野謙・本多秋五・埴谷雄高・山室静・佐々木基一・小田切秀雄らであり、[*28] 竹内は、それらの人びとに対して、「個人だけを抽象して取り出すのは、文学における身分制との戦いを避けたために生じた、それ自体が特権的な意識の産物と見るべきであろう」（同上、⑦四九）と述べている。[*29] 竹内が、「個」にとどまりえずに「国民」にこだわり、「伝統」に着目したのは、「生活」の担い手である民衆を抜きに「モデクラシイ」も〝革命〟もありえないと考えていたからであった。すなわち、「国民」も「伝統」も、それ自体に価値が見いだされるのではなく、あくまでも民主主義実現のための手段なのであった。竹内にとっての国民文学は、「個人の独立」と「国民的連帯」を結合させる、「それに到達することを理想として努力すべき日々の実践課題」（同上、⑦四七）であり、[*30] そしてそれは、丸山が「国家秩序との内面的つながり」、すなわちリベラリズムとナショナリズムの結合を希求していたこと[*31]とも一致していた。

なお竹内は後年、国民文学は、一つは、五〇年代初頭のアジアのナショナリズムの台頭に伴う「新しい問題」の提出と、もう一つは、それ以前からの「日本のナショナリズムの一律の抹殺」という状況に対する「何か将来に生かすものを探したいという欲求」という「問題が二つ重なって出てきた」のであり、「その流れが、なんとなく国民文学論になったわけなんです」と回想している（「予見と錯誤」一九六六年六月六日、⑨四一四）。

## (2)「生活の中から生れる思想」の希求——「日本の民衆」／労働組合／マイノリティ——

竹内は、『近代文学』に集う「近代主義」者の「特権的な意識」を批判した以上、それを乗り越える思想を提示しなければならず、それこそが「生活の中から生れる思想」（傍点——引用者）であった。このように述べる。

日本人を根本的に規定し、動かしているものは、インテリの頭脳に投影しているコスモポリタンの思想ではなくて、生活の中から生れる思想だということになる。それがどんなに微々たるものに見えようとも、インテリをもふくめて、生活の思想の方に主動力がある。そうでなければ彼は完全な国籍喪失者になって、日本人でなくなる。

（前掲「文学における独立とはなにか」、⑦六九）

そうして「生活の要求と、その中から出てくる文学要求とをはなして処理することができない地点に、今日は来ているのではないだろうか」との切迫感を表明している（同上、⑦八三）。

その場合にも竹内のなかに、「生活の知恵」を身につけた中国という参照軸が存在しており、それは、一九五二年の初めから七回に分けて発表された「若い友への手紙」のなかにみてとれる。一九五〇年の朝鮮戦争、逆コースの進行、一九五一年九月の講和条約締結、といった状況に立ち向かうなかで、「生活の知恵」を有した民衆の理想の姿を中国人に求める竹内には、対する日本には「絶対不変に見える」官僚の権力支配、「つまり天皇制」が存在しており、しかも「在野というのは、官になりたくてなれないから野なのであって、だから一朝、機会があれば、このような野は、そのまま官にな」ると映った。それゆえ「官に反対するからといって、うかつに信用はでき」ないのであり、「どんなに猛々しい人でも、権力の分配にあずかると、不思議におとなしくなるのは、ほとんど通則といっていいでしょう」とも述べている（一九五二年二月、⑥二〇）。注目すべきは、竹内は、立場を絶対視するような、丸山眞男いうところの「であること」信仰から解き放たれており、人は往々にして、ひとたび立場さえ替わればふるまいも変わってしまうのだという認識をもっていたことであった。それゆえ権力奪取のための「官と野との対立」という構図もそのまま受け入れるべきではなく、「目的は、権力支配を排除すること」、「権力支配から人間の自由を救い出す」ということでなければならないと考えられていた（同上、⑥二〇、及び二一）。手紙の〝名宛て人〟は社会主義に希望を見いだす若者であり、竹内はその若者に対して、「どうも、あなた方の方が、手放しで民衆を信頼している気持が感じられて、不安なのです」（同上、⑥二二）と述べて、たまたま「官」に対抗する立場にある者が、あたかもすべて正義を体現しているかのようにみなしてしまう態度に警鐘を鳴らした。しかし、「野」にある民衆に対してそうした留保をつける一方で、その手紙には、「民衆のおのずからの気持」「モラルを欲する人間の本然の要求」といったような、民衆に対する信頼を彷彿とさせる言葉が鏤められている（⑥二四）。

一九五一年一一月、昭和天皇の京大訪問に際し、天皇に対する公開質問状を用意していた全学自治会である同学会の学生と警官隊がもみ合いになり、同学会が解散を命じられるという事件が起こっており（京大天皇事件）、竹内は、その事件の犠牲となった学生たちに心からの同情を表しつつも、一方で、学生たちの拙速とも映る判断を諌めるのであった（同上、⑥二三〜二四）。さらに竹内は、「天皇は道徳の中心ではない。これは、民衆の知恵が、すでに知っていることです。では、道徳の中心がどこにあるか」と問いかけ、「モラルの喪失状態の自覚は、苦しい。人間の弱い心は、つい規範を外に求めたがります。しかし私は、弱い心に鞭うって、苦痛に堪えることが、いまの場合、必要だと思います」と、天皇制に絡めとられることのない強靭な精神で、目下の苦境を乗り切るべきことを訴えた（同上、⑥二四）。

竹内は、一九五一年秋から日本教職員組合の平和問題懇談会にも関わるようになり（「教員の目の色」一九五二年八月九日、⑧二八六）、それらをとおして、教育に関心を注いでいった。それは、「教師が人間的になることが、教育の先決条件」であり、「そのためには、人間性をはばむ制度なり意識なりと、戦わなければならない」と考えられたからであった。「この戦いを回避するものは、教師として失格であ」り、「社会が教師に寄託するものは、この戦いを通じて社会の疾患を発見し、治療を勧告するという任務である」という（「教師の役割と教師の自覚」一九五二年一〇月、⑧二九八）。ここでも「生きるとは何か。人間らしく生きるとは、どういうことか」という問いが発せられており（同上、⑧三〇四）、教師が「人間的に生きる」こと、すなわち「個人としての教師の確立」は「団結を通じてかちとる以外に道はない」のであった。しかしながら「自我を団体の中に埋没してしまうこと」は「団結ではなくて、隷属であ」り、「団結は、対等の人格の間の協調関係であるから、それぞれの構成単位の自主性を伸ばすものであり、逆にいって単位が自主的になればなるほど、団結が強くなるもの」でなければならなかった（同上、⑧三〇六）。一見あたりまえのことのようであるが、このように日教組や労働組合に対して、団結の前提として個の自立にこだわることができたのは、丸山眞男や日高六郎らごく少数の知識人に限られており、竹内もまた希有な存在であったといえよう。

こうした思想を携えて、竹内は、「日本の民衆」を主題にしたり、あるいは労働組合を論じたりという方向にも踏み出していった。竹内が、「日本の民衆」（『現代史講座』第三巻「世界史と日本」創文社）と題する論文を発表したのは一九五三年八月のことであった。それは、「この課題に私は近づきがたく思われる。（中略）私自身がその一人である民衆について、しかし、民衆と一体ではけっしてない、民衆と異質なものをふくんでいる私が、何を、どう考えればいいのか」（⑥二四五）という煩悶に始まる。「人民は、彼が生産者であることによって歴史を動かすのである。被支配者であることによって歴史を動かすのではない。社会的生産力を高める、あるいは低下をふせぐという、歴史にたいする合法則性を保つ場合にだけ、彼は権力の交替を要求することができる」といったくだりは、革命を射程に入れて、マルクス主義的な世界観に比較的接近していた時期であったみることができよう。その一方でそれに続けて、「権力の取得を目的化して考えてはならない。このことは、今日の日本の民衆に革命担当の能力があるかどうかをはかる目安になるだろうと思う」（⑥二四六〜二四七）と述べて、労働者農民政府であろうとも、できあがった権力に対しては常に懐疑的であらねばならないことを説いた。竹内の特徴は、革命の「力の結集のために主体側に要求されるもの」として、「中心勢力である労働者階級」の「官僚主義の克服」を第一にあげる点にあった。竹内によれば、官僚主義は、「対立のすき間に打ちこまれるクサビのようなもの」で、「人間をタテにつなぐかもしれないが、ヨコにはつながない」ものであった（⑥二四九〜二五〇）。彼は、今日、労働組合の組織率が高まることが、「逆に官僚主義をますます民衆へ浸透させる働きもしていることを見のがしてはならない」（⑥二五〇〜二五一）と述べ、労働組合内部に蔓延する「官僚主義」への警告を発した。換言すれば、竹内のいう「官僚主義」は、組織の自己目的化とそれに支えられた権威主義を意味し、常に打破を目ざし続けなければならないものであった。

竹内は、「民衆」のなかの階層性にも着目していた。彼によれば「民衆という革命勢力の中核」は「労働者、とくに基礎産業の労働者」であり、かつそれが「民衆の全体の要求を代弁するように、民衆と等質なものとして、最下層部分との連続を保っていなければならない」。そしてこのように述べる。

> この連帯関係を検証するものは、上の部分でなくて下の部分である。男と女では女、親と子では子、労働者と農民では農民の立場が検証の役目を果す。国際的視野でながめれば、国内少数民族がそれである。中国の革命の成功を保証するのも、少数民族の支持が大きな要素であった。日本でいうと、朝鮮人や、さらに未解放部落が、革命の成否をはかるバロメーターになるだろう。（⑥二五四）

竹内が部落解放運動に関わるようになるのはもう少しのちのことであるが、[*32] 戦後の早い時期に、「最下層」のいわゆるマイノリティ集団を視野に入れて「民衆という革命勢力」をとらえようとしたことは注目すべきものであった。竹内は、労働組合、そして民衆の間にも深く根を張っている「官僚主義」と闘いながら、「民衆は不断に形成すべきものであって、それを形成するのは、ほかならぬ民衆自身である」（傍点――引用者）ことを説いた（⑥二五五）。竹内が打倒すべき対象としてしばしば「身分制」「官僚主義」をあげたのは、「インテリ」と「民衆」の壁をも超えた自由で平等な関係を築こうとする願いの表れであった。

### (3)「民族の本然の要求」に根ざす――講和と再軍備をめぐって――

一九五〇年四月一五日、講和問題をめぐって、南原繁、出隆、末川博、上原専禄、大内兵衛、戒能通孝、丸山眞男、清水幾太郎、都留重人らにより平和問題談話会が結成され、雑誌『世界』の同年三月号でも全面講和の論陣が張られていた。

竹内は、雑誌『日本評論』（一九五一年五月）が組んだ特集「社会党は戦争を防げるか」に寄せて、日本社会党の「平和三原則」について、「社会党の主張との間に感覚のズレを感じます」といい、「三原則は、理想論としては立派なものであるが、実現は不可能ではないのか。大衆はそう疑っているようです。私もその一人です」と評している。なぜならば、「私たちが日々の生活の中で受け止めている巨大な圧迫感にくらべて、社会党のかかげる理想はあまりにもキレイ事すぎる。私たちはほとんどドレイだが、社会党は自由人の立場で発言しているのではないか」(「判断と賭け―社会党は戦争を防げるか―」、⑥二九九)と思われるからであり、竹内は、大衆が「ドレイ」の現実と向きあわない点、そして自らも「ドレイ」であることに無自覚であることを衝いた。竹内は続けて、「むろんドレイにだって理想は必要」で、その「理想は現実からの通路をもたなければならない」(傍点――引用者)が、社会党に関しては、「国民の政治意識」に食い入ることなく、「あまりにも現実政治(それは日本の現状では国民生活に根ざしていない)のタクティックスが露骨に感じられて」好意が持てないという。自らのみならず国民が抱く感情は、「インテリの平和論への不信といってもいい」ものであり、「この不安なり不信なりは、ファシズムの温床であり、同時に革命のエネルギイ源でもあります」と、忍び寄るファシズムの影を見ながら警告する(同上、⑥二九九～三〇〇)。

このように、竹内の社会党に対する不満は、前述のインテリの場合と同様、「生活の要求」に根ざすという観点から発せられていた。一方、「日本の共産主義者」に対しても、「共産主義不可謬の信仰に立って侵略論に反対しながら、内心では侵略を待ちこがれているではありませんか。それを見抜いている自由党の現実感覚は本能的なだけに、インテリ臭い社会党の理想論より強力です」と述べ、痛烈な批判を浴びせるのであった(同上、⑥三〇一)。

同年九月の講和条約調印後まもなく、雑誌『世界』(一九五一年一〇月)が行った「講和問題特集」のアンケートへの回答は、当該時期の彼の見解を端的に示していよう。すなわち「これは講和ではない。新たな戦争準備の開始の宣言である」と受けとめ、「この講和が国民によって承認されたら、中国との関係は破局的になるだろう」との危機感を顕わにしていた(「講和に対する意見・批判・希望」、⑥三〇二～三〇三)。国民の意に沿ってはいない講和が行われたのは、実は新聞というメディアのあり方に原因があるとする竹内は、一九五〇年一二月号の『群像』のアンケートにおいて、「日本から抹殺したいもの」として、天皇制と文壇とならんで「ジャナリズム」をあげた。その理由は、「思想の自由のために」とだけ記されている（⑥二九七）。竹内は、本章第1節でも言及したように、出来事の節目節目で新聞のあり方に対する厳しい批判を投じており、それは、民衆に働きかけ社会変革を行う上でのジャーナリズムのもつ役割を重視していたことの証左であろう。

講和発効の年、日米行政協定が結ばれ、そのもとで警察予備隊が保安隊となり再軍備が進められていくなか、「戦争の脅威は、もはや遠い将来でなく、さし迫ったもの」との危機感を強くした竹内は、それには「少数のエリートだけでなく「国民の総力」を結集せねばならないとし、そのために「まず、国民の間の共通の問題を探し出し、その解決を共通の課題にする必要がありましょう。（中略）つまり、新しい人間像を描くとか、次代の国民の形成を考えるところまで、この努力を推し進めて行かなければならぬわけです」と訴えた（前掲「若い友への手紙」、⑥五二～五三）。こうした危機に対応するための「次代の国民の形成を考える」ことが、彼の関心を、教育、そして先にみた日教組というそれを担う教師集団へと赴かせたと考えられる。教育は、竹内が課題としていたインテリと民衆の溝を埋めるための重要な手段でもあった（「教員の目の色」一九五二年八月九日、⑧）。

丸山眞男も、逆コースの進行のなかで危機意識を強め、改めてナショナリズムと格闘していった。[*33] 竹内は、丸山のナショナリズム論は、「委曲をつくしていて、その論旨に私はことごとく賛成」といい、丸山が「日本はアジア諸国の中で、ナショナリズムの処女性を失った唯一の国」「つまり、健康なナショナリズムがウルトラ・ナショナリズム（超国家主義）にダラクした苦い経験をなめている」ことに着目した点を評価する（前掲「若い友への手紙」一九五二年五月、⑥六五）。そして竹内はいう。「民族という問題は、深く考えなければなりません。なぜなら、空想的な世界主義者はともかくとして、現実には、その通路を通らなければ何事も実現しないからです。民族の念願を結集しなければいかなる改革も実現しません」。竹内によれば、「日本民族の念願」とは「独立と平和と自由」であり、それこそがおざなりにできない「民族の本然の要求」なのであった。それは民衆のなかにあるものであり、それを引きだすために、「議論をそだてることが大切です。床屋政談でなしに、生活の中から問題をくみとることが大切です」と訴えた（同上、⑥六六〜六九）。竹内にとって「民族という問題」を考えることは、丸山らが「民衆」と向き合ったと同じ意味をもつものであったといえよう。竹内が「民族の本然の要求」のよりどころとしたのは中国やインドであり、彼は、「おなじ東洋の後進国のなかで、日本とおなじ道を歩まなかった中国やインドが、そのため見かけの独立は獲得しなかったけれども、逆に実質的には、どんなに独立不羈の理想を把持しつづけたかが、今になって思い当る」という（「国の独立と理想」一九五二年一月、⑥八四〜八五）。

竹内はまた、戦後、孫文の『三民主義』を読み直し、「以前はうかつに見過していたこの一節にぶつかって、感動に打たれた」ことも告白し、孫文の考え方について、「他力に頼らず、あくまで自力で独立を獲得しようとする態度こそが「独立国の標識たる理想」であり、それは、「国の植民地的現実を直視し、その苦悩のなかから、民族の伝統をふまえて打ち出されたものであって、したがって教育による注入なしに、そのまま国民的実践の目標たりうるものであった。（中略）今日の中国のゆるぎない国際的地位は、その結果、おのずから生み出されたものである」と絶賛している。そして、「現実を回避することなく、苦悩のただ中から、将来へ向って生きるための理想を打ち出していった中国国民の勇気と、努力は、今日の私たちに無縁であろうか」と問いかけ、「何よりも、まず私たち日本人は、過去の独立国の幻想を棄てることだ。（中略）日本の独立の道は、将来にある」と結ぶのであった（前掲「国の独立と理想」、⑥八五〜八六）。

そのような理想実現の前に立ちはだかっていると竹内の目に映ったのが、インテリにおける「知性と感情の背馳」であり、ふたたびインテリのあり方が俎上に載せられることとなった。竹内は問う。「吉田書簡に、素朴に驚くことができなかったという、インテリの習性（私個人の場合だけで全体を推すのは冒険だが）こそ、インテリと民衆の間に溝を作り、ひいては再軍備反対なり、平和論なりが、現実の力となりえない根本の原因と、隠微なところでつながっているものではないでしょうか」（前掲「若い友への手紙」、⑥三一一）。吉田書簡とは、一九五一年一二月二四日、対日講和交渉の際に、外務大臣吉田茂がアメリカの国務長官ダレスに当てて、北京政府と二国間条約を結ぶ意思がないことを言明したものであった。先にも述べたように、中国に対する戦争責任を原点におきながら日本の戦後社会と向き合ってきた竹内にとって、それは許しがたく、「私自身がインテリとして、独裁者の出現を、その出現の瞬間において、素朴に驚き、憤怒する感情を持ちあわせなかったことを、その驚きの感情を表現する能力さえもたない民衆の前に、恥じます」「知性と感情の背馳ということは、それが個人にあるばかりでなく、これこそ民衆とインテリとを身分的にへだてる原因になっていると私は思うのですが、そこまで問題をひろげなくても、インテリの職業の分野の間に、それが実在することは否定できません。とくに、文学者と社会科学者の間にそれがあります。これが両者のコミュニケーションを妨げております。そして、それが妨げられていることが、究極には、再軍備反対が現実の力となりえないことと深く関係していると思うが、どうでしょうか」といった怒りと失望の念の吐露が続いた（同上、⑥三二二）[*34]。それは、「知性」が「感情」すなわち「生活の本然の欲求」に根ざさない日本のインテリのありように対する憤怒にほかならなかった。

竹内を慨嘆させた要因の一つは、「名目的な独立」に賛成してしまった津田左右吉・小泉信三らいわゆるオールド・リベラリスト、竹内いうところの「明治的教養人」たち（前掲「国の独立と理想」、⑥七七〜七八）が、現実に成った講和を支持することにより「ソ連の国家の性質を、一変させるところに終局の意味のあるべき自由主義諸国の運動」と理解する「驚くべきドグマ」に陥っていることであった（「自由主義の脱落者」一九五四年九月一四日、⑥三〇五）。竹内は、『改造』一九五二年九月号の企画「オールドリベラリストへの公開状」のなかで、「リベラリズムの天皇制」と題し、彼らは「一定の秩序の進行に身をまかせて出てきた」、すなわち「明治的に設定された近代化のコースを疑うべからざる所与として受け取っていて、そのワクの中で、進歩を考えている」人たちであり、それゆえに「権力に弱い。力行精神に乏しく、抵抗が稀薄であ」り、「独立不羈のブルジョア精神」を欠いているといい、それにもかかわらずその自覚がなく、「本来、リベラリズムが成立する条件のないところへ、温室的な教養によって、人工的に成立している」リベラリズムであって、その「核心部分」が「天皇への愛着」となって表れていると述べる。竹内にとって「天皇制は、いまわしい、のろうべき、しかしまた、いくらもがいても脱却できない、宿命のようなもの」であり、換言すれば「独立不羈の精神」を阻む、国民をドレイに縛りつける「核心部分」をなすものなのであった（⑥三一一〜三一二）。だからこそ、それに対決しえないオールドリベラリストたちが許せなかったのである。

竹内がそれから数年後に、戦後十年を振り返り、「貧しくはあっても、ともかくいくつかの達成はあった」その「最大の一つ」として「天皇制の廃止」をあげているのは、一見すると矛盾するようではある。彼は天皇制は「事実として廃止された」（傍点——引用者）といい、「あとはわれわれ自身の努力によって、完全に廃止にまで持っていかれる」と述べて、その課題を国民に託したのであった（「八月十五日」一九五五年八月一日、⑬九〇）。それゆえ、「事実」として廃止されたと述べることは、それにもかかわらずそこから先に進めない、すなわち内なるドレイ性を克服しえない知識人をはじめとする国民に対するもどかしさや憤懣の表現にほかならなかった[*35]といえよう。

竹内は、片や、石母田正や遠山茂樹ら歴史学者が「情熱をもって不正にプロテストしている」点を評価するとともに、江口朴郎らのナショナリズム論にも注目している（「現実と取組む学問—論壇時評・一九五一年三月—」、⑥三〇六〜三〇八）。しかし、それらは「まだ丸山真男「日本のナショナリズム」（中略）からあまり発展していないように思う」（同上、⑥三〇八）といい、前述の自著『日本イデオロギイ』に対する丸山の書評（『日本読書新聞』一九五二年九月一五日）に、最大の賛辞を贈っている（「民族のめざめ—高田求への書簡—」、⑥三一三）。たしかに丸山のそれは、竹内の思想の特徴をみごとなまでに言い当てており、長くなるが、丸山眞男「竹内好「日本イデオロギー」」

(『丸山集』⑤)から、重要と思われる部分を引いておこう。

「何かというと人の演ずる「役割」の客観的な判定者の位置に自分を据えたがる傲岸さ、しかもその傲岸さを自分はいささかも意識しない救い難いほど善良な魂――これこそまさにコンミュニストを筆頭とする日本的進歩主義者の盲点として竹内氏が指摘する当のものであり、そういう批判の仕方自体あまりにみじめな形で彼の診断の正しさを実証していたからである」(二四九)

「問題は評論家竹内好の正当な、または不当な位置づけにあるのではなく、日本の官僚主義的思考＝行動様式に対する彼の一貫した思想的対決から果して進歩陣営がその後どこまで学びとったかということにある。

彼の病理診断によると「明治になって身分制が廃止されたのはいわば形式的な廃止であって実質的にはそれを国民的規模に拡大することによって復活している」(一一四頁)から、爾来官僚主義はわれわれ日本人の分子構造をなしている。そこでは反官僚主義すらも官僚主義の鋳型をチャント身につけて現われるほど事態は深刻なのだ。そこでこうした悪循環を断切《たち》るためには、彼によれば官に対して野を主張するだけでは駄目で、官と野の対立自体にいわば根源的に対立することが必要となる。本書の評論はさまざまの領域に亘っているが、それらに共通して流れる基本的なテーマはほぼここにあるといって間違いなかろう。そうした論理を執拗に模索しているところに彼を通常の「庶民主義者」から区別する特質がある(その意味で私は、雑誌社で没になったという曰く付きの「指導者意識について」が一番面白かった)」(二五〇～二五一)

「むろん官と野の対立に対立するということは、どこまでも新たな思考次元を設定するという問題であって、何らか実体的意味での第三者的立場の主張ではなく、またそうであってはならない。なぜなら官と野以外の第三の立場などというものは現実にはありえないからである。竹内氏は彼の立場自体の実体化に対しても警戒を怠らない。彼の所論がしばしば逆説的な形態をとるのはそのためである」(二五〇)

「本書から積極的な処方箋を期待されることは著者として最も迷惑なことであろう。否定的な形でしか結論が出て来ないことは本書の問題意識自体に内包される必然的な制約なのである。そうした処方箋を期待する民衆の心理に喰入る進歩的、反動的あらゆる形態での官僚主義の支配にこそ著者の鋭利な刃は擬せられているのだから。従って大事なことは、著者の限界を指摘することではなく、むしろまさにその「限界」と見えるもののうちに著者のわれわれに対する最大の警告を読みとることなのである」（二五一）（傍点――原文）

ちなみに、丸山がここでいう「立場自体の実体化」への警戒という点は、丸山が福沢諭吉の、「今の民権論者が権力を取ったら薩長政府とおなじように官尊民卑になり、むしろ人民の政府という大義名分で何でもかんでも干渉してくるだろう」という発言をあげて、民権派を絶対視しない視点を高く評価している（前掲「近代日本と福沢諭吉」『丸山座談』⑨八三）ことに通じていよう。

### (4) 失望と希望のはざま

一九五三年六月、竹内は東京都立大学人文学部教授に就任し、翌年末には、武蔵野市吉祥寺に居を移した。一九五〇年代の半ばから後半にかけては、思想の科学研究会にも積極的に関わり、一方でこれまでどおりの旺盛な評論活動と並行して、『魯迅評論集』（一九五三年二月）、『魯迅作品集』（同年五月）、『続魯迅作品集』（一九五五年七月）、『魯迅入門』（一九五三年六月）、『魯迅選集』（全一二巻、共訳、一九五六年）など、魯迅の翻訳・研究も精力的に行っている。竹内にとって魯迅はすでにがかけがえのない存在となっていた。

一九五三年二月、竹内は、「魯迅について予備知識のない人でも、魯迅文学の核心が理解できるように、いわば入門書のつもりで」『魯迅評論集』（岩波新書[*36]）を編んだ。「はじめに」では、「外国の一人の文学者、という以上の親しいつながりが、魯迅と私たちの間に、うまれつつある。それは根本には、魯迅の生きた時代、魯迅が生き、そしてその中で抵抗した環境に、今日の私たちのそれが本質的に似てきたからだ」といい、続けて次のように記される。

私たちがなやみ、おそれ、ともすれば勇気を失いそうになるとき、それとおなじなやみをかつてなやみ、おそれに直面し、しかも勇気を失わなかった一人の人間がいたことを発見したとすれば、その人間はもはや、私たちにとって他人ではなくなるだろう。（中略）苦しくなると、とかく救いを外に求めたがる私たちの弱い心を、彼はむち打って、自力で立ちあがるようにはげましてくれる。彼がとり組んだ困難にくらべれば、今日の私たちの困難はまだまだ物の数でないのだ。これしきの困難にくじけてはならない。ますます知恵をみがいて、運命を打開しなければならない。魯迅は何ひとつ、既成の救済策を私たちに与えてくれはしない。それを与えないことで、それを待ちのぞむ弱者に平手打ちを食わせるのだが、これ以上あたたかい激励がまたとあるだろうか。（①二八〇～二八一）

竹内の「ひとり」に依拠してのドレイ性との闘いは、このようにして、魯迅を心のよりどころとし、魯迅のあゆみに叱咤激励されながら進められていったのである。

竹内は、一九五六年一月には、前述のような背景のもとに日本教職員組合講師団の一員となり、しばらくは積極的にその運動に関わった。しかし、「教師は労働者である」という日教組の「倫理要綱」の解釈における不一致で、一九五九年三月に講師団を辞任する（「解題」、⑧四四二）。竹内は、この件について後年、「五九年二月、第八次教研集会の最終日、講師団集会の席上、井上（清――引用者）教授と私との間で激論をたたかわせたことだ。彼が政治優先を主張し、私が文化運動の相対的独自性を主張した。これは私が少数意見で敗れ、私はその機会に講師をやめた」（「学者の責任について」一九六六年六月、⑧二五九）と記している。[*37] さらに井上について、「マルクス主義史学からマルクス主義が脱落すれば、それは当然、ブルジョア史学のなかの最低のものに同一化するほかないことを、井上教授の例によって示した」（同上）とも述べており、教研集会での対立は、竹内をして既存のマルクス主義歴史学への不信を増大させることにもなったことをうかがわせる。

竹内が辞任と同時に書いた「危機の教研と日教組」（一九五九年三月二三日）には、辞任に至った理由が、同じく教研に関わってきた日高六郎の発言を借りつつ記されており、それによると、「意見の多様性の尊重」が踏みにじられたことと、教研が組合運動への追随を強いられていること、の二点であった（⑧三六五～三六六）。教研に批判を投げかけたのと同様に、竹内は、自らが「無党無派であり、政治的に中立であること」（「市民大会始末」一九五三年一一月、⑬一二八）――この場合の「中立」はむろん、党派に属しないというだけの意味である――を、政党からは独立であるはずの組織が党派の利害によって引きずり回されることを阻止する上に最大限活用して論陣を張った。

前述のコミンフォルム批判を受けて日本共産党が内部対立を起こしたいわゆる五〇年問題の影響は文学界にも及び、新日本文学会のなかの所感派の人たちが一時期『人民文学』に集うという事態にいたった。以来、日本共産党との関係を中心に内部に対立をはらんできたのであり、やや時期は下るが、そうした一九五〇年代からのありようを見つめてきた竹内は、この点をも「日本共産党の文化部とのナレアイの関係」と称して批判している（「新日本文学会への提案」一九五九年六月、⑬一一〇）。周知の「政治と文学」をめぐる論争はまさにそれを焦点化しており[*38]、新日本文学会も、一九六四年に日本共産党と断絶するまでその問題を内包し続けた。

竹内はまた、武蔵野市に転居する前に住んでいた浦和市で、政治家の不正を糺すべく行われた浦和市民大会の実行委員長を務めて、その運動の陣頭に立つという行動にも出ている。その政治家とは、吉田内閣の官房長官となった福永健司で、彼は一九五三年四月の総選挙で埼玉第一区から衆議院議員に立候補して当選し、吉田内閣の官房長官となるが、その選挙運動に際して大規模な買収が行われ、浦和では前市長・市会議員、与野では町長・町会議員らが逮捕された。竹内は、運動を率いたことについて「市民としての私の義務感がそうさせた」といい、「政党や労組が単独の力で全体の市民の意志をまとめられないときは、どの地域でも、私のようなケースが出てくると思うが、そのときは、知識人はこの任務を避けてはならぬと私は思う」と述べて、「この経験から、実に貴重なものをたくさん学んだ」という充足感を語っている（前掲「市民大会始末」、⑬一二八〜一二九）。

　しかし、講和条約締結によって、竹内たちが望んだのではない体制ができてしまったことに対する失望は覆うべくもなかった。雑誌『世界』一九五三年五月号が行った「平和の維持に関する意見・希望・批判」では、竹内は、「私は資本主義の没落をほとんど信ずるが、地球の運命ほど確実とは思いません」（⑥三三七）、「両体制の平和的共存は、終局的には不可能だと思います。というより、世界が共産主義化されるのが人類の運命のように思います」（⑥三三八）と述べる。そしていう。「世界が単一化されるのは、おそらく遠い将来のことで、そこへ行くまでには、ジグザグコースを取らねばならぬでしょう。資本主義がここで消滅するとは考えられません」。そうであるならば当面続くであろう資本主義のもとで「平和的共存の可能性と現実性」が存在し、「その可能性を現実性に転化させるための人間の努力」が求められるのであった（⑥三三八）。

　同時期に『中央公論』（一九五三年一一月）に書いた「政治・人間・教育」のなかでも、「世界が社会主義の方向へ歩んでいることは、今日ではほとんど常識である」（⑥三四七）が、あくまで「現在の日常生活から出発して、連続したコースのなかにおのおのが革命のプログラムを考えるべきだ」（傍点――引用者）と説いて、アプリオリに理論に依拠するのではなく、「日常生活」から発想する立場を堅持した（⑥三四八）。その場合も、「成熟の過程においてすでに、新しい人間タイプと、新しい国民道徳を生み出していた」中国革命が目標であり、毛沢東が「人民共和国が成立したときでさえ、革命はまだ第一歩を踏みだしたにすぎないと言っている」（⑥三四九）ことに長期的な革命の理想をみていた。

　このように、かろうじて日本社会の行く末にも希望を見いだそうとしていた竹内であったが、一九五四年のビキニ事件は、彼の危機意識を急速に増大させた。ビキニ事件とは、一九五四年三月から五月にかけて、アメリカ軍が太平洋マーシャル諸島ビキニ環礁でおこなった水爆実験により、三月一日のマグロ漁船第五福竜丸をはじめ、多数の船や現地住民が被曝した事件である。[*39] 竹内はこの事件について、「これはあきらかにファシズムではないか。戦後の改革を、ファシズムからの解放としてよろこび迎えた日本国民も、今では、結果としてそれが新しいファシズムの再建を準備するものであったことに気がつきはじめている」という。彼は、「被爆した二十三人の漁夫たちは、ほとんど半永久的に廃人になった。漁夫の家族たちはどうしているだろうか」と被曝者やその家族たちに思いを馳せ、「この日本人の恐怖感が、実験の当事者であるアメリカ政府にはわかっていない、わかろうとしていない、ということも今では日本国民全体が知っている。漁夫をスパイあつかいしたり、被害の報道が誇大であると非難したり、遺憾の意を示すことをためらったり、そうかと思うと放射能検査をアメリカ向け輸出品だけ厳重にするよう要求したり、これ以上海水をよごさないでくれという日本国民の願望を無視して、つづけざまに抜き打ち実験をやったりする」と述べて、アメリカの責任を舌鋒鋭く追及した。それとともに「日本人の気持」をないがしろにしてアメリカの水爆実験への協力を惜しまない日本政府、そして汚職をしても高官ないしはそれとつながっているために逮捕を免れる人たちの存在、並びにその構造こそが、彼をして「これはあきらかにファシズムではないか」と言わしめたのである（「平和運動深化のため」一九五四年五月三日、⑥三七四〜三七六）。しかし竹内は、「新しいファシズムの再建」の前にも絶望することなく、「民主主義の形をとったファシズム――その実態を民衆の知恵が見抜いている」、「国民は沈黙している。（中略）沈黙を、無力ととってはいけない。沈黙は力である」（同上、⑥三七六〜三七七）と述べて、ファシズムの再来をみながらも懸命に希望を失うまいとし、「沈黙している」民衆に一縷の希望を託した。

とはいえ、竹内の苦悩は覆い隠せないほどに深く、それからまもなく、「青年」に宛てた、「大きな破局がせまっているのではないか、という気がしきりに私はするのです」という一文に始まる文章がしたためられた。

事はビキニ事件に関しています。もっとも、ビキニの死の灰がふってから、急にこんなことを考え出したわけではありません。ビキニは単なるキッカケであります。あるいは、シンボルです。しかも重大なシンボルです。ビキニ以来、私のとりつかれている理念の姿がハッキリしました。民族は滅亡しうるものだ、という命題の真実さ、おそろしさが、身にこたえるようになったのです。そして、それにつれて、しばらく忘れていた戦争中の体験を思い出したわけであります。(「現代の理想像」一九五四年八月、⑥三八二)

「死の灰」は「個が死んで新しい個がさかえる、という新陳代謝、それによる種族の永続性の保証がないのです。未来がなくなるということです」、「民族が死に絶える、人種が消滅するということ」が可能だということを知らしめた、そして「もしかしたらその可能性は非常に近く現実性に転化されるかもしれないということを、リクツとしてでなく、実感として私たちに教えてくれた」と綴る[*40](同上、⑥三八二)。彼は繰り返しいうのであった。「ビキニの恐怖は、子孫が死に絶えることの恐怖なのである」と(「恐怖と無力感―ふたたび政治・人間・教育―」一九五四年八月、⑥三八八)。そうして、このようにもいう。

戦後の民主主義が、こういう形に発展しようとは思わなかった。これも私の判断の錯誤である。民主主義は独裁に対立するものであるとばかり信じていたが、じつは民主主義が独裁を生み出した。民主主義という名のファシズムがげんに存在している。ファシズムに反対する民主主義擁護の中から、それをひっくるめた形でファシズムが出てきたのである。あらゆる外来の思想や制度は、それを受け入れた社会の条件に応じて、権力にとって有利なものに変形される、という歴史の教訓を、改めて思い知らされることになった。(同上、⑥三九一)

このような「外来」の民主主義からファシズムが生まれたという認識は、ますます彼をして、〝内〟にある「伝統」に執心させることになったかもしれない。

一方で竹内は、一九五六年におこったスターリン批判を受けて、以下のように「組織」についての悲観的な観測を示している。「自由な個人がなく、個人が自発的に集団をつくる習慣も歴史にほとんど欠けている条件の中で、労働組合や政党は、まず何よりもそのような組織原理をつくり出すことに努力を集中すべきであった。いろいろ議論はあるだろうが、実際にはこの期待は、全部とはいえなくても大部分、裏切られたと私は思う」（「リーダーシップ」一九五八年三月二〇日、⑥二八五）。しかしながら、そうした状態のなかで、彼が「ある程度の成果をあげた」として評価するのが、一つは、「既成の集団の内部での官僚主義批判、あるいは反対派の活動が活発になったこと」であり、もう一つは「サークルの運動」であった。この両者の根底にあるものは、「人間性の回復というよりもむしろ解放の衝動である」といい、さらに次のように述べる。

政党や労働組合や文化団体の内部で反対勢力が結集され、極端な場合は分裂騒ぎがおこるのは、それ自体として喜ぶべきことでも悲しむべきことでもない。むしろ自然の勢である。組織が巨大化し、硬化し、官僚化すれば当然内部から反対派が出るのが安全弁として必要である。（中略）しかし、カリスマ的権威によりかかる天皇制的支配被支配関係の居ごこちのよさになれている戦前の指導者の感覚をもってしては、こうした組織上の危機を切りぬけることが困難である。そのための戦後の「民主的」団体の多くが悲劇を味った。共産党にいたっては、悲劇を通り越して喜劇を演じてしまった。（同上、⑥二八六〜二八七）。

竹内は、現状の日本共産党の背後に天皇制の影を見ており、のちに竹内が直面する部落解放運動の分裂の悲劇は、彼にあってはまさにその現実を突きつけられたものであった。そしてこのような認識に立つがゆえにこそ、竹内は、サークル運動のような小さな営みのなかに希望を見出していったのである。

竹内が、農村の底辺女性を描いた山代巴の作品『荷車の歌』（筑摩書房、一九五六年）に注目したのもこのときであった。山代の回想によれば、一九五七年一月、竹内から、山代が前年に出した『荷車の歌』のことで会いたいとの伝言があり、竹内と話をしたあとに中国近代思想研究会に一緒に出席する予定で東京大学に出かけたが、大学のロビーで二時間あまりも話が続いてしまったために研究会への出席はならなかったという。それほどに、竹内は山代の作品に魅了されていたのであろう。竹内は、「日本人の民主的な思想は外来のため、戦前のプロレタリア文化運動を経て今日に到るまで、底辺の民主主義を育てようと願いつつも、底辺の内部からの民主主義への歩みを内部の目で表現するに到らなかったが、『荷車の歌』はそれをやった、自分はそれを高く評価している」(傍点——引用者)といった意味のことを話したという。そしてまた、実現にはいたらなかったものの、一週間後には、竹内が山代に奨めた『趙樹理集』とともに、「日本の民衆の生活に根ざした文学創造のために、先日のような話し合いを定期的にやりたいですね」という「短かい手紙」が届いたという(「よき助言者」、⑮月報一四、一九八一年一〇月、一〜二頁)。

竹内の、一面識もなかった山代へのこうした積極的な働きかけも、現状への失望の深さに反比例しての、「日本の民衆の生活に根ざした」可能性を探り当てたいとの思いの強さの現れであろう。[*41]

### (5) 日本の問題の「カナメ」——沖縄/被差別部落——

同じころ、竹内は、沖縄や被差別部落の問題にも積極的に発言している。

米軍政府は、一九五六年一二月に沖縄人民党から那覇市長となった瀬長亀次郎が、一九五四年の沖縄人民党事件によって逮捕されていたことを理由に、五七年、米民政府高等弁務官布令を改め、彼を追放して被選挙権を剥奪した。[*42] 瀬長は同年一一月、市議会で不信任案が可決され、市長の座を追われることとなったため、竹内はこの一件をとらえて、「那覇市の事件は、那覇市だけでなく、また沖縄だけでなく、日本全体の運命を象徴しているような気がしてくる」(「気になる沖縄」一九五七年一一月、⑨二九九)、「沖縄の歴史はそのまま日本列島の歴史だという気が強くした。沖縄について知らぬことは日本について知らぬことである。沖縄は日本の縮図である」(同上、⑨三〇一)と述べ、「沖縄の問題」をたんに軍事基地の問題にとどまらない「文化問題の側面がある」との立場から、「私をふくめて日本人の多くが、本当に沖縄を日本の一部と思っているだろうか」と問うた(同上、⑨三〇二)。そうして、「手近かなところでジラード事件につながる側面、つまり、われわれ自身がジラードではないかという側面が沖縄問題にはふくまれていることを、私自身の反省をこめて言いたかったのである」とも述べている（同上、⑨三〇四）。

一九五七年一月、群馬県相馬ケ原米軍演習場に空薬莢を拾いに来ていた被差別部落の女性が米兵に射殺されるジラード事件が起こっており、ジラードとは、その女性を射殺した米兵の名前である。竹内は、日々の生活に喘ぎ、生活の糧を得るため危険を冒して演習場に入っていた被差別部落の女性に銃を向けた米軍兵士に、沖縄に無関心な本土の住民の姿を重ね合わせるのであった。当時にあって竹内が、「沖縄の問題」を日本の問題と位置づけたこと、そして沖縄と被差別部落の問題をつなげて考えようとしたことは画期的であったといえよう。彼はいう。

沖縄の問題とは何か。一口にいうと、軍事基地の問題と封建遺制の問題とがからみ合っている問題、ということである。これこそ日本の思想が取り組むべき当の問題ではないか。一方ではジラード事件や砂川事件につながる極と、一方では部落問題（『週刊朝日』が何度か取りあげた）につながる極とを沖縄は同時にふくんでいる。（中略）その沖縄がいま転機にさしかかっているのは、日本全土の転機の先ぶれではないかと思う。（「五つの思想的事件」一九五七年一二月二三日、⑨三一六）

こうして沖縄の問題に端を発して部落問題に目を向けはじめた竹内が、後述の谷口修太郎の勧誘により、部落問題にもう一歩踏み込んで部落問題研究所の機関誌『部落』に書いたのが「沖縄から部落まで」（一九五九年一月）であった。部落問題研究所は一九四八年に京都市に設けられ、井上清・奈良本辰也・林屋辰三郎らの歴史家も集った部落問題の学術研究機関である。竹内は一九五九年一二月にも、「基本的人権と近代思想」と題して、大阪で行われた部落問題研究所主催公開講演会で演壇に立っており、それが、「「沖縄から部落まで」が、部落問題研究所と公に結びついた最初」（「基本的人権と近代思想」一九六〇年二月、⑨七頁）だと述べている。それからまもない一九六〇年六月、竹内は部落問題研究所の評議員となった[*43]（「年譜」、⑰三一二）。

竹内は、同時期に行われた丸山らとの座談のなかでも、「部落問題は日本人に今でも続いているし、差別はなくなってない」という現状認識のもとに、「革新運動っていうのは、やはり最下層というか、そういう差別されている人間の立場から行かないと、全体を結集しての一つの運動に盛り上げることはできないわけでしょう」と語り、にもかかわらずそうなりえていない原因について、戦後の労働組合が組織化に成功して「新中間層に浮かび上っ」たために、「運動の現状満足の気分がかなりあって、革新的な運動としては伸びて行かないことがあるんじゃないでしょうかね」と指摘している（「現代における危機の特性」一九五九年一月、『丸山座談』③一九一頁）。そういう状況認識のなかで竹内は、「部落問題が特殊な問題ではなく、一般的問題の尖鋭なあらわれであり、日本の問題を考える上にどうしても抜かしてはならぬカナメの部分、あるいは、その上に立つことによって全体の眺望がつかめる根本的な観点であるということに、次第に気づき出した。おそまきだが、これから部落問題を勉強しようと思っている」との決意を示し、「私の場合、部落問題は沖縄問題と関連している。どちらもおなじくらい大切である」と述べている（前掲「沖縄から部落まで」、⑨三一六～三一七）。個別の問題がマルクス主義に依拠して構造的な矛盾として位置づけられることはあっても、普遍的な人権の問題として思いを至らせることは難しく、往々にして自己が向きあう個別の問題への心情的な共感にとどまりがちであったなかで、竹内がすでにこの段階で、「一般的問題」「日本の問題」としてそれらをとらえていたことはもっと注目されてよいだろう。

竹内は、「日本社会の性質、日本の思想の特徴」をつかむ際の「その急所は、まさに、内においては部落であり、横に眺めたときには沖縄にある」と考えていた（前掲「基本的人権と近代思想」、⑨一一）。

われわれは実際、いろいろの差別の中におります。部落問題は差別と貧困の問題だといわれておりますが、いま貧困――これも日本社会全般の問題であります――の問題を除外して、差別の面で考えてみましても、無数の差別があります。基本的人権は国民の規模においてまだ実現しておりません。なかんずく、部落の差別はその最たるものでありますが、これは、未解放部落の人々が差別を受けるというだけでなしに、差別を与えている人間は、差別しているということで彼ら自身が差別の中にいるのであります。しかも、悪いことに、自分が差別しているという自覚がない、あるいは、差別という事実の存在していることを知らない、これがじつは最大の差別であり、人権の欠如であります。（同上、⑨一二～一三）。

そしてその、「差別の中にいて、差別のあることを知らない」ことの一つの例として、「「特殊部落」ということばの不用意な使い方」をあげ、「使う方は平気だが、きく方にはたまらない気持をおこさせるのだが、ことばを職業にしている文学者の多数が、そのことに気づいていないということ」の重大性を示唆し、差別に対する無知・無関心も差別をすることと同罪であることを指摘している（同上、⑨一三）。今から六〇年近くも前のことである。それは、竹内がそのような意識にいたる資質を持ち合わせていたからにはちがいないが、かねてから中国と向きあってきたことによってそれが切磋琢磨され、いち早くそうした地点にたどり着かせる一因になっているのではなかろうか。彼は、「支那というのは、われわれは軽蔑するつもりじゃないといいましても、相手がそう受け取った事実は認めなければいけない。相手の身になってみなければいけない。さっきの「特殊部落」と同様であります」と述べる（同上、⑨一二）。さらにこのようにもいう。「魯迅という文学者が、こういうことをいっております。奴隷として、主人にかわいがられる奴隷は、自分が主人になると、自分の使っている奴隷を酷使する、ということをいっております」（同上、⑨三〇）。

それからしばらく、竹内が部落問題を論じたものは見当たらず、一九六六年三月には、後述するように部落解放運動の内部対立に失望して部落問題研究所を脱会しているが（「年譜」、⑰三一八）、竹内の部落問題への関心は持続していた。

竹内と部落問題を媒介したともいえる谷口修太郎は、一九二三年に岡山県勝田郡美作町（現津山市）に生まれ、一九五七年から朝田善之助の推薦で部落問題研究所の専任研究員、雑誌『部落』編集担当となり、一九六五年からは部落解放同盟に拠点を移して書記局に入り、一〇月からは『解放新聞』の編集担当（六七年一月まで）、六九年からは中央執行委員になって運動の中枢を担ってきた人物であった。[*44]

以下にも述べるように、竹内は当時にあって部落問題の本質に迫る実に重要な指摘をしているのだが、今日にいたるまで部落解放運動、部落問題研究に携わる人びとから竹内の存在に言及されることはほとんどなかったように私は記憶する。そのなかにあって、谷口が竹内死去の際に寄せた追悼文、並びに『竹内好全集』「月報」に寄せられた「竹内好と部落解放運動」が、部落解放運動に果たした竹内の意義をあますところなく伝えていると思われる。[*45]それによれば、一九五八年秋に、谷口が部落問題研究所の編集担当として竹内宅を訪問するようになったことが、竹内の部落問題との関わりの始まりであった（前掲「基本的人権と近代思想」、⑨一一、にも記載あり）。谷口は二〇〇四年に亡くなるが、その後に編まれた谷口の「略年譜」によれば、一九五九年一月に竹内は部落問題研究所を訪れ、その年の一二月に谷口に京都の被差別部落を案内してもらって、翌日、部落問題研究所の公開講演会で講師を務めたという。[*46]竹内は、被差別部落のありようを自分の目でみようとしていたのであろう。

谷口は、前述の「沖縄から部落まで」は、「部落差別の問題をとおして、日本のおかれている現実と、その解放をとおして、日本人民の進むべき方向を見定めた、すぐれた視点としっかりした思想の上にたってのことでありました」といい、竹内が、「日本の社会の問題、日本の文化の問題、ひいては文明観を考える上に、部落問題は絶対にはずしてはならぬ視点」であり、自身にとって部落問題とは「学問研究の一つの特殊分野なのではなく、あらゆる学問分野をつらぬく普遍的な課題であり、そこでの学問の真理性がテストされる場の重みをもつ存在である」と述べている点を高く評価する。竹内は、教えを請いに来た谷口に、部落解放運動の「文明論への指向の不充分さと、みなが自由に議論できる場の保障、その上に立たなければならぬこと」を厳しく指摘したという。まさに竹内の常日頃の主張と合致するところである。その指摘が一部実を結んで一九六七年に部落解放研究全国集会が発足し、[*47]それの一九六九年の第三回岡山大会で竹内が講演したものが、「人間の解放と部落解放運動」（一九六九年五月、⑧）であった。そしてそれ以後毎年行われるその研究集会に、竹内は、福岡、大阪、広島と四回にわたり、「まさしく身ぜにをきって」参加したという。谷口はさらにこのように述べている。

日本の重石とまで表現された偉大な思想家が、魯迅の研究者として世界的ともいえる名声をもつ竹内好が、部落のおばあちゃんやおっちゃん、そして部落の若者たちと、ともに議論し学習する姿。差別に苦しむ立場からの話を聞き、勉強するために来たとおっしゃる先生は、宿舎さえお世話させてはいただけませんでした。自らの問題として、学ぶという姿勢をつらぬかれました。魯迅の文学をとおして、もっとも下積みの人たちの立場にたつ先生は、御自身の勉強のために参加され、ただもくもくと部落の側からの訴えに耳をかたむけられました。私はこの竹内先生を通して、全く新しい解放の人間像をみる思いでありました。[*48]

それは、竹内がかねてから「インテリ論」などで追求してきた知識人のありようの身を持ってのふるまいであったというに尽きよう。谷口は、一九五四年に竹内の主宰する「魯迅友の会」に入会しており、[*49]また尊敬する人物として、松本治一郎、朝田善之助という部落解放運動の指導者、そして後半生を賭けて被差別部落を取材しながら部落問題を主題とする長編小説「橋のない川」を書いた住井すゑとならんで、竹内をあげていたという。[*50]

「朝鮮、中国というわれわれが過去に侵略することによって差別感、侮蔑感を育ててきた相手方、しかもそのために私たち自身が人間性をゆがめてしまっているような問題」と向き合い続けてきた竹内は、岡山大会での講演のなかで、ある総合雑誌に「特殊部落」ということばが用いられた「不用意にもとづく差別用語の問題」にふれている。そして自分もまたその雑誌を目にしていながら、「かりに竹内という活字であれば、たとえ同姓異人でもどんなに隠れていても飛び込んでくるはず」であるのにそうならなかった自分を省み、さらには、朝鮮・韓国人に対する差別も視野に入れながら次のように述べる。

壁がある。収容所の場合は眼に見える形である。部落差別の場合は眼に見えない形である。その点だけは違うでしょう。けれどもどちらも壁があるという点では同じ。（中略）では、どうしたらその壁をこわせるか。そのためにはまず、壁があるんだということを認識しなきゃいけない。（「人間の解放と部落解放運動」一九六九年五月、⑧四〇四～四一一）

問題が存在することに気づくことから問題との向き合いが始まるという、きわめて重要なことを訴えたものであった。竹内は、「人権感覚」ということから丸山眞男に言及しながら次のように述べている。

ある座談会で、話が終戦のときの思い出になり、同席の丸山真男氏からこういう述懐が語られた。彼はそのころまだ兵隊だったが、たまたま新聞でポツダム宣言をよみ、何年ぶりかに「基本的人権」ということばにぶつかって、胸をワクワクさせた、というのである。[*51] 国内と国外のちがいはあるが、私もそのころやはり兵隊だった。そしてポツダム宣言をやはり新聞でよんだはずである。しかし私は、そのときの印象をハッキリ思いうかべることができなかったし、まして「基本的人権」ということばから何ほどのショックも受けなかった。漫然とよみ過してしまった。もし私に、基本的人権に関する身についたものが、それまでの生涯に蓄えられていたならば、私といえども何かひらめきを感じないはずはなかったろう。ところが、それがなかった。政治学と文学という、おたがいの専攻のちがいがあるし、教育環境のちがいもあろうが、それればかりでなしに、何か本質的な弱点が私にあったという気がする。この点では丸山氏に頭があがらない。（「人権感覚ということ」一九五七年四月、⑥四一八）

「しかし、日本国民全体としては、丸山氏のような例は少くて、私のような例が圧倒的に多かったのではないかと思う。私の周囲の兵隊たちは、民主主義ということばさえ知らなかった。兵隊ばかりか、将校でさえ知らなかった」。さすがに戦後はこうした状況は一変したが、「それなら手放しで安心できるかというと、どうも私にはそう思えない。

私自身にしてからが、人権感覚を十分に身につけたという確信はまだもてない。人権感覚を身につけるとは、それが奪われたとき、奪われそうになったとき、防禦の姿勢が本能的にとれるということだろう」（同上、⑥四一九）、「人権はやはり、自力でたたかい取るべきものであろう。そのたたかい取る過程で、人権感覚もおのずから身につくのだろう」（同上、⑥四一八〜四二〇）という。竹内もまた、人権は「たたかい取る」ものであり、人権の問題は永久革命だという認識をもっていたのである。

## 3 「戦争の二重性格」というアポリアに向き合って

### (1) 戦争責任の主体化

一九五九年ごろから六〇年安保改定の問題が議論にのぼりつつあったなかで、中国との国交回復という点を抜きにはそれに向きあうことができなかった竹内は、日本の戦争責任の問題に自覚的に取り組みはじめる。彼は、中国との「戦争そのものがおわっていない」にもかかわらず「台湾の亡命政権との間に日華平和条約が結ばれた」ことは、「中国の方から見れば、これは中国に対する新しい侵略準備の宣言なのであ」り、この「日中関係の本質」に立ってみないと、一九五八年五月以後の日中関係の破局は理解できないことを強調した（「近くて遠い中国」一九五八年一一月、⑪二二八）。時の首相岸信介の言動は前述の吉田書簡を継承した、他のアジア諸国には通用しない「古い中国観」を示すものにほかならず（「中国観の破産—日中問題の考え方—」一九五八年一〇月、⑪二二〇）、それはそもそも日本の講和のあり方に起因していた。

一九六〇年二月に世に問うた「戦争責任について」（一九六〇年二月、⑧）という論文もそうした問題意識のなかで書かれたもので、彼は次の二点を指摘する。

一つは戦争の二重性についてである。直近に日本が行った戦争には、実は、通常いわれているようなファシズム対民主主義の軸ではとらえられないという「難点」があり、その「難点をとりのぞくために」、その戦争は、「侵略戦争」と「帝国主義対帝国主義の戦争」という二重性を有しているという「仮説」が有効だというわけである。そしてその仮説に立脚すれば、「侵略戦争の側面に関しては日本人は責任があるが、対帝国主義戦争に関しては、日本人だけが一方的に責任を負ういわれはない」ということになる（⑧二一六）。あえてこのような、歴史学が採らない竹内独特の腑分けを行うことの意味は、後者の側面を否定しきれないがために、前者すなわち「侵略戦争」の側面にも正面から向きあうことに足踏みをする傾向に歯止めをかけようとするものであったといえよう。侵略戦争と対帝国主義戦争という戦争の二重性という把握は、明治国家の二重性という理解につながり、そのような整理をするために、彼は日本近代史研究へと誘われていったのである。

二つ目は、一つ目と密接に絡み合っている、戦争責任意識の主体化ということである。竹内は、「この救済のためには、民族感情に自然な責任感の伝統をよりどころとするしかない」「戦争責任という曖昧な、冷い感じのする範疇でとらえるのでなく、いきなり侵略の罪という媒体を投入することによって混沌は固まるだろう。しかし、戦争全体が文明への侵略であるという定義の侵略では、この作用はおこさない。戦争のどの部分、どの側面に責任を負うかを議論することが、戦争責任論を生産的にする道である」と述べる（⑧二一七）。すなわち「文明への挑戦」、欧米由来の「文明」への抵抗という「ゴール」を設定し、その観点で、戦争における「事実としての思想」（後述）のすくい上げを行うとするものであった。

六〇年安保改定をめぐって強行採決が行われた年の暮れ、竹内は、「私は学問研究をやりたい。（中略）日中の関係を軸にして、近代史を書き直す作業のメドをつけたい」（「近況報告―雑感　二一」一九六〇年一二月九日記、⑨二三九）と書きつけており、こうした問題意識に加えて、後述するように戦争体験と安保体験をつなぐことをめざしていたことからしても、歴史を振り返ることは彼にとって不可欠であった。竹内が一九七二年に著した「中国を知るために　第三集（下）」⑪のなかでも、「大東亜戦争と我等の決意（宣言）」を書いた当時のことを回想した文章が残されている。

他人がどう受けとろうと、それはその人の自由だが、私本人は一度だって心にないことを書いた覚えはない。すべての言語表現は自分の血肉とともにあり、その責任は一生つきまとうと考えている。この宣言だって例外ではない。（中略）

いまなら簡単にいえることだが、あの宣言は、政治的判断としてはまちがっている。徹頭徹尾まちがっている。しかし、文章表現を通しての思想という点では、自分ではまちがっていると思わない。他人にどう断罪されようとも、私はあの思想をもったまま地獄へ行くほかない。（中略）

戦後の私の言論は、自分が編集者としてあの宣言を書いたことと切り離せないと自分では思っている。たとえば、太平洋戦争の二重性格という仮説や、「近代の超克」論の復元作業などは、人はどう思うか知らないが、自分では賭けの失敗が根本の動機になっている気がする。（「一百　謎」一九七二年一〇月、⑪一五六～一五七）

橋川文三は、「そこには政治（的予言）と文学（的予言）の二重構造が反省されており、その矛盾を一個人としていかに取扱うかということが問われている」とし、「この反省とその後に生れた「太平洋戦争の二重性格」とか「近代の超克」論の再構成とか、或は別の言い方をすれば、竹内好の戦後の生き方のすべてがふくまれていることになりそうである」[*52]と述べる。橋川がいうとおり、そして竹内自らが明らかにしているように、後述する「近代の超克」論を書き、また「アジア主義」を論じ、「方法としてのアジア」を提起したのも、すべてこの「戦争の二重性格というアポリア」に向き合うためであった。加えて前述の国民文学論は、竹内の期待したようには受けとめられず、竹内をして「その後、ナショナリズムの研究が進んだとはいえないと思う」といわしめねばならない状況に陥っていた。そういう「国民文学論のさわぎに対する失望感」があり、「もっと地道に過去の遺産の整理をしなければいけないと思って、一つ取りくんだのが「近代の超克」」であったと竹内はのちに回想している(前掲「予見と錯誤」、⑨四一五)。後述する「アジア主義」の研究もその延長線上に位置しており(同上)、竹内の国内政治に対する種々の発言も、「戦争の二重性」の問題を抜きに理解することは不可能であろう。

### (2)「近代の超克」——日本近代史のアポリアの凝縮としての——

一九五九年一一月に『近代日本思想史講座』第七巻〈近代化と伝統〉(筑摩書房)に竹内が発表した「近代の超克」では、「固有の意味での「近代の超克」」すなわち雑誌『文学界』一九四二年九・一〇月号に掲載された同名のシンポジウム、そして思想、運動ともにそれと多くの共通点を持っている、一九四一年から四二年にかけて『中央公論』に連載された「「悪名高き」座談会」「世界史的立場と日本」をひっくるめて、「広い意味で「近代の超克」」と考えると述べられている(⑧四〜五)。そうしてその「近代の超克」について、次のようにいう。

「近代の超克」は、事件としては過ぎ去っている。しかし思想としては過ぎ去っていない。思想として過ぎ去っていないとは、一つは、それにまつわる記憶が生き残っていて、事あるごとに怨恨あるいは懐旧の情をよびおこすということであり、もう一つは、「近代の超克」が提出している問題のなかにいくつかが今日再提出されているが、それが「近代の超克」と無関係に、あるいは関係を曖昧にして提出されているために、問題の提出そのものが真面目に受け入れられない心理の素地を残しているということである。(⑧五〜六)

竹内が、「近代の超克」の含意としてあげるのが、第一に、それを西洋伝来のものとすることによる歴史主義の克服、あるいは発展段階説の克服という点であったが、ここではそれ以上に開陳されず(⑧二一)、一九五七年と推定される丸山眞男との対談のなかで展開されている。[*53]

二つ目は、「文明開化の否定」であった。西洋的近代とは別の近代の可能性を探り当てようとする竹内にとって、日本が西洋的近代の道を歩み始める起点になった「文明開化」と対峙し、それを否定することは不可避であった。竹内は、「日本の近代を全否定の対象として文明開化と規定したのは「日本ロマン派」とくに保田與重郎であり、林（房雄）や亀井（勝一郎）はその流れを汲むものであるが、後者には保田におけるような思惟の合理性の否定はふくまれず」（注記――引用者）（⑧二一）として、保田與重郎に注目する。

ちなみに、自らもかつて日本浪漫派をくぐった橋川は、「保田の「文明開化」批判には、実質的には藩閥勢力圏から疎外された思想家、文学者がいだいた種類の明治国家に対する嫌悪思想にも似たものが含まれていた。いわば不平分子の美学ともいうべきものがその指導原理となっており、それにもとづいて、明治国家――近代国家のイデオロギー的産物である文学（とくに自然主義文学とプロレタリア文学）が否定せられている」という位置づけをした上で、「私は竹内の太平洋戦争に関する二重構造論（対中国・アジア侵略戦争と、対英米帝国主義戦争との）が、そのまま保田的＝日本ロマン派的解釈に起源するものとはみないが、少くともその背景にある日本近代思想史の重畳した錯節をふまえないでは、批評の根底はくいちがうだろうと思う」[*54]といい、橋川もまた、保田への同調は現在の問題にも通底する以上、それをすり抜けるべきではないとしている。

この問題を考える際に、竹内がこだわったのは「「十二月八日」の意味」であった。竹内は、河上徹太郎や高杉一郎ら文学者たちにとっての「十二月八日」の体験を追い、そのなかで、「独ソ戦について内心ソ連側に応援していた」という高杉にとっての「十二月八日」を、次のように解釈し位置づける。

それは彼の理性が、ナチへの嫌悪と、日本の対外侵略戦争を許しえないことを同列におき、宣戦なき戦争の虚偽にひそかに抵抗していたことを示している。その彼を心理的に解放したものが太平洋戦争だった。あるいは、解放を待ちのぞむ心理が太平洋戦争を理想化した。だから反ファシズム戦争に動員されたソ連の「戦いの意志」が、

ソ連の敵国ドイツの「盟邦」であった日本の「米英撃滅」にそのまま転用されることに彼は矛盾を感じなかった。（⑧二八～九）

「知識人さえもが、むしろみずからもとめて「聖戦」、「八紘一宇」、ないしは「大東亜共栄圏」などという神話的象徴にとびついていった」（傍点――原文）という「若い批評家」（江藤淳）の評価は、「同時代に生きて高杉に近い体験を実感としてもっている私などから見ると、この解釈は誤ってはいないが、もの足りない」と竹内は述べる。「「みずからもとめて」「神話的象徴にとびついていった」という気は全然しない。むしろ主観的には神話の拒否ないし嫌悪は一貫しながら、二重にも三重にも屈折した形で、結果として神話に巻き込まれた、と見る方が大多数の知識人の場合に当てはまるのではないかと思う」といい（⑧二九）、「「日本というものが、なんとも言えず悲しい」という高見（順――引用者）らしい詠嘆には私は無条件には同意しないが、「来るべきものが来たという感じ」は私にもあった」と告白する（⑧三〇）。

竹内は、「大東亜戦争と吾等の決意（宣言）」（⑭）のなかで、日中全面戦争以後の侵略戦争という認識のもとでは「自身を否定するより仕方なかった」、その心情をこのように述べていた。「われらは支那を愛し、支那を愛することによって逆にわれら自身の生命を支えてきたのである。（中略）支那事変が起るに及んで、この確信は崩れ、無残に引き裂かれた。苛酷な現実はわれらの存在を無視し、そのためわれらは自らを疑った。余りにも無力であった。現実が承認を迫れば迫るほど、われらは退き、萎えた。舵を失った舟のように、風にまかせてさ迷った。辿り着くあてはなかった」。ところが、一九四〇年一二月八日、「戦争は突如開始され、その刹那、われらは一切を了得した。一切が明らかとなった。天高く光清らかに輝き、われら積年の鬱屈は吹き飛ばされた」（⑭二九五）。「強者」すなわち欧米帝国主義に対する「東亜」の「民族解放」のための宣戦布告と理解することによって、「積年の鬱屈」が解消されたのである。すでに述べてきたように、戦後、竹内は、この戦争が侵略戦争としての側面を持っていたことは受け入れるが、対帝国主義戦争としての側面を否定しきれずにおり、そのことが、克服すべき西洋＝文明開化と、引き継ぐべき東洋＝伝統という構図として竹内を拘束し続けたのであった。

竹内によれば、大川周明の嘆きは「一九四一年における日華事変の解決不能に対して発せられたものであるが、それは一九四五年にも解決されず、一九五九年の現在もまだ解決されていない」のは、「太平洋戦争の二重構造が認識されないままに忘れられようとしているからであり、さかのぼっていえば、明治国家の二重構造が認識の対象にされないからである」。続けて竹内は述べる。

明治時代を一貫する日本の基本国策は、完全独立の実現にあった。開国に際しての安政の不平等条約の最終破棄（関税自主権）は明治四十四年まで持ち越された。しかし一方、日本は早くも明治九年に朝鮮に不平等条約を押しつけている。朝鮮や中国への不平等条約の強要が日本自身の不平等条約からの脱却と相関的であった。この伝統から形成されたのが「東亜共栄圏」のユートピア思想であり、そのために「大東亜戦争」は不可欠の条件であった。しかし、京都学派の「総力戦の哲学」が「絶対無」の無内容に行きつくと同時に、「東亜共栄圏」もまた「大東亜共同宣言」（一九四三年十一月）の無内容な美辞麗句に行きついた。（⑧五一）

欧米への抵抗とアジアへの侵略という日本近代史に拘束された「二重構造」の矛盾を解決するユートピアこそが「東亜共栄圏」だったというのである。しかし、それはあくまでユートピアでしかなかった。竹内によれば、大川の「問題の提出そのものは誤りではなかった」のであり、「問題はそのまま今日に持ち越され、課題としてわれわれの前におかれている」のである。だからこそ、「どこで論理がまちがったかを、歴史を逆にたどることによって発見しなければならぬ」という（⑧五一）。そして竹内は、その二重構造――日本近代史のアポリア（難関）の凝縮こそが「近代の超克」なのだという（⑧五四）。

以上みてきたことからも明らかなように、「復古と維新、尊王と攘夷、鎖国と開国、国粋と文明開化、東洋と西洋という伝統の基本軸における対抗関係が、総力戦の段階で、永久戦争の理念の解釈をせまられる思想課題を前にして、一挙に問題として爆発したのが「近代の超克」論争であ」り、「問題の提出はこの時点では正しかった」にもかかわらず「その結果が芳しくなかった」のは、「戦争の二重性格が腑分けされなかったこと、つまりアポリアがアポリアとして認識の対象にされなかったからであ」った。そして認識対象とされなかった「アポリアの解消が、戦後の虚脱と、日本の植民地化への思想的地盤を準備したのである」（⑧六四〜六五）。すでに述べた「国民文学論」におけるマルクス主義者や「近代主義」者たちに対する竹内の厳しい評価は、この点に由来している。竹内によれば、「西欧的な近代主義者たち」は「決定的な敗北を自認」しなかった。つまりこのアポリアに向きあうことのないまま「敗戦によるアポリアの解消によって、思想の荒廃状態がそのまま凍結されているのである」（⑧六五〜六六）。

さらに竹内はいう。

まさに今日は「近代主義者」も「日本主義者」もいっしょになって、「今日の日本は真に文明開化の日本」であって「有難い目出度い次第」（福沢諭吉『自伝』）だと手をたたいて喜びあっている天下泰平の空前の文明開化が将来されているではないか。（中略）アジアに主導権を主張することと、西欧近代を「超克」するという原理的に背反する国民的使命観が、ここでは日本イコール西欧という観念の操作によって、単純明快に前者だけを生かして後者を捨てる形で解決されており、それは伝統からの逸脱であって、真の解決ではないからである。彼らにアポリアは存在しない。（中略）福沢は事実認識を誤ったのであって、日本はそもそもアジアではなかったのだ、というのがこの派の新文明開化論者の主張である。（⑧六六）

このように述べる竹内は、日本近代史のアポリアと向き合い、「文明開化」＝西洋に対する抵抗の側面にこだわり続けることを自己の課題として引き受けていったのである。そして、そのために必要な作業の一つが、次節で述べる福沢の思想と向きあうことであり、もう一つが、前述の戦争責任意識の主体化を促すことであった。

後者の観点から注目されたのが、中野重治『斎藤茂吉ノオト』（筑摩書房、一九四二年）で、竹内は、「総力戦の現実把握の深さ」こそが「抵抗の書たりえた条件の一つになっている」という。すなわち「戦争をくぐらなければ、具体的にたたかっている民衆の生活をくぐらなければ、いかなる方向であれ民衆を組織することはできない。つまり思想形成を行うことはできない」のであり、「戦争吟を、戦争吟であるために否定するのは、民衆の生活を否定することである。戦争吟を認め、その戦争吟が過去の戦争観念にたよって現に進行中の戦争の本質（帝国主義戦争という観念ではない）を見ることから逃避している態度をせめ、戦争吟を総力戦にふさわしい戦争吟たらしめることに手を貸し、そのことを通して戦争の性質そのものを変えていこうと決意するところに抵抗の契機が成り立つのである」と述べる（⑧四三）。「民衆の生活をくぐる」ことなくして、どんな思想も超えられないという竹内の信念が吐露されているといえよう。

### (3) 福沢諭吉の文明観との対峙

「文明開化の論理」の克服を追究しつづける竹内にとってのもう一つの課題である福沢諭吉については、一九六一年六月に発表した論文「日本とアジア」においてその軸に据えられている。[*55] そこで竹内は、「福沢の文明論で特徴的なこと」として、「文明の本質について智を徳の上位においたこと、および、知徳の総和である文明（それは単一な、等質のものである）の地域による発現の差を認め、それを程度の差としてとらえ、努力によって追跡可能であると考えたこと」をあげる。そしてそれこそが、「明治維新から日清戦争までの国家建設の時期」の日本に貫徹している「今日まで綿々として尽きない文明一元観の主たる内容」なのであった（⑧六九〜七〇）。福沢が「戦闘的啓蒙者」としての役割を終えてからも、日本は「少くとも太平洋戦争の前の段階まではそうであ」り、「日本の近代思想史」は「プロレタリアの思想」も含めて文明一元観を否定できなかったと竹内はいう（⑧七一〜七二）。

竹内によれば、民主主義的旋風の風潮の戦後思想においては、東京裁判の「被告である日本国家の代表者たちは、原告である連合国を通して福沢そのものに告発されている」という解釈が支配的であった（⑧七三）。ところが現実には、「かえって、ファシズムを告発した原告である文明の側に不安と動揺が見られ」、ファシズムから「第二の開国」へという「思想史上の大事件と考えられたものは、実は国粋と欧化の交替という流行現象のくり返しに過ぎなかったのではないかと疑われる」と竹内はいい、むしろそれを克服する役割を担うはずであった「社会変革の諸思想」の弱さを指摘する（⑧七二〜七四）。ここにも竹内の、文明開化にはじまる〝西洋的近代〟に対する批判が貫徹しており、それによれば、戦後の民主主義的風潮も結局は「国粋」の反動であるところの「欧化」であって、文明一元観に反省を迫りそれを克服するようなものではなかったというわけである。[*56] 竹内は、その点ではむしろ福沢の努力に見倣うべきで、「日本の独立という緊迫した課題に全身で立ち向う中で福沢が身につけたような、生き生きした文明のヴィジョンは、残念ながらわれわれにはない」と嘆き、福沢を「欧化」主義者一般とは峻別する。そして次のように述べる。

かりに日本国家に文明からの逸脱があったとすれば、その時期と原因とを画定することによって文明を再発見せねばならぬし、もし逸脱がなかったとすれば、さかのぼって福沢の文明観そのものを問責すべきである。つまり、東京裁判の批判から改めて出発しなおすべきであって、それを怠ったのでは、思想の生産性を回復することはできぬだろう。（⑧七四）

前述したように竹内は、連合国による問責は福沢の文明観そのものと考えており、福沢の文明一元論が克服されずに戦争へと突入し、そして戦後もそれが持続しているという理解であった。しかしながら、「文明のヴィジョン」を持たない戦後のありようを前にして福沢を否定しきることはできず、むしろ後述する丸山眞男の福沢評価に少なからず引きずられており、そのことが、竹内自身がいうように（註＊55参照）論文として精彩を欠くことになっているのではなかろうか。

竹内が丸山に接近していった要因の一つに、丸山が論文「開国」（『講座現代倫理』第一一巻「転換期の倫理思想（日本）」一九五九年）のなかで押し出していた「文化接触」という観点の摂取をあげることができる。その痕跡は、論文「日本とアジア」のなかにみられる。二つ目に、当該時期に、公表を前提に丸山を含む座談、「革命と反動（東洋とヨーロッパ）」（一九五七年、『丸山別集』②）、「日本における危機の特性」（一九五九年一一月、『丸山座談』③）などが行われており、日常の交流はもとより、丸山と議論を交わす機会が多々あったことが考えられよう。

竹内の「日本とアジア」が出てから五年後、丸山は、『竹内好評論集』第一巻（筑摩書房、一九六六年）の「月報三」に寄せて、次のように述べている。

好《ハオ》さんは、おそらく福沢を最大の、尊敬すべき敵と思っているでしょう。通俗的には、福沢は、国権論や脱亜論など到達した帰結で批判されるのですが、好《ハオ》さんはもっとよく理解しているにもかかわらず、やはり福沢を最大の敵として見ている。日本の近代は、結局福沢の路線を歩んだという観点から批判する。その点まさに私と逆です。私は、福沢をギリギリのところまで学んでそれをテコにして日本の近代を批判したいと思っています。（傍点——引用者）（「好《ハオ》さんについての談話」一九六六年六月、『丸山集』⑨三三九）

その「福沢をギリギリのところまで学」ぼうとする竹内は、福沢を次のように評価する。

福沢は、日本がアジアでないと考えたのでもなく、日本がアジアから脱却できると考えたのでもない。むしろ脱却できぬからこそ、文明の基礎である人民の自覚をはげますために、あえて脱亜の目標をかかげたのだともいえる。「西洋事情」にしろ「文明論之概略」にしろ、彼のアジアの現状に対する認識はきわめて正確である。（中略）彼において、国の独立という目的と、その目的実現の手段としての、文明の自己貫徹という法則への服従とは、見事な緊張関係を保って並存している。そして、当時まだヨーロッパでも、文明の確信はゆらいではいなかった。国の独立の基礎が固まるにつれて、福沢において内面的緊張の下にあった目的と手段の関係がゆるみ、分裂が生

じるようになった。（⑧八六～八七）

以上からも竹内は、実は福沢についても、丸山の評価ときわめて近いことがみてとれよう。そればかりか、「彼は文明を提唱したが、ヨーロッパの眼で世界を眺めたのではなかった」と言いきり、「彼のアジア観は、アジアとは非ヨーロッパである、あるいは、アジアとはヨーロッパによって蚕食される地である、と答えたということである。こういう生き生きしたアジアのイメージから切りはなして「脱亜」だけを取り出すのは、福沢の本旨を没却するものであり、ひいては「自国の独立と文明とを害して、尚文明に似たる」（同）（原文。『文明論之概略』をさす――引用者）鹿鳴館的なエセ文明を文明と勘ちがいすることにも通ずるものである」（⑧八八～八九）とも述べており、むしろ福沢の思想は、「エセ文明」の「文明開化」の思想とは異なることを強調するものとなっている。

ちなみに丸山は、福沢の「当時における最も切実な関心は国際的闘争場裡にいかにして日本の国民的独立を確保するかということ」であって、「ヨーロッパの近代文明はこの日本の置かれた具体的状況において危機を処理するための不可欠の「道具」として要請せられたのであ」り、「従って福沢が一生その先達を以て自他ともに許したヨーロッパ近代文明は決してそれ自身絶対的な目的乃至理念ではなかった」ことを強調している。そして「ヨーロッパ近代文明は、文明の現在までの最高の発展段階であるという歴史性によって限定せられる。ヨーロッパ文明も半開に対して僅に文明というのであって、決して之を以て至善至美と看做すべきものではない、やがて文明の一層の進歩（中略）は現在の西欧文明を以て野蛮と看做す時期が来よう」と述べ、ヨーロッパ文明に注目するのもあくまで相対主義によるものであること、また「福沢がいわゆる盲目的な欧化主義者といかに遠いかということ」、そしてそれが「彼の根本的な思惟方法に連なっているということ」を力説するのであった（「福澤諭吉の哲学―とくにその時事批判との関連―」一九四七年九月、『丸山集』③一七一～一七三）。

竹内は、「文明が福沢のいうエセ文明化してしまえば、独立心がおこらぬから、当然に独立運動はおこらない。エセ文明を否定する反文明運動がおこり、それがエセ文明を内部から別の文明につくり変えていくとき、はじめて独立運動が着実なものとなる。（中略）文明の否定を通しての文明の再建である。これがアジアの原理であり、この原理を把握したものがアジアである」という（⑧九〇～九一）。そしてその文明再建の可能性を秘めていたのが、ほかならぬ福沢であったことを認め、このようにも記す。

今日もし福沢が生きていれば、彼のレアリズムは、文明を超えた原理の発見へ彼をさそったにちがいない。彼は文明の採用を提唱せず、逆に文明の虚偽化をもって選択をゆるさぬ独立の手段と考えたにちがいないのである。日本が西欧であるか、それともアジアであるかは、工業化の水準だけで決めるべきではない。より包括的な価値体系を自力で発見し、文明の虚偽化を遂行する能力があるか否かにかかっていると見るべきである。それが発見できればアジアの原理につながるし、発見できなければエセ文明と共に歩むほかない。これは福沢が身をもってぶつかった課題以上の大事業である。（⑧九二）

このように、竹内は、福沢が実は文明を相対的にとらえていたことを強調する。それは、福沢を軸にしながら文明一元論の克服を意図していた竹内の福沢評価に修正が加えられつつあったことを示すものといえるのではなかろうか。

### (4)「方法としてのアジア」――アジアからの「巻返し」――

竹内は、一九四七年に発表した論文「中国の近代と日本の近代――魯迅を手がかりとして――」（④）をはじめとして、しばしば丸山の「近代化」のとらえ方に対して批判を投じており、一九五七年（推定）には二人の対談（「革命と反動（東洋とヨーロッパ）」『丸山別集』②）も行われた。[*57] そうした一連の丸山との対峙も含めて、中国―アジアに向きあってきた自らの足跡をひとまず振り返ったものが「方法としてのアジア」であった。その作品は、一九六〇年一月二五日、国際基督教大学の教員であった武田清子の招きで、同大学アジア文化研究委員会主催により学生対象に行われた講演の筆記であった。

そこでは、戦前の中国との出会い、敗戦に伴う自らにとっての研究上の転機などをふりかえり、続いて、デューイ[*58]に依拠しながら日本と中国の近代化のあり方についての持論が展開されている。本章第2節でも言及したように、竹内の根底には、一九四九年に表明した丸山に対する以下のような批判が保持されていた。「丸山の説は、中国が日本より近代化に立ちおくれた原因を、イデオロギイの側面から、妥当に説明を下してはいるが、かれはなお、その立ちおくれを立ちおくれのままで処理していて、時間的な差が同時に質の差を含むという展望を与えていないように思われた。後進国の近代化の過程を、はっきりヨオロッパと区別して扱う扱い方においては、これまでの公式的な唯物史観論者より数等すぐれているが、後進国の型に日本と中国では質的な差があることをかれは見逃してはいないだろうか。（中略）どうも私には、丸山のような学者さえ、日本人の伝統的な中国侮蔑感が意識下にあって正しい理解を妨げているような気がする」（傍点――引用者、「日本人の中国観」一九四九年九月、④一三）。さらに竹内は、「日本思想史へ踏み込むために」（一九五四年五月）のなかで、「日本と中国の近代化の型が異質ではないか」「後進国の近代化に二つのタイプがあって、日本と中国がそれぞれを代表するのではないか、その自己認識を欠いて、日本の進み方だけが唯一だと考えていたところに、日本の悲劇の原因があったのではないか、（中略）その成果をくんで、私自身も、この命題の証明に本格的に取り組むべき時期に来ているように思う」と述べている（⑧二〇四）。

一方、丸山もけっしてアジアの問題に目を塞いでいたわけではなく、「アジアの抵抗」について正面からとり上げた一九五三年の講演録「現代文明と政治の動向」（郵政省人事部能率課発行『訓練ノート』第一五号、一九五三年一二月、『丸山集』⑥）も、アジアの抵抗の意義に注目しながら、そのなかでの日本の位置づけを論じていた。そして竹内と同様、日本のアジア諸国に果たした役割の二面性についても視野に入れていた。しかし丸山は、「民族運動も混沌としていて、全体として明確な方向を持っておりませんから、必ずしもアジア民族運動を、手ばなしで礼讃することは出来ない」とし、民族主義が早くも「ウルトラナショナリズムの傾向（極端な排外、極端な攘夷）」を示していることに警鐘を鳴らす。すなわち「アジア民族運動それ自身は、反帝国運動であるが、それが帝国主義によって巧みに利用される危険性すらある」ため、結局、「三つの要素（一、テクノロジーの発展、二、大衆の勃興、三、アジア民族の覚醒）の必然性を承認し、この三者の正しい平衡関係を保って、そこから生れる病理現象をどういう風に克服していくか、ここに根本問題があるわけです。裏がえしていうならば、この三つの持つエネルギー（近代文明のもつエネルギー、大衆のもつエネルギー、アジア民族のもつエネルギー）を、積極的、建設的な方向に組織化していく。そして、しかも、この三者の間のバランスを、一つだけが他を犠牲にして、他を発展させるというのではなくて、この三つをそれぞれ平衡させ正しいバランス関係を保って、三者のエネルギーを組織化していく、こういうイデオロギー、こういう政治力が現代において必ず、究極的な勝利を収めるだろう」という。そして、アジアの民族運動もそれらの三つの要素をもつことから無縁ではなかったが、「第一のテクノロジーの発展それ自身は否定しようとした。そこにガンジーイズムの致命的な欠陥があ」ったのであり、「インドの民族運動の成功的なイデオロギーとなる為には、より近代的なイデオロギーの登場との結びつきを俟たなければならなかったゆえんであります」と述べて、文化接触という観点から、近代の要素を抜きにはアジアの抵抗運動も考えられないことを説いた（『丸山集』⑥五七～五九）。

それに対して竹内は、「圧迫されている国のなかの抵抗運動、あるいは独立運動が当然直面する問題として、弱いものが強いものに対していかにしてみずからの正義を貫徹できるか、相手を変革できるか」をすくい上げることに集中した。一九六一年に行われた坂本徳松と丸山眞男との鼎談のなかでも、インドにおけるガンジーの不服従運動や、「武力交渉の形」をとった中国などに言及し、「それぞれの国の特殊事情に応じて戦術が生み出され」ることから「学ぶべきものがある」と述べて、「圧迫されている国」の抵抗のなかからうみだされてくるもう一つの近代化の途をさぐろうと懸命であった。彼はまた、前年の六〇年安保闘争の経験に重ね、「われわれの去年の抵抗も一つの型であって、それをうまく整理すれば、日本的不服従の原型みたいなものが出てくるのじゃないかと思うのです」とも述べており（「政治の頽廃に抗するもの」一九六一年七月、『丸山座談』④二一二）、後述する安保闘争の敗北も、被圧迫者の抵抗の可能性をさぐるための糧となったであろう。「方法としてのアジア」のなかでも、竹内は次のように述べる。

日本の近代化の原点を明治維新とすれば中国は五・四運動で、[*59]その間には五〇年の隔たりがあり、日本のほうが適応性があったと説明できる。しかし、その「近代化の質」についてみると、日本の場合は「構造的なものを残して、その上にまばらに西洋文明が砂糖みたいに外をくるんでいる。中国ではそうでなくて、デューイの考え方によれば、元の中国的なものは非常に強固で崩れない。だから近代化にすぐ適応できない。ところが一旦それが入って来ると、構造的なものをこわして、中から自発的な力を生み出す。（中略）表面は混乱しているけれども、西洋人の目から見た近代性という点でははるかに中国のほうが日本よりも本質的であるということを言っております」（「方法としてのアジア」、⑤一〇七〜一〇八）。

さらに竹内は、「近代」の要素を避けて通れないとする丸山の議論を意識してであろう、世界に共通に存在する「近代社会」は「等質の人間類型を生み出」し「文化価値も等質である」という。ところが「自由とか平等とかいう文化価値」が、西欧から浸透する過程で帝国主義による植民地侵略によって支えられたため、その「価値自体が弱くなっている」ことが問題であるとする。竹内はいう。

たとえば平等と言っても、ヨーロッパの中では平等かもしれないが、アジアとかアフリカの植民地搾取を認めた上での平等であるならば、全人類的に貫徹しない。では、それをどう貫徹させるかという時に、ヨーロッパの力ではいかんともし難い限界がある、ということを感じているものがアジアだと思う。（中略）西欧的な優れた文化価値を、より大規模に実現するために、西洋をもう一度東洋によって包み直す、逆に西洋自身をこちらから変革する、この文化的な巻返し、あるいは価値の上の巻返しによって普遍性をつくり出す。東洋の力が西洋の生み出した普遍的な価値をより高めるために西洋を変革する。これが東対西の今の問題になっている。これは政治上の問題であると同時に文化上の問題である。

そして、「その巻き返す時に、自分の中に独自なものがなければならない。それは何かというと、おそらくそういうものが実体としてあるとは思わない。しかし方法としては、つまり主体形成の過程としては、ありうるのではないかと思ったので、「方法としてのアジア」という題をつけた」というのである（⑤一一四～一一五）。「方法としてのアジア」を発表したその少しあとに、竹内は、梅棹忠夫と行った対談で改めて「アジア」の定義にふれ、「近代の歴史の流れの中で、西欧の力への対応から生まれたもの」であり、「西欧あるいは帝国主義によって植民地化された国が、民族独立と、近代国家の形成をかちとろうとして、内発的な動きがおこる型を一応アジアとよんでいいんじゃないか」と述べている（「アジアの理念」一九六一年九月、『状況的』一四六）。

「方法としてのアジア」は、竹内の遺稿集のタイトルとしても用いられ（『方法としてのアジア―わが戦前・戦中・戦後―』一九七八年）、竹内の思想の一面を象徴するものとなっているが、竹内自身は「それを明確に規定することは私にもできないのです」と結んでいるように（⑤一一五）、むしろ西欧文明にたいする東洋＝アジアからの「巻返し」としての意味合いであったといえよう。

## (5)「アジア主義」

それからまもなく竹内は、〈現代日本思想大系〉（筑摩書房）の第九巻『アジア主義』（一九六三年八月）を編んだ。「日本近代史のアポリア」と向きあうなかで、それに収録した「アジア主義」の思想家たち（↓本書第二部第一章）の著作を読み、先の「方法としてのアジア」も書かれたとみられる。

「日本のアジア主義」は、『アジア主義』の「解説」であった。竹内は、一九六三年五月に膿瘍に起因する痔瘻を患って入院することとなり、この「解説」はその療養中に書かれたもので、七月X日の日記には、「とうとう解説を書きあげた。書きあげたというより、力つきて考えることを放棄した、というのに近い実感であるのは今度もまた例外ではない」と記されている。毎度のことながら「執筆のはじめに予想していたのとは、まったくちがう仕立て方になった」といい、それは「気分屋」であることを意味し「芸術家であって学者的でない」、「もっとつっ込んで言うと、私の本心は、真の学者は芸術家であって、論文は作品でなければならぬと思うのだ。人に言うと笑われるにきまっているから黙っているが、じつはこれが私の自負であり、同時に自己卑下でもある」と記す（「転形期（一九六三年）」、⑯四一二～四一三）。その指摘は、ある種、竹内のほぼ全作品に当てはまる側面をもっており、この「解説」におけるアジア主義者の選択も、そうした「芸術家」である竹内の気分と直感によるところが大きいとみるのが当を得ていよう。しかしながら、この『アジア主義』は、「思想史の整理方法について新見解を提出したつもりである」と自負する仕事でもあった（「六〇年代・四年目の報告」一九六四年一月六日、⑨二六六）。

そのなかで竹内は、改めてアジア主義を、「膨張主義または侵略主義」や「ナショナリズム（民族主義、国家主義、国民主義および国粋主義）」とそのまま重なるわけではなく、「明治維新革命後の膨張主義の中から、一つの結実としてアジア主義がうまれた」と説明する。竹内によれば、「膨張主義が直接にアジア主義を生んだのではなくて、膨張主義が国権論と民権論、または少し降って欧化と国粋という対立する風潮を生み出し、この双生児ともいうべき風潮の対立の中からアジア主義が生み出された」ということになる（⑧九九）。すなわち、竹内いうところの日本近代史の二重構造というアポリアから生まれたのである。彼は、アジア主義は、「それぞれ個性をもった「思想」に傾向性として付着するもの」であるといい、「どんなに割引きしても、アジア諸国の連帯（侵略を手段とすると否とを問わず）の指向を内包している点だけには共通性を認めないわけにはいかない」とし、「これが最小限に規定したアジア主義の属性である」と述べる（⑧一〇〇～一〇一）。

それと同時に竹内は、「自称アジア主義の非思想性」（⑧一〇〇）についても紙幅を割き、「アジア主義」との峻別を図るのであった。竹内によると、「大東亜共栄圏」は、「ある意味で」のアジア主義の帰結点ではあるが、「アジア主義からの逸脱、または偏向」にほかならず（⑧一〇〇）、「アジア主義をふくめて一切の「思想」を圧殺した上に成り立った疑似思想だともいうことができる」ものであった（⑧一〇一）。なぜならば、「思想は生産的でなくては思想とはいえぬ」からであり[*60]、大東亜共栄圏を帰着点とする戦争の時期は、「思想の無思想化の進行過程」（⑧一〇一、及び五一）であったからである。そこにも、思想は生活の中から生まれるものでなければならぬとする竹内の考え方が貫かれている。

それに対して、悪名高い「玄洋社＝黒竜会イデオロギイ」は最初から侵略的だったわけではなく、明治末年までは隣国朝鮮への「同情」を有していた（⑧一一一〜一一二）。玄洋社とは導き出される「結論」は逆であるが、この点で共通するとみなされる福沢に対する評価はここでも高い。「彼は文明の信奉者であるが、その文明は当時流行の欧化ではなく、むろん、鹿鳴館で仮装舞踏することでもない」とし、それは福沢が「文明は、無慈悲に自己を貫徹する」ものと考える、「自己が弱者であるという意識をもった醒めたナショナリスト」であるためであり、それゆえに「おなじ弱者である隣国への同情がないではな」く、「心情としてのアジア主義はある」とする。「だからこそ金玉均にも援助の手をのべた」のであるが、「彼のいだく緊迫感に照らしてアジア連帯は間に合わない」ため、文明自体が価値であり「連帯」自体を価値と考えなかった福沢にあっては、「連帯」を提示するにいたらなかった、ないしは必要がなかった。そうして「福沢の批判をテコにし」た岡倉天心や宮崎滔天、山田良政らの思想がすくい上げられていく（⑧一三一）。

竹内は、「初期のナショナリズムと膨張主義の結びつきは不可避なので、もしそれを否定すれば、そもそも日本の近代化はありえなかった。問題は、それが人民の自由の拡大とどう関係するかということだ。そしてこの回答は単純ではない」と述べて、ナショナリズムとリベラリズム、デモクラシーとの結合の問題を改めてとりあげ（⑧一五三）、「おくれて出発した日本の資本主義が、内部欠陥を対外進出によってカヴァする型をくり返すことによって、一九四五年まで来たことは事実である。これは根本は人民の弱さに基づくが、この型を成立させない契機を歴史上に発見できるか、というところに今日におけるアジア主義の最大の問題がかかっているだろう」と課題を投げかけている（⑧一五三〜一五四）。また竹内は、「西郷を反革命と見るか、永久革命のシンボルと見るかは、容易に片づかぬ議論のある問題だろう。しかし、この問題と相関的でなくてはアジア主義は定義しがたい。ということは、逆にアジア主義を媒介にしてこの問題に接近することもまた可能だということである」（⑧一五六）と、西郷隆盛に結びつけて「日本のアジア主義」を結ぶのであった。

なお、そのなかでも論及がある岡倉天心については、『朝日ジャーナル』一九六二年五月二七日号に「日本の思想家・この百年」第一二回として書かれており、その執筆にあたって竹内は、従来の天心のとらえ方には「十分に満足ではない」ことから、「一ヶ月以上も天心で明け暮れることとな」り、その結果「一つの視角をとらえたと思う」との満足感を日記に吐露している（「転形期（一九六二年）」五月八日、⑯二一七〜二一八）。そこでは、天心は東京美術学校を排斥される段階になって、あるいは明治二〇年代、三〇年代になってから「文明開化」に反対したのではなく、一貫して「文明開化の風潮への抵抗に生き、その方針で美術学校を経営した」ことが述べられており、天心は「むしろ日本国家から疎外された超越価値の使徒」として描き出された（「岡倉天心」、⑧一七二〜一七三）。

竹内の、福沢をも含み込んだ「アジア主義」は、「「物質」化した日本国家」を弾劾する（同上、⑧一七三）ためのものなのであった。そしてそれが、以下に述べる民主主義を破壊する現実の国家との闘いの途を探り当てるためのものであったことはいうまでもない。

## 4　市民的自由の獲得のために――「不服従の遺産」――

### (1)　日中国交回復を求めての安保改定阻止

竹内は、安保闘争においては、岸内閣による一九六〇年五月一九日の強行採決後、安保改定阻止の課題を「民主か独裁か」という議会制擁護の問題に切り替えてしまった急先鋒として語られることが多いが、[*61]竹内が安保改定阻止を軽視していたかというとけっしてそうではなく、彼は、以下にみるように中国との国交回復という課題と結びつけて安保改定問題をとらえており、この問題は彼の一連の課題に接続するものであった。竹内は、「「明治国家の歴史のなかには、現在の日中関係を正しいものにかえるような、思想的遺産というものがないのではないか」もしあれば示せ」と松田道雄から投げかけられ、「私はこの回答を、数年かけてやりたいと思っている」と述べており（「日中関係のゆくえ」一九六〇年三月、⑨六二）、後述する彼の明治維新百年際の提案も、このように中国に対する戦争責任問題から発していたのである。

安保改定の日程が迫るにつれ、彼の中国問題への言及も増えていった（「日本の独立と日中関係」「殉難者の霊の前に」など、⑨）。そのころの竹内の日記によると、四月四日には、三月二八日に結成された安保批判の会批准反対請願大会で講演をし、そのあと数人とともに藤山愛一郎外相に面会し、社会党とも懇談している（⑯七二）。また四月一五日は、自治労会館で行われた安保阻止国民代表者会議にも出席する（⑯七三）など、安保問題関係の集会への出席や講演が続いた。そのなかで竹内は、「われわれの民主主義は、何度かためされたが、いま戦後最大の試煉にぶつかっている。金権と暴力だけを頼る小野心家の小野望を国民の力で倒さなければ、日本の近代史は百年前にもどるのである」と呼びかけた（「安保反対運動の新しい状況―第十五次統一行動を終って―」一九六〇年五月九日、⑨九四）。

また、すでに一月一九日に調印されてしまった条約を国会が承認するならば、「国民もまた政府と同意見だということになります。中国との国交回復を日本国民は願っていない、という意志表明になるのです」（「破局に直面する日中関係」一九六〇年五月二二日、⑨九八）とも述べて危機感を煽った。

しかし、六月一九日に予定されているアメリカ大統領アイゼンハワーの訪日までに条約を成立させることを目論む政府は、その一ヵ月前の五月一九日、衆議院本会議での強行採決を行った。竹内は、前日午後一時二〇分から二時まで、安保批判の会を代表して松岡洋子らと一一名で首相に面会し、首相は慎重審議を約束したという。[*62] 竹内の一九日の日記には、「最強硬の線が出る。夜半睡れず。ウイスキーをのみながらこれを書き感慨」と記されている（⑯七九）。

採決の翌二〇日から、抗議のための声明作成や記者会見、集会などへの出席が続くが、そのようななかで、二一日、竹内は東京都立大学に辞表を提出し、それが新聞に報じられた（五月二一日、⑯八〇）（「辞職理由書」、⑨九九）。「五月二十日以後、憲法の眼目の一つである議会主義が失われた」と竹内は記す。国会の機能を失わせた責任者が衆議院議長であり、公務員の筆頭者が内閣総理大臣であるという状態のもとで、都立大学教授の職にとどまることは、就職の際の憲法遵守という誓約に背き、かつ教育者としての良心に背くというのが辞職の理由であった（同上、⑨九九～一〇〇）。

五月二三日に記し、翌二四日に共同通信社から配信された「決断の時」では、次のように述べている。

ただ、むしょうに気がめいりました。これで民主主義はおわった、引導を渡された、という感じが最初にしました。民主主義がおわればファシズムです。ファシズムは将来の危険でなく、目の前の現実となったのです。ファシズムの下でどう生きるべきか。あれやこれや思いは乱れるばかりです。ともかく態度決定をしなければならない。私の場合、亡命はできないし、国籍離脱もできない。それに代わりうる意志表示の方法として何があるか。私の選びうる範囲では、おのずから公職をしりぞくという消極的な手段に考えが行きつかざるをえません。（⑨

一〇二）

すなわち、民主主義を踏みにじる為政者を戴く日本からの離脱の代替行為が、公職を退くことであった。意表を突く行為とも映りかねないが、竹内は、前日に安保批判の会を代表して首相に慎重審議を約束させていたからこそ、それが反故にされたことに対して最大限の抗議の意思を示したのであろう。[*63]

しかし、竹内は、絶望の淵にどとまっていたのではなく、自らを励ますかのように、「闇が深まるときは暁の近づくときであります。絶望の底に希望がうまれます。私はいま、からだに勇気のみちてくるのを感じます。私たちのたたかいは、かならず勝つでしょう。もう一息のがんばりです」と結ぶのであった（⑨一〇三）。竹内には、すでに喪失してしまった民主主義を今こそ「再建」しなければならないとする意識が、強行採決の直後から芽生えていた。それがまもなく、「民主か独裁か」という問いかけとなり、賛否両論の大きな反響を呼ぶこととなった。

五月二五日に竹内が書いた「心境と見透し」（一九六〇年七月）は、「たたかっている自覚はある。（中略）ただ不思議な連帯感が自分を支えている。もしこれを強いて名づけるなら、国民的連帯感とでもいえるもののように思う」（⑨一〇七）といい、そこから改めて知識人と民衆のありようを問うていた。このように述べる。

すべての公法学者、政治学者、およびその他の社会科学者は、今すぐ民衆のなかにはいるのが望ましい。文学者もそうである。そして民衆が、自分のドレイ根性を自分でたたき出す困難な作業に、手を貸すべきである。彼らが、奪われている主権を奪いかえすのを、助けるべきである。そのことによって自分の学問内容、学問態度をつくりかえることができるから、学者の方にも不利はないはずだ。学問の変革と、民衆の意識の変革が同時進行する形を考えねばならない。民衆は渇えている。一杯の水に渇えている。水をあたえ、あたえることによってエネルギイの一部を分けてもらうのは、学者の義務であり権利である。（⑨一〇八）

竹内は、一九六二年四月に行われた日高六郎との対談のなかで、このときのことを振り返って、「ちょうど二年前の今頃、あのだんだん高まってくるのを今でもよく覚えている。それを思いだすことで、何かだんだんに自分のなかで遺産が定着してくるし、また現在の判断とか方針決定に役立つ。それは個人の心のなかにのみ残っているものではなく、その規模は相当ひろくあるだろうと思うんです」（傍点——引用者）と述べている（「二年目の六〇年安保」一九六二年四月、『状況的』一〇四）。まさに竹内のなかでは、この体験が「遺産」として位置づけられていた。

### (2) 民主か独裁か——「市民的不服従の運動」——

「民主か独裁か」という表題を冠した竹内の文章が『図書新聞』に掲載されたのは、一九六〇年六月四日のことであった。それには「当面の状況判断」という副題がつけられ、「以下に述べるのは五月三十一日現在における私の状況判断である」との断り書きから始められていた。まず、「民主か独裁か、これが唯一最大の争点であ」り、「中間はありえない」とする。そして「この唯一の争点に向っての態度決定が必要である。そこに安保問題をからませてはならない。安保に賛成するものと反対するものとが論争することは無益である。論争は、独裁を倒してからやればよい。今は、独裁を倒すために全国民が力を結集すべきである」と述べる（⑨一一〇）。主張内容は、強行採決の行われた五・一九以後、竹内がもっぱら民主主義の危機を訴えてきたことの延長線上にあるが、このタイトルも含めて、人びとに衝撃をもって受けとめられたであろう。竹内は、それの掲載に先立つ六月二日、文京公会堂で行われた「民主主義を守る全国学者・研究者の会」集会で、「四つの提案」と題して講演を行い、「民主か独裁か」が現時点での争点であることを強調していた。[*64] それに手を入れたものが『思想の科学』（一九六〇年七月、⑨）に掲載されており、趣旨は前述の「民主か独裁か」と同一であるが、ここでは大衆に向けてより率直によりわかりやすく語られている。

丸山眞男もまた、五月二四日、日高六郎の求めに応じて、安保問題研究会・安保批判の会共催の岸内閣総辞職要求・新安保採決不承認学者文化人の会で、「選択のとき」と題する講演を行っており（『丸山集』別巻、六六）、日高によれば、これらの主張が、「運動のなかに民主主義の線を原理的にいれていく役割をはたした」一方、「「安保条約改定反対」の目標が「民主主義擁護」の目標に置きかえられ、その結果全運動は失敗に終ったとする異論もでた」という。[*65] ちなみにその異論の筆頭にあげられるものに、清水幾太郎「安保戦争の〝不幸な主役〟」(『中央公論』一九六〇年九月)などがある。丸山の主張も、五・一九を境として「これまでとまったく質的に違った段階に入った」という認識に立つものであり、「岸政府によって脱ぎすてられた理念的なもの、規範的なものを、今こそことごとく私たちの側にひきよせて、これにふさわしい現実を私たちの力でつくり出して行く」ことを説いていた(「選択のとき」『丸山集』⑧三四七、及び三四九)。丸山も基本的に竹内と同様で、民主主義が権力により否定された今こそ、それを自分たちでつくり出しつくりかえていくことに突破口を求めたのであった。

竹内は、五・一九前後のことを振り返って日記風に記しており、そのなかで、五月一五日の「安保批判むさしの市民のつどい」における丸山眞男の講演について次のようにコメントしている。「丸山真男が、安保をはなれて、集会の意味を説いたのもよかった。アテナイの市民集会を例に出して、これが民主主義の本来の姿だといった。「院外の圧力」論に対抗するものだが、彼の発言は、その後の推移に照らして、状況を先取していた」(傍点——引用者)。そうして「腰の重い彼を、おそらくはじめて大衆集会に引っぱり出した私の功績も自慢していいだろう」ともいい[*66](「大事件と小事件—五・一九前後—」『世界』一九六〇年八月、⑨一四四)、丸山が五・一九以前から民主主義の重要性を語ったことへの共感が述べられている。それはまた、「デモや座り込みだけでは独裁化に対抗できない。それは人間を物理力や精神力に還元するだけで、総力の結集にならぬからである。専門を離れてはならない。持ち場で全力を発揮するのが大切だ。(中略)金だけを出す人、頭脳だけを出す人、力だけを出す人があってよい。それが集って統一戦線になる」(前掲「民主か独裁か」、⑨一一四)という主張と不可分であり、六月一〇日のハガチー事件をはじめとして、このあとに高揚する抗議デモなどの実力行使の戦術とは相容れないものであった。

周知のように、五・一九の強行採決は、安保改定阻止の運動に大きな転換をもたらした。日高六郎は、「特に大都市では、一般市民層がかつて見られない大きなひろがりで、しかもまったく自発的に、運動に参加してきた」その運動の高揚を、「国家や政府の付属物ではなく、国家や政府を支配し統御する主体としての市民の自覚が、はじめて、予想をこえた規模で燃えひろがったのである」と説明する。[*67] しかし一方で、それが総評・社会党などの「既成組織」に依存する側面をもっていたことや、その後の学生運動にもたらした混乱などの課題もはらんでいたことは、大局的な観点から「六〇年安保」を論じた道場親信の研究に詳しい。[*68]

竹内は連日、抗議の集会や原稿の執筆に追われた（前掲「大事件と小事件―五・一九前後―」、⑨）。そうしたなかで、その「転換」と、同時にそれが併せ持つ問題点をいち早く認識していた竹内、そして丸山をはじめとする知識人たちは、相互に連絡をとり合いながら動き出していた。その一つが、開高健と竹内、丸山の三人が「擬似プログラムからの脱却」と題して『中央公論』（一九六〇年七月）誌上で行った鼎談であり、丸山、竹内ともに、五・一九の後、運動の質的転換がみられることを強調した（『丸山座談』④一〇九）。

竹内は、「既存の政治集団、あるいは政治勢力」に対しては、「変化に対応する予見がなかったということにおいて政治的能力の貧困を暴露したという一面と、同時にこれだけのエネルギーの爆発、蜂起、これも予見できなかったということにおいて、二重の失格じゃないか」と厳しい評価をくだした。そうして運動は「今は怒りの興奮状態だが、それは今のファシストに対する怒りであるばかりでなくて、既成の政治勢力に対する不信と重なり合った怒りになっている」と述べた。[*69] 竹内は、既存の政治集団と並んで新聞に対しても「実に無能力を暴露した」との厳しい批判を投じており（『丸山座談』④一一三〜一一四）、丸山も同様に、「記者個人が必ずしも意識しない形での転向が起こりやすい」「重点移動」が生じたなどといった婉曲的表現を使いつつも、新聞報道のあり方への憤懣を表明した。[*70]

竹内によれば、五月一九日の出来事から学ぶべきは、現行憲法が「身についたものとなる」ために、「着物を着かえるように、憲法を着なおすのでなくて、伝統の連続の上に、あるいはそれを再解釈する上に、新しく今の憲法が自分の身についたものとして、過去の伝統との連続の上に、憲法解釈が新しく打ちたてられなければならない」ということであり、いうなれば「憲法あるいは民主主義というものの民族化、ないし主体化、あるいはまた内面化」の重要性であった（「私たちの憲法感覚」一九六〇年六月一二日、⑨一三六〜一三七）。そして、「どうか皆さんも、それぞれの持ち場持ち場で、この戦いの中で自分を鍛える、自分を鍛えることによって国民を、自由な人間の集まりである日本の民族の集合体に鍛えていただきたい。愛国という言葉は、一度は警戒されましたけれども、私はやはり愛国ということが大事だと思います」（⑨一三八）と大衆のナショナリズムに訴えながら現行憲法の重要性を説いた。自らのかねてからの主張である、外からもたらされたものではない〝民族の伝統〟としての民主主義を培っていく好機としてとらえ返したのである。

新安保条約は、強行採決から一ヵ月を経た六月一九日、「自然承認」となり、同日、アイゼンハワーは沖縄に到着した。しかし、先に述べたような位置づけをしたからこそ、竹内はこの闘争を「勝利」と称した。「病中」に執筆したという[*71]七月七日の『週刊読書人』に寄せた一文は、このようにいう。「力関係からいって、新安保条約を絶対阻止できるとは私は考えなかった。できるだけ傷を負わせ、実効をチェックすることが私の目標だった。その目標はほぼ果されたと思っている。（中略）何よりも大事なことは、人民の抵抗の精神が植えつけられたこと、そして予想よりその幅がひろく、根が深いらしいことである。私はこの一点だけで大勝利と判定する。これは新安保の形式的発効を償ってあまりある。国民がドレイなら、たとい安保がなくたってその国は独立しない。自由な人間の集りなら、国籍のいかんを問わず圧政者を国の外へ追い出すことは容易である。私は一時、国籍離脱の方法まで空想したことを今では恥かしく思っている」（「なぜ勝利というか――第二期へ向けての方法論的総括――」、⑨一六二）。いまだ安保改定阻止の運動が盛り上がっており、その後の運動の高揚に期待を託すことが可能であった時期にあって、竹内は、条約締結阻止という結果よりも「人民の抵抗の精神」の発揚に期待を賭けたのであった。

七月一五日記とある「革命伝説について」では、目下革命が進行中であるとするならば、「この場合の革命とは、一種の精神革命である。あるいは道徳革命である」といい、片や「モブの破壊行為という目に見える現象でしか革命のイメージをえがけぬ守旧派」には到底理解できない考え方であろうと述べて、その人びとを「革命専業者」と呼び痛烈に批判している（「革命伝説について」一九六〇年一〇月、⑨一七二）。既存の政治集団が、できあがった組織の維持拡大と「安保改定」というスローガンにのみこだわり続けることに対して投げかけられた批判であったといえよう。

竹内や丸山らが、五・一九以後の闘いこそ「民主主義と呼ぶべき」であり「そこで、安保が民主主義の闘いに質的に転換したと規定した」ことに対して、日本共産党、共産主義同盟、インテリからの反対があったことは竹内自身も記している（「水に落ちた犬は打つべし―わが国の民主主義―」一九六〇年九月一三日、⑨二一七[*72]）。竹内が、「運動を安保から切り離して民主か独裁かの闘いであるというふうに単純化した」というのは、「本心」であった（同上、⑨二一七〜二一八）。竹内は、「あらゆる集団、特に政治的集団にそういう権力支配の傾向性がある。が、それに抵抗しなければならない。これは左翼内も共通だと思うんです」（前掲「水に落ちた犬は打つべし―わが国の民主主義―」、⑨二一八）と述べて、ここでも、左翼を含む既存の政治集団の内部に権力支配ができあがってしまっていることの批判を語る。さらにこのようにいう。「告白しますと私は実は民主主義をそれほど信頼しておりません。戦後、民主主義というもの、民主主義という言葉がはやったころ、そもそも言葉にするのが恥かしくてほとんど口にしたことはないんです。（中略）ところが、あの五月十九日を経験しまして、あの時点で考えたことは何かといえば、今こそチャンスである。敵があれほど民主主義を口に唱えながら、今それを捨ててしまった。今こそ我々がそれを拾おう」（同上、⑨二二〇）。

彼は、「はじめてデモに参加するときは勇気がいるが、参加してみると、なぜもっと早く加わらなかったかと悔まれるものである。デモを見ているのと、デモ隊の中からみるのとでは、世界がまるでちがうのだ。ここに連帯感がうまれ、個人が政治的に訓練されて、それまで自由や平和の願望として不定形にあったものが、ある程度明確な政治要求に整理されてゆく」（前掲「日本人の自信について」、⑨一八八）と述べて、デモに集う民衆のなかにいるときの感動を語る。さらに、「従来、主権の意識が希薄であったものが、この運動を通して、主権意識がかなりはっきり出てきた。そして、自分たちが主権者の自覚をもって正しく行動をするならば、権力の勝手なふるまいを抑制できるのだという自信が生れた。（中略）言いかえるならば、ここにおいて、日本の歴史上初めて、抵抗権——人民の抵抗の権利が確立されたと思います」（「五・一九前後の大衆運動をどう見るか」一九六〇年七月二四日　思想の科学研究会年次大会、⑨二〇一）とも述べて、ここに彼が求めつづけていた抵抗の精神の発露を見出していた。そしてこのようにもいう。「そこにあらわれた、自由な人間でありたいという意思表示は、天皇制的意識構造を内部からこわす第一歩であり、明治維新革命をやり直すほどの規模のものである。われわれは日本人であることの誇りを、この運動を通して回復した。それによって敗戦の痛手をいやす端緒をつかんだ」（「日本人について」一九六〇年九月二〇日記、⑨二三五）。竹内には、五・一九以後を民主主義を育てる試練の場としたいがために、あえて運動の高揚を高く評価したという側面と、デモに集まる人びとの熱意に心底感動しオプティミスティックになってしまったという側面とがあろう。竹内の一九六〇年の総括は、すこぶる楽観的であった。「一九六一年は、あかるい年である」にはじまり、「この原因は、われわれが日本人民の力に自信をもつことができるようになったからだと思う。われわれは半年前に一度歴史を動かした。主人公らしくふるまった。（中略）こうして徐々にではあるが受け身の姿勢から脱却できるようになったのだと思う。日本の政府がどんなに戦争をやりたがっても、日本の人民にはやらせない、やらせないだけの力がある」と述べている（「一九六一年に望む」一九六〇年一二月三日記、⑨二三六〜二三七）。

『読書人』には、六〇年安保の年から七年目を迎えるまで毎年、竹内の「中間報告」が掲載されている。その「一年目の中間報告」（一九六一年一月二三日）は、「安保体制は強化された」が、「一方にその代償がないわけではな」く、「国民的規模での抵抗の経験をはじめて身につけた」ことであったと記す（⑨二四四）。そして竹内は、久野収の運動の二分類、すなわち「民主主義の腐蝕化を内側から改革しようとする民主主義再建・国民抵抗派の思想コース」と「外側から衝撃しようとする安保闘争派、革命志向派の思想コース」のうち、自らは前者に属するとし、当分は「役割りをもつのは「革命志向派」（これも単純ではない）の方であって、「民主主義派」は舞台へ出ないですむかもしれない。運動の担い手は「市民」でなくて労働者「階級」になるだろう」との観測を示す。「「民主主義派」は舞台の動きをカーテンのかげから見守っているべきであ」り、「私は自分の立場と任務を、一年前の宣言を再確認するだけで十分なように思う」と述べて、「私はネーションを固執したい。ナショナルなものを大事にし、ナショナルなものにつなげて伝統からの投影で未来図を考える仕事をつづけてゆきたい」との意思を再確認するのであった。そうして、「去年の五月から六月にかけて、私は自分が伝統のなかに生きていることを強く感じた。「人民抵抗の精神」とつぶやきながら、おっくうがらずに集会に出かけていった」ことを書き留めている（⑨二四四〜二四六）。

### (3)「不服従の遺産」

一九六〇年初めから翌六一年半ばまでの竹内の著作は、『不服従の遺産』（筑摩書房）と題してまとめられ、刊行された。「まえがき」には、次のように記されている。

記録を残す目的は二つあった。一つは自分のためであり、一つは他人のためである。私個人にとって一九六〇年は記録されるべき年である。私の精神的および肉体的エネルギイが、たといそれがどんなに貧しいものであろうとも、ともかくある極限に近くまで集中的に発揮され、その結果として、自他にある種の変化がおこった。（⑨三）

そして「一九六〇年は戦争におとらぬ民族的体験の宝庫」だという（⑨四）。

同書は、その間の「学術的なものや、随筆や、書評を除いて、これが全部である」（「あとがき」、⑨二六七）が、いうまでもなくその中心を占めるのは、日米安保条約改定反対運動の軌跡である。「私が一つのテーマについて、短い時間に集中してこれだけ文章を書いた経験は、過去になかったし、将来もないだろうと思う。それだけ私にとって、この経験は異常であり、また貴重である。どんなに愚かなものに人から見られようとも」と竹内は記す。そうして、「いったん公表された文章は公器であって、本人でも自由な処分にまかせぬということの思い意味を今度ほど噛みしめたことはない。それが私を行動への怯懦に追い込むのでなくて、むしろ思索の冒険へはげますことを、私が私自身に望みたい」と結んでいる（「まえがき」、⑨六）。竹内は、その記録を公のものとすることで、それを次へのステップとするべく自らを奮い立たせようとしていたのであり、安保改定反対運動は、そうしなければならないほどに、彼にとって大きな「体験」であったといえよう。

『不服従の遺産』に「不服従運動の遺産化のために」と題して収められた論文は、原題を「「安保」一年の私の決算書―不服従の遺産化のために―」（一九六一年四月二一日記）と称して、『婦人公論』一九六一年六月号に発表されたものであった。強行採決から一年の歳月が流れ、その間の運動を振り返るなかで竹内がこだわったのは、「市民」という語であった。竹内いうところの「市民」は、「独立した個人」「自由な個人」と言い換えうるものであり、「意志および責任の主体としての個人であって、その個人は均等であ」り、「個人としての側面を市民とよぶ」（⑨二六六）。その際に、「日本の事情では、独立と均質と連帯の語感をふくんだ個人を意味する語が、市民を通り越して人民に定着するかもしれないが、これはそうなるにしても将来の話であって、今はまだ人民ではおかしい」といい（⑨二六七）、竹内はあくまで「その元は個人としての市民的自由の自覚にあ」ることにこだわり抜いた。そして、一年前の日本の運動を「市民的不服従の運動」と名づけたという「ある外国の雑誌」の話を引き、「いささか生ぬるいようだが、中庸をえた、運動の最大公約数をとらえた見方だと私は思う」と述べて、自らもそう称したという（⑨二六八）。

一九六一年六月六日に書かれた『不服従の遺産』の「あとがき」は、安保闘争以外の運動、事件についても総花的に回顧されているが、なかでも東京大学の学生であった樺美智子の命が、デモの渦中で警官隊と衝突により犠牲になったことは、竹内の心に深く食い入ったであろう。樺の両親のところに届いた「一般投書の中には、ザマミロ式の罵倒がかなりあったそうである。民衆はその血で屠殺者の手を清める、と魯迅はいったが、そういう民衆の実態を知るために、この資料が、いつか、何らかの方法で、利用できる形に整理されることを私は望む」と記している（⑨二九一）。

また一方で竹内は、結社は「設立よりも解散がどんなにむずかしいか」（⑨二九三）を切々と述べ、そのあとに以下のようにいう。

私は、日本国家にも、解散規定を設けることを提唱したい。そうしないと愛国心はおこらない。マルクス主義が魅力をもつ理由の一つは、階級および国家の終滅が予定されているからである。その終末観の濃いものほど私には魅力がある。初期のマルクス、レーニン、そして国家主席をやめた毛沢東である。中国の大同思想は、キリスト教の終末観ほどきびしくはないが、それだけ親しみやすい。しかし、たといそれを借りても、天壌無窮を終末論に転位させられるかどうかは、私にはすこぶる疑問である。一党独裁が手段でなく目的化する日本の現状には、私はかなり悲観的である。（⑨二九四）

竹内が永久革命論であり、また丸山眞男にコスモポリタンであるといわしめる理由はここにも示されている。竹内にとってのナショナリズムは、市民的自由獲得の、そしてドレイからの解放の手段であった。

## (4) 戦争体験と六〇年安保をつなぐ

竹内は、一九六一年末、「私は、もし戦争体験がもう少しキチンと整理できていたら、六〇年はもう少しうまくたたかえたのではないかと思うのである」との反省の弁を述べている(「戦争体験の一般化について」一九六一年一二月、⑧二二五)。そうして自らが経験した戦争の時代のファシズムの経験に照らしながら、「私は当時の事態を兆候としてのファシズムと規定せずにはいられなかったし、その規定について今でもまちがっていたと思っていない。(中略)これはファシズムの定義の問題であるよりも、自由の感覚の質、および反自由に対処する行動原理の問題であるかもしれない」[*73]と述べている(同上、⑧二二六)。だからこそ竹内は、「戦争の時期を空白として、その部分を切り捨てて前後を結びつける歴史観は、思想的には不毛である。そのことは、たとえばマルクス主義陣営の理論の貧困を見てもわかる」(同上、⑧二二八)と述べて、戦争体験に正面から向きあうことなくすり抜けてしまうことに警鐘を鳴らした。前述の一九五〇年代末からの「近代の超克」論をはじめとする仕事も、そうした問題意識と結びついていたことはいうまでもないが、戦争体験を個別のものではない、思想としての「共通体験」にしようとの意識は、六〇年の体験をくぐることによって、よりいっそう確固たるものとなったのであった。竹内は次のように述べる。

国体論とは、国家を被造物としてでなしに、所与として自然として受け取る思想および心的傾向といってもいいだろう。そのような思想は戦争を経過しても大筋は動かなかった。それが動いたとすれば六〇年の体験が、微弱ではあるが動かす兆候を示したのである。(中略)体験に埋没している体験は、真の体験ではない。それを自然主義的方法で体験化することはできない。(中略)少くとも六〇年の共通体験を経過するまではそうだった。(同上、⑧二三〇)

竹内は、「戦争体験の一般化」のために「戦争体験を戦後体験に重ねあわせるという処理方法は、かなりの有効性を発揮したと思うが、今ではもう一歩進んで、もっと限定的に方法の問題を考えるべき時期に来ているのではないか」といい、それこそが「六〇年の共通体験」だというわけである。「これを戦争体験の結実として見て、ここから逆に戦争体験へさかのぼる方法が可能ではないかと思う。可能であるばかりでなく、必要ではないかと思う」という（同上、⑧二三一）。「六〇年の体験は、本来は戦争中にあるべきものが、十五年おくれて発生したと考えてもいいのである。あれはファシズムと戦争の時期におこる抵抗の型であった」（同上、⑧二三二）。竹内は、同じころに行った日高六郎との対談のなかでも、「あの抵抗運動というものは、本来は戦争中にあるべきであったし、あったほうがよかった。われわれは戦後十五年おくれて持ったんだけども、しかしなぜあの運動がおこったかというもとをさぐっていくと、どうしても国民的な戦争体験というものが地盤になっていると考えざるをえない」と語っている（前掲「二年目の六〇年安保」、『状況的』一〇四）。

それから約三年後、竹内は、「「戦争体験」雑感」と題する文章を『思想の科学』（一九六四年八月）に寄せ、先の自分の提案は、「安田武たち少数の人が意味を認めてくれたが、その後目立った動きはなかった」と記している（⑧二三三）。たしかに、大衆が戦時期と一九六〇年を重ね合わせて考えることは、さほど容易ではなかったかもしれない。しかし、安保闘争の体験と戦争体験とを切り結ぶことの重要性は、当時から日高六郎も指摘しており、日高は、「学者の市民的自覚の問題は、とくに日本の学者・研究者のばあい、戦争体験と切りはなせない。民主主義を擁護するというとき、あるいは安保改定に反対するというとき、それは、一九三一年から四五年にいたる一五年戦争（中略）が日本国民にとって、また平和と独立を願っていたアジアの諸国民にとってなにを意味したかという反省と切りはなせない」と述べる。竹内と鶴見俊輔が「憲法をじゅうりんする岸内閣のもとでは、公務員としての責任をはたすことができないという理由」で大学を辞職したことについても、日高は、「その決心の根には、学者・知識人の戦争責任の問題がひそんでいた」と評価していた。[*74]

しかし、安保闘争の体験を戦争体験とつなぐことの大切さは周囲には十分には理解されなかったと受けとめた竹内は、「わたしは、もう自分でやるだけの能力はないが、協力はしたい」とことわりながら、やや焦点をずらして、教師の戦争体験を発掘することの重要性を語る。とはいえ、「民主主義の官僚が信用しがたいように、民主主義の教師も信用しがたい」のであり、したがって「みずから敵であったことを認めた教師を発掘しなければならない」。竹内が求めているのは、「八月十五日を境にして教壇を去った教師のゆくえをさがして、記録をとるという仕事」であった。竹内はこのように述べる。「政治にはほとんど望みがない。政治家には期待がかけられない。とすれば、教育に期待するより仕方ないではないか。そしてわたしの考える教育は、教師がその全部である」（⑧二三四）。竹内が、教育に関心を寄せ、日教組とも関わっていった背後には、そうした期待が込められていたのである。

### (5)「未曾有の変革」の可能性を求めて──明治維新の「再吟味」へ──

竹内は、安保闘争のあと、日本近代史を「書き直す」意思を再三にわたりさまざまな場で表明している。たとえば、「私は学問研究をやりたい。テーマは十五年前に決っているので、近代史の再検討といったものである。日中の関係を軸にして、近代史を書き直す作業のメドをつけたい」（「近況報告─雑感　二─」一九六〇年一二月九日記、⑨二三九）といったように。

彼は、一九六〇年末にも、安保闘争を振り返り自らが「予測に失敗した」ことについてそれは「うれしい失敗」だったといい、「自分が伝統のなかに生きていることを強く感じた」という。ただし、「私は非力であった。あのときほど自分の非力を残念に思ったことはない。ことに、維新史の知識のないのが致命的な弱点の気がした。ふだんの心がけの足りなさにホゾを噛む思いの連続だった」（前掲「一年目の中間報告」、⑨二四六～二四七）と回顧しており、現実の問題と向きあうなかで、たえず革命の可能性を日本近代史の伝統のなかに探りたいという思いがあったことをうかがわせる。そして一九五九年のキューバ革命の成功にもふれ、それに「類例がないというのは、西欧型ではないという意味に解すべきだろう」といい、カストロの哲学および軍事方式、毛沢東の中国革命、そして日本の明治維新も、「ナショナルなものを中核」にしているために、非西欧型で「類例がない」という点で共通しているが、「ただ明治維新は、革命としては失敗したから、そこから革命の理想像を抽出するのが困難になっただけではないか。しかし、われわれは去年の経験で、その手がかりをつかんだように思う」と述べて、安保闘争に「革命の伝統」の現時点での到達点をみることができたことの満足感を吐露している（同上、⑨二四七）。

このように常に世界の動向をも見つめながら革命の伝統を掘り起こそうしていた竹内が、来る一九六七年に明治維新百年祭を記念する催しを行おうと考えるにいたった直接のきっかけは、一九五九年秋の、折から来日していたソ連の歴史家トペハとの出会いであった。「明治維新の評価が、日本のマルクス主義歴史学界よりもかなり高いことが、トペハ氏[*75]を通じて改めて知らされた。明治維新百年を記念するカンパニアがあった方がいいのではないかという思いつきは、このときの懇談からヒントを得ている」と竹内は語る（「明治維新百年祭・感想と提案」一九六一年一一月、⑧二三七）。竹内が「明治維新百年祭」という言い方をしたのは『週刊読書人』一九六〇年正月号紙上であったという（「「明治維新ブーム」に思う」一九六五年五月、⑧二四二）（→明治維新再評価については、第二部第一章を参照）。

竹内は、桑原武夫による明治維新再評価の提唱にはじまり、歴史学分野での明治維新史研究にも言及しながら、「左右の論理が硬直、あるいは腐敗におちいった後で、思想的生産性をとりもどそうとする試み」が続けられ個別的成果をあげていることを認めた上で、「これらの諸勢力の間に設定する共通課題としては、明治維新の再吟味が最適切、最有効なのではないか」といい、自らの見解を次のように表明する。

断わっておくが、私は、明治維新はその結果である明治国家よりも大きいと考える。明治維新は「未曾有の変革」を意図し、また実現したものであるが、明治国家は一つの選択にしか過ぎず、もっと多様な可能性をはらんでいたと考える。その可能性の探究を通して、日本国家そのものを対象化できるし、従って未来のヴィジョン形成が可能になると考える。単なる歴史学の領域で明治維新を問題にしているのではない。だから百年祭というカンパニアが必要になるのだ。（傍点――引用者、前掲「明治維新百年祭・感想と提案」、⑧二三八）

竹内は、「私は次第に、明治ナショナリズムは「国家あってネーションなし」、つまりネーション形成失敗例と考えるようになった。したがって維新にさかのぼっての可能性の探究に目が向くようになったのは私にとって自然だった」（「明治維新ブーム」に思う」一九六五年五月、⑧二四三）と述べているように、福沢諭吉の言葉も引用し福沢にも接近しつつ、既存の国家とは異なるもう一つの近代を探ろうとする営みのなかで、明治維新の「再吟味」に逢着したのであった。それゆえ、「私としては、「近代の超克」「日本とアジア」「アジア主義の展望」などで、ぼつぼつ自分なりに地固めをやっているわけだ」（同上、⑧二四三）というとおり、彼にとっての明治維新の「再吟味」は、「近代の超克」論や「アジア主義」の探究と一連のものとしてあった。しかしながら、「私の意図とまったく無縁の「明治百年」ノッペラボー肯定の風潮」、すなわち明治百年を祝う企てが政府はじめさまざまなところから進められ、「提案は押し流されてしまった」のであった（前掲「「明治維新ブーム」に思う」、⑧二四三）。

一九六一年末に、『思想の科学』の発刊元であった中央公論社が、一九六二年一月「天皇制特集号」を断裁破棄処分にするという事件がおこった。竹内はこれに中心的に関与し、彼の発言によって中央公論社との関係を円満に絶つことが決まったが、その後、中央公論社が、破棄された雑誌を公安当局者に見せるという展開にいたった。この事件について竹内が書いたものに、「思想団体の原理と責任」（『週刊読書人』一九六二年九月三日、⑨）、「ある抗議の顚末―私と中央公論社との関係―」（『みすず』一九六七年六月、⑨）などがあり、前者の論文は、「今後、原稿を勝手に公機関の手に渡さぬという保障が得られるまでは、いかなる種類の原稿の注文にも応じぬつもりである」（⑨四六五）という中央公論社との絶縁宣言を含むものであった（前掲「ある抗議の顚末」、⑨四七九）。竹内のこのときの憤りを、日高六郎は、「中央公論社が、断裁した「天皇制特集号」を公安関係者に見せたということがわかった時、竹内さんは決定的に憤慨した。その時の竹内さんの語気は今でも忘れられない」（前掲「二年目の六〇年安保」、『状況的』一〇〇）と伝えている。[*76]

竹内にとってこの事件は、「思想運動の団体」のあり方を問い直す契機ともなった。竹内によれば、「天皇制特集」の寄稿者に「イデオロギイ上の右も左もふくまれている」のは、思想の科学研究会の原理に則ったものであり、「カモフラージュ」や「編集上のテクニク」ではなかった。ところがそれを理解せず「左よりの言論だけが活発になることが、言論の自由の拡大だと思っている」「カッコづき進歩主義」の人たちが存在しており、こうした「既成の論壇に寄食しているか、天皇制的組織原理にいかれて、思想の根としての民衆を忘れている」人たちと対決することこそが、特集の眼目のひとつであったはずだと竹内はいう（前掲「思想団体の原理と責任」、⑨四六二）。竹内は、思想の科学研究会は、多事争論を前提とする組織原理に加えて、「思想の根としての民衆」に立脚し、「未発の民衆の思想を汲みあげることを思想主体形成の必須の条件としている」がゆえに、「げんに存在する自由を消極的に守るというだけにおわらない。むしろ逆に、現実を言論および表現の自由の拘束状態としてとらえることから出発する。言いかえると、与えられたものを認めない」（同上、⑨四六二）という方針を貫くことを改めて提示している。言論・表現の自由は民主主義の根幹として最重要であるだけに、たえず「自由」であることに安住せず、問い直しを続けていくことの必要を説いたものであり、この一件は、このように竹内にとって、思想・言論のあり方を根底から問い直し、再確認する契機ともなったといえよう。

## 5　闘いのあと――「民族再生」の希求――

### (1)「中国を知るために」／日本を知るために

一九六〇年代になって顕在化しはじめた中ソ論争についても、竹内は、彼ならではの受けとめ方で、「この問題は、コミュニズム世界の内部対立というだけにとどまらず、もっと広く、かつ深く、いわば人類の歴史に関係してくる」との認識の上に、「この論争の核心にあるものは、イデオロギイの不一致、または当面の政策の対立を越えて、文明観の問題につながっている」ものであり、他人ごとではない「日本人全体」の問題として関心を向けることを促した（「中ソ論争と日本の道」一九六三年一月二六日、⑪二四九）。

竹内は、ソ連を「持てる国」、中国を「持たざる国」とみなし、その立場の相違が中ソ論争の根元にあるとみていた。すなわち、「現状が平和であると考え、その平和な現状を維持することを最大の目標とするソ連の態度と、現状を絶えず平和の侵されている状態と考え、真の平和のために、現状の変更を善とする中共の態度」という「根本的な不一致」を生み、さらにそれが「革命のヴィジョンの不一致につながる」とする（「中ソ論争と日本の道」、⑪二五一）。竹内は、ソ連に対しては、「国家利益がそのまま世界の圧迫されている階級や民族の利益と合致する条件は失われたにもかかわらず、その条件変更を認めまいとする心理習性が残っている」（同上、⑪二五二）として厳しい目を注ぐのに対して、中国には、不断の革命に邁進する姿を見いだしていた。その中国が「アメリカから戦争を仕かけられていると考えている」ことには「無理からぬ事実の裏づけがある」のであり、中国の考え方を変えたいのであれば、「日本人として世界の平和に寄与する道があ」り（同上、⑪二五三）、アメリカに荷担することになる日米安保を廃止することであるというのが、中ソ論争に関わって竹内の言わんとすることであった。

一九六三年二月、「中国の会」が雑誌『中国』を発刊することとなり、創刊号は叢書『中国新書』の別冊付録として普通社から刊行された（「一　『中国』の成り立ち」一九六三年二月、⑩、及び⑰三一五）。数年前から仲間が集ってやっていた「ごく小規模な研究会」を「中国の会」と称して[*77]、竹内、橋川文三、尾崎秀樹の三人が編集を担当、飯倉照平がそれを手伝うこととなったのであった（前掲「一　『中国』の成り立ち」、⑩七）[*78]。

そこに竹内の「中国を知るために」が連載されることとなり、その題の命名に関わって、竹内は以下のように述べる。「外国文学の研究者は、理想をいえば、その国の万般の事情に通じていなければいけない。とくに民衆の生活に通じていなければいけない」が、なかなかそうはいかず、とりわけ「中国人の生活についての日本人の知識は、おどろくほど貧弱であ」り、「専門の研究者さえ、民衆の生活を表象できない弱点を免れていない」。そうした状況にあって、「知らないことを自覚することが「知るために」何よりも必要である」と（同上、⑩八～九、及び一一）。竹内は、それ以前からもたえず、先入観を排して「中国を知ろう」とすることの大切さを訴え続けてきており（「中国の現状と日華関係」一九五二年二月、⑪一七九、「ふたたび日中問題について―私的な感想―」一九六四年三月、⑪、など）、「中国を知る」ことは中国の民衆の生活を知ることにほかならず、思想は民衆の生活に根ざさねばならないとする考え方がここにも貫徹している。竹内はまた、「中国を知らないということは、日本を知らないということと、かなりの分量で重なるだろうと思う」とも述べており（同上、⑩一二）、竹内の中国へのまなざしが、常に日本社会の鏡としてあったことを示している。

『中国』の刊行から三年後、竹内は、当時を振り返って、「このころになると、つくづく言論の弱さと、自分の無力さを思い知るようになって、筆が重くなった。もう国交回復も半分以上あきらめた。そして歴史を掘りおこす作業に主力を傾け、その方針で小冊子『中国』を編集してきた」と語っている（「解題」『竹内好評論集』第一巻、一九六六年六月、四二〇頁、⑪四一八～四一九）。同じころ竹内は、「中国と国交を回復せよ。平和条約を結べ」という「中国問題の核心であり、全部」であり「私の年来の持論」である「その常識が通用しない」という傾向が、安保以来顕著になったことを嘆いており（「中国問題についての私的な感想―あて名のない手紙―」一九六三年六月、⑪二六〇〜二六一）、人びとの認識を変えることの困難性を前に、悲観的になりつつある様がみてとれる。

そのようなかで続けられた「中国を知るために」の連載では、何度かにわたり、「支那」「中国」「中共」という呼称の問題がとりあげられており、そうした竹内の呼称への執心は、いうまでもなく対象に対する認識と不可分であった。そしてそれは、後述するように、被差別部落にたいする「特殊部落」という差別的呼称などの問題ともつなげて考えられていた。竹内の問いは、「中国へゆく日本人の旅行者に、窓口になる日本人が、シナといってはいけないと注意を与える。これも考えてみればおかしなことだが、当事者にしてみれば、やむをえない苦肉の策なのかもしれぬ」というところから始まる（「十一　幽霊の説」一九六四年一〇月、⑩五四）。竹内は、「支那」を「中国」に、「誤れるを誤れりとし、反省すべきを反省して変えたのではないことが禍根を残した」（「十二　支那から中共へ」一九六四年一一月、⑩五七頁）という。それは「特殊部落」は差別語だと頭ごなしに教え込まれ、それならば「部落」は使ってもいいのか否かと右往左往し、ときには〝うっかり〟「特殊部落」を用いてしまったなどといった部落問題をとりまく事態と相通ずる。竹内は、「中国人が日本語の「支那」に反感をもつようになったのは、ずっと早くからである[*79]にもかかわらず、「その底に無意識の軽侮があった」ために「日本の政府も、新聞も、いや、中国研究の専門家さえも、その相手の感情を無視しつづけてきた」と述べる（同上）。そして、「支那」から「中国」、当該時期には「中共」が用いられることが多くなったが、かつての「支那」がもっていた侮蔑にかえて、「「中共」は恐怖感を伴っている」ことも指摘している（同上、⑩六一）。

さらに竹内は、「中国の会」例会で、中国に対して「自分には侮辱感がない、と断言する若い人がいた」ことをとりあげ、「ああ、幸福な人だ、と私はききながら思った。侮辱が問題になるのは、主観の意図においてではなくて、受け取り手の反応においてなのだ。しかも、その反応を測定することは、きわめて困難だ」と記している（「十七　犬養さんと吉川さん」一九六五年五月、⑩九五）。そうして次のように述べる。

自分には侮辱する意志はない、と言ってみたってはじまらない。それを感じるのは相手だから。それなら相手に向って、あなたは侮辱を感じますか、と問うことはできるか。それはできる。しかし、そのとき正直に答えられるものなら、すでに最大の屈辱感の持ち主ではないだろう。ここのところがむずかしい。そのむずかしさが、日本人の中国認識の失敗にかなり関係していると思う。自分は侮辱の意志はない、という弁解は、「中国を敵視しておりません」という日本の首相の議会答弁に似ている。相手は事実をあげて「敵視」だと言う。こちらは事実には触れないで、主観の意図だけで答える手口が似ている。（中略）私の言いたいのは、傷つけるか傷つけないかの事実判断ではない。傷つけるのではないか、という惻隠の情があれば、そういうことは口に出せないはずだ、という点だ。そしてこの惻隠の情なしには対人関係において、正確な認識は得られぬのではないか、という点だ。

（「十八　名を正さんかな」一九六五年六月、⑩九六～九七）

竹内は、「このことは中国についてでなく、もっと身近かなところで考えた方がよいかもしれない。そして類推を中国へ及ぼすのがよい」として、「在日朝鮮人の問題や、部落問題」をあげ、部落問題について、谷川雁が「たまま「特殊部落」という語を筆にした」のを「解放運動の人が非難して」谷川との間に論争が起こったという一件をとりあげる。竹内のみるところ、谷川は「主観的には善意だった」が「非難されると強引に居直」り、「問題は名称ではなくて、差別の存在そのものにあるのだ」という論法をとったといい（同上、⑩九九～一〇〇）、それについてこのようにいう。

「エタ」が「新平民」に変り「水平社」に変り「特殊部落」に変り「未解放部落」に変ったが、部落差別の実態は変らなかった。これは事実である。この事実を認めた上で、しかし、名称の変遷の裏には無限の苦闘と無限の涙があることを認めねばなるまい。私は、谷川さんの主張と、同和教育の立場から谷川さんの発言をとがめた人（たしか東条高志さんだった）の主張とが、立場が逆になるのが望ましいと思う。解放運動は物に固執し、外にいる人間は名に固執するのがよい。つまり、双方に惻隠の情があったほうがよい。（同上、⑩一〇〇）

竹内は、こののちにも「特殊部落」の使用が引きおこした差別問題にとり組むが、彼にとって、部落問題や在日朝鮮人の問題を「知る」ことは「中国を知る」ことと相即であり、どちらが手段で目的というのでもなかった。竹内は、「名」だけにこだわることと「名」を軽視することは問題を「知らない」ことの裏表であることを熟知しているがゆえに、丁寧すぎるまでに説得を重ねるのであった。また竹内の被抑圧者・被差別者への関心は、「民族」問題にも接続し、ひいては「日本」という国民国家への問いにもつながっていった。

日本ははたして単一民族国家なのか。在日朝鮮人を少数民族と考えることはできないのか。もしそれが可能なら、〈日本語〉という言い方にも、広義と狭義の二つが当然あるべきだ。今ではほとんど死語になってしまったので、例に出すのはまずいが、アイヌ語と区別する意味で日本語を何とかよぶ言い方なり使い方なりが過去にあったろうか。あったなら教わりたい。もしあればそれが中国における〈漢語〉と同列だと考えていいだろう。北ではアイヌ語、南では琉球方言、それに朝鮮語、この三者と狭義の日本語の関係はどうなっているのだろう。そんなことを考えてみるのも、民族問題の理解に役立つかもしれない、いや、「中国を知るために」役立つにちがいない。（「二十六　個と人」一九六六年四月、⑩一三七）

ややのちのことになるが、竹内はまた、「中国人には日本文の書ける人がいるが、日本人には、中国文の書ける人がいない、ということは、「中国を知るために」考えに入れておいていい前提の一つである」（「十九　日本文の名手」一九六五年七月、⑩一〇四）述べて、日本と中国の非対称性を問うた。その根底には、その国の言葉で文章が書けることは「生活感情」の理解と不可分であるとの認識があった（同上、⑩一〇三）。竹内は、「どの民族の文化にせよ、言語の門をくぐることなしに感性的に理解することは不可能だ」（「六十三　漢文をどうするか（続）」一九六九年八月、⑩三四五）とも述べている。

## (2) 「転形期」から「亡国」へ――評論からの撤退――

竹内が『中国』を発刊して「中国を知るために」の連載をはじめた時期は、自ら「転形期」と称した期間と重なる。「転形期」は、一九六二年四月から六四年三月までの日記にそう命名して刊行されたものである（「解題」、⑯五二七）。竹内はまた、六〇年安保を前に『週刊読書人』に「六〇年代の課題と私の希望」（一九六〇年二月一五日号）を書いたのをきっかけに、その後も継続してそれへの寄稿を求められることとなった。一九六一年の「一年目の報告」（のちに「六〇年代・一年目の報告」と解題して『不服従の遺産』に収録）に始まって「七年目の報告」まで、年頭に前年の総括が記されており、それらからも当該時期の竹内の心情をうかがい知ることができる。竹内はその「報告」について、「私が自分に課した「ネーション」への固執という役割りが、どの程度に実現されたか、またされなかったか、自分の周辺をかえりみる、というのが基調のスタイルになった。つねの論壇時評のように対象に密着しないこの書きぶりは、そのアイマイさが私の気に入っている」と述べている（「六〇年代・二年目の報告」一九六二年一月一五日、⑨三三五）。

「転形期」と称した一九六二年以後の竹内の状況認識は、けっして明るいものではなかった。「明治維新百年祭」については、六三年当初は、まだいくらかの希望をもってそれに臨んでいたが（「六〇年代・三年目の中間報告」一九六三年一月一四日、⑨三五九、および三六一）、他方で、言論の自由が保障されていないとの状況認識にいたったことも、竹内の気持ちにしだいに陰りをもたらした。彼は六一年を振り返り、「二月に嶋中事件があり、つづいてサド裁判[*80]がはじまり、プライバシー問題があり、松川判決があり、そして年末に『思想の科学』事件（本章第4節を参照――引用者）がおこった」ことに触れながら、「言論の自由が実体としてあると考えるのは、マスコミの寵児たちのエゴイズムである。（中略）私自身が、去年は、ある新聞とある放送局とある作家から中傷されたが、これは彼らにとっての言論の自由が、私にとっての言論の不自由となった例である」と述べている（「六〇年代・二年目の中間報告」一九六二年一月一五日、⑨三三七）。ここで言及されている嶋中事件とは、『中央公論』一九六〇年一二月号に掲載された深沢七郎の小説『風流夢譚』をめぐり、皇室に対する冒瀆であり人権侵害であるとして右翼団体から抗議がなされていた折、大日本愛国党の少年が同社社長嶋中鵬二宅に侵入し、社長の妻に重傷を負わせ、家事手伝いの女性を刺殺した事件であり、[*81] 竹内がとくに強調しているのは、次の点であった。

> 必要なのは、テロを絶滅することではなく、テロを局地化し、孤立化し、内部解体させることである。（中略）言論が自由なら、テロはおこらないか、おこっても合目的なテロである。テロは言論への挑戦だが、言論が沈黙することが逆にテロをテロとして成立させる。そして言論の自由は「不断の努力」目標である。言論の自由が現にあり、それがテロによって抑圧された、とする考え方は、所与としての自由が前提になっていて、倒錯である。（「恐怖からの自由」一九六一年三月、⑨二五九）

先にみた中央公論社の一件のときと同様、言論を真に自由ならしめるためには不断の努力が必要であるという、まさに永久革命としての民主主義という考え方に立っていたことがみてとれる。そしてまた竹内は、政府に批判的な立場を絶対視するのではなく、浮上してきた憲法改正問題に触れて、「この問題は、イデオロギイ戦線とはそのままは重なり合わない。言論の抑圧は、左右どちらにもある。そして言論の自由を原理的に再確認する役割をもつリベラルの勢力は、去年の実績だけ見ても、日本では非常に弱いのだ」と述べて立場の絶対化に警告を発し、併せて「報道の自由」が実現していない問題にも言及している（傍点――引用者）（「六〇年代・二年目の中間報告」、⑨三三八）。

二年後の「六〇年代・四年目の中間報告」（一九六四年一月六日）では、論壇・文壇ともに、「オピニオン・リーダーという機能は急速に失われつつある」といい、「問題がないための天下泰平ではな」く、「問題は山積しているが、それを汲みあげるポンプがおかしくなっている。そのため天下泰平の外観を呈しているに過ぎない」（⑨三六三）との悲観的観測が示された。その例としてあげられているのが前述の中ソ論争で、「論壇は一時活気を呈したかに見えた」が「収穫らしいものが何もない」、「問題の所在をはっきりさせる上にも大して役に立たなかった」、「何よりもいけないのは、コミュニズム内部で論争らしい論争が一つもなかったこと」であり、「上の行なうところ下これにならう道理で、反党派も構改派も、群小新左翼も、みなセクト内部で遠吠えをやっているだけで、本営に斬り込む元気はないらしい。まことに天下泰平だ」と憤りを隠さない。「腐蝕は、あらゆる部門にわたって、深く深く潜航しているらしい」という閉塞感が竹内をとらえていくのであった（⑨三六四）。

竹内は、当該時期においても、日本共産党に対して厳しい批判を浴びせていた。日本の共産党はコミンテルンの遺産を受けつぐと同時に、「それ以上に、日本独自の遺産である天皇制的構造によって浸透されている。天皇制に真っ向から対立したのが共産党だったが、そのことによって共産党そのものが天皇制的に変形を蒙った。正統性と歴史の古さにものを言わそうとする組織原則、および心的傾向において、日共はロシアや中国の共産党以上かもしれない」（「四十周年の日本共産党」一九六二年七月、⑥二九二〜二九三）と。それは一方で、やはり日本共産党への期待と表裏一体であったろう。竹内は、「分派が絶えず粛正され、そして絶えず再生産される」「天皇制の伝統」を破壊するものを、「伝統に則して内部からつくり出すこと、裏からいえば、異端を排除しない前向きの正当性をつくり出すことが、私が日本の共産主義者に望みたいことである。それができないと、日共は永久に議会における少数党にとどまるだろう」（同上、⑥二九三）と述べている。竹内にとっても「正統と異端」の問題は、日本社会の変革と切り離せないテーマであったといえよう。[*82] ちなみに竹内自身は、「私は政治的には無党派、立場は、自分ではリベラルと思っている」（「一九七〇年は目標か」一九六四年一〇月、⑨三六九）と公言している。

竹内の、「六一年の一月、安保の次に来るものは国民的規模の経済闘争かもしれない、という予測」は、高度経済成長の進行のもと、もののみごとに裏切られ、「三年目にようやく、経済成長政策が労働者意識をむしばむ度合いの深さに眼を開いた」と述べなければならなかった（「一九七〇年は目標か」、⑨三七五）。そして、「この変化は部分的なものでなくて、全体的なものであり、構造的なものである。ということは、もしそれが完成すれば、明治から百年つづいた日本社会の基礎構造（家族＝村の原理）が破壊され、旧憲法および旧民法的な秩序や価値観（醇風美俗や滅私奉公）が最終的に根拠を奪われ、それに代って個人主義が、裏付けをもって優位するということだ。こうしてできあがった未来社会は、大軍需産業を欠くこと、および農業が完全には資本主義化しないことの二点を除いて、アメリカ型社会のミニュアチュールになる」（同上、⑨三七七）といい、さらにはそうなってもそれは外見だけであり、「社会構成の原理は古い日本型が踏襲されるだろう」との悲観的な展望に立たざるをえなかった（同上、⑨三八二）。

竹内は、一九六六年六月に、「私は一年前に思うところあって、評論の筆を絶った。新しい発言はしないことに決めた」（「学者の責任について」一九六六年六月、⑧二四七）と記しており、それに拠るならば、すでに一九六五年段階で評論からの撤退の意を固めていたことになる。一九六五年一月の「六〇年代・五年目の中間報告」（一九六五年一月一一日）では、「私は、書くごとに、ますます重荷を感ずるようになった」といい（⑨三八九）、また「私の内部にかねて隠退への渇望が潜在していて、それが年ごとに強まる」とも述べている（⑨三九〇）。「新規事業は一切はじめない」が、「批評や雑文の筆もなるべく押えたい」（傍点――引用者、⑨三九〇～三九一）という程度にとどまってはいた。しかし、そこには、「復古調の進行」（⑨三九一）といった指摘や、「平和運動の分裂は固定化し、また共産党は筋の通らぬ分裂さわぎをおこした。腐蝕はまだまだ底をつかぬらしい。政変と経済不況にもかかわらず、天下泰平も変るまい。されば私は、当分は安穏に山ごもりができるであろう。ああ、天下泰平なるかな、泰平なるかな」（⑨三九四）といったすべてを擲ったかのような記述が登場し、撤退に向けて着々と準備が進められていたことがみてとれる。

そのなかにあって、竹内がいささかの希望をつないでいたのが、「明治国家を生み出した源泉をさぐること、言いかえると、明治国家を対象化できる方法を発見すること」、すなわち「維新百年を記念する」ことであった（⑨三九二）。竹内は、「明治維新と中国革命とは、一面連続、一面断絶の関係にあるので、もしその連続面を取り出して理論化がなされるなら、植民地革命の一般理論をつくることも夢ではないかもしれない」（⑨三九三〜三九四）との希望をつないでいた。竹内がくり返し述べてきた「戦争の二重性格」の一面である、欧米から「侵略」される可能性を内包していた日本としての「共感」が、現代中国への「理解」につながる可能性があり、それを明治維新のもっていた未完の革命のなかに見いだそうとするものである。しかしその道のりも険しく、その希望もやがて絶たれていく。

一九六六年の「六〇年代・六年目の中間報告」（一月二四日）では、「外の世界は、外見上、騒然たるものがあった」として、ヴェトナム戦争、日韓条約、不況の進行、中国の二回目の原爆実験、インドネシアの政変、AA会議の流産、などの「事件」をあげ、「そのどれも、内の世界にひびいてこないことにおいて、私にとって、無とはいえぬまでも、空しいものだった」（⑨四一〇）と記している。そのようななかにあって、「新しさが記憶に残るもの」としてあげるのが、「教科書検定についての家永三郎氏の提訴」であった。それの「行為の様式が、新しいばかりでなく、美しい」という。竹内が注目するのは、家永が集団の力を借りずに個人での訴訟という挙に出たことであった。竹内は、「集団による示威では、国家権力の不当な介入を阻止することができない、ということは日教組によって証明ずみである。そこに家永氏の単独行動の決意がうまれたと思う」と称賛する。「ところが結果は逆になった」といい、竹内はむしろ、「全国組織の守る会がつくられ、それは当然に対抗組織を生み出した」ことを憂えた（⑨四一一）。家永訴訟を支援する運動が起こったことに対しての当座の竹内の評価はさておき、多くの歴史学研究者が教科書検定の不当性に憤りながらも、今まで誰ひとりとして立ち上がるということをしなかったなかで、リベラリスト家永が単独行動に出たことに着目したのは、「ひとり」に依拠する竹内ならではの評価であったといえよう。

竹内はこのようにも述べる。「病床にあって（後述――引用者）、ふと思うことがあった。自分はいったい、大正時代に生きているのか、それとも明治時代に生きているのか、と。議会制民主主義の名のもとに進行しているのは、じつは藩閥の少数支配ではないのか」（⑨四一二）。さらに年末には、連載中の「中国を知るために」のなかで次のように述べる。

私はちかごろ、どういうわけか、気がめいってならない。大げさに言うと、天地がひっくり返る幻想があって、立ちくらみするみたいなのである。たぶん肉体の条件からくるので、異状は私のほうにあり、実際に天地がひっくり返るわけではなかろう。そう理性が説得してくれるけれども、しかし、もの悲しさはいかんともしがたい。ここでこんな告白をするのは、はずかしいことだ。たとい筆のいきおいとはいえ。今では私の生きがいは、ほとんどこの『中国』の経営にかかっている。これも表現の誇張は免れていないが、誇張を割り引いても、それに近い。ということは、ほかにやることがなくなった、という意味だ。（「二十七　杞憂」一九六六年一二月、⑩一七三）

その前年、竹内が、もはや「新規事業」には手を出さず、自らがこれまでやってきた仕事の「守勢と成熟を志そう、と決めた」（「自画像」一九六五年五月、⑬一五五）として、「過去への訣別」を果たすべくあげた計画が、⑴魯迅の個人訳の完成、⑵「魯迅友の会」の維持、⑶「中国の会」の経営を軌道に乗せること、⑷新聞発刊の準備、⑸『中国の思想』の監修、⑹「翻訳というノルマの作業の過程で蓄積をつくること」、の六つであった（同上、⑬一五六）。竹内は、このようにして「転形期」を経て評論から撤退していくのであり、その背後から忍び寄る「亡国」という認識にとらえられていった。竹内をしてそのような心情に至らしめた要因として、おおよそ次の四点が考えられよう。

一つには、彼にとって一〇年ぶりという大病（「六〇年代・六年目の中間報告」、⑨四〇八）を患ったという身体的事情であり、乾性肋膜、肺炎のため、一九六五年九月二〇日から一〇月末まで入院し、一時危険状態にも陥ったほどであった（「年譜」、⑰三一八）。竹内は、闘病を振り返り、このように心境を語る。「どうやら壮年は過ぎつつあるらしい。次に迎えるのは、老年への一歩また一歩であろう。私は若いころから、人には老成と見られてきただけに、精神的にはこのことは苦痛でない。前途を見定めて行動する自信がある。いや、自信があった。だが病気してみて、いくらかこの自信がゆらいだのは、私にとって一事件だった」（「六〇年代・六年目の中間報告」、⑨四〇九）。そして、「病気なり交通事故なり、またはそのほかの不測の運命なりが個人をおそうとき、それに対処できる用意は、不断にやしなっておかねばならぬのだろう」（同上、⑨四〇九）という思いを抱くにいたったことが、彼をして筑摩書房から刊行される自選評論集を編むことに向かわせたと思われ、病後まもない同年一二月、竹内はその編集にとりかかった（「年譜」、⑰三一八）。竹内は、「戦後二十年たち、私も自分の仕事に一段落つけたかった際なので、この案を承諾した」、「ともかく私はこれで、肩の重荷を一つおろした感じである。身軽になったところで本業にはげみたい」（傍点——引用者）と記している（「『竹内好評論集』刊行のいきさつ」一九六六年六月、⑬三六五〜三六六）。『竹内好評論集』は、第一巻「新編現代中国論」（一九六六年六月）、第二巻「新編日本イデオロギイ」（同年五月）、第三巻「日本とアジア」（同年四月）として刊行された。

なお、竹内が「好機逸すべからず。今のうちに懸案の整理事業に目鼻をつけよう」と、評論集刊行に向けての方針を立てたところに、企画が持ち込まれて刊行されることになったのが、立間洋介編著『竹内好著作ノート』（図書新聞社、一九六五年五月）である。竹内と立間は直接の師弟関係にはなく、立間洋介は岡崎俊夫と親しかった。中国文学専攻者たちの間で『北斗』という小集団がつくられていた時期があったが、岡崎の死と共に自然消滅となってしまい、そこに属していたことのある立間に、著作整理のために「出馬を懇請した」というわけである。それにもう一人、竹内の『評論集』の編集担当となった筑摩書房の松下裕も、竹内の「家の書庫のほこりを浴びるいやな役目を、いやな顔を見せずにやってくれた」という（「序説」『竹内好著作ノート』、「自画像」と解題して『転形期』に収録、⑬一五一）。完成をみた『著作ノート』の「序説」には、書庫の整理からカード作製まで、約半年間、立間がその作業に力を尽くした様子が語られている（同上、⑬一五二）。やはりここでも竹内は、「自分として言うべきことは、すでに言いつくして、この上に加えるものはない、というと言い過ぎになるが、それに近い気持ちである、もっとも、天が下に新しいものはないので、私の発言も結局は先入観のくり返しに過ぎないのだろうが。だから、こういう本をまとめてもらえるのは、いわば決算報告のようなもので、私としてはありがたい。自分の発言の尻ぬぐいをこれからやっていく上に、手引きになる」という思いを書き留めている（同上、⑬一五四）。

二つ目に、中国の現実が、竹内が日本とは異なる別の理想像として提示した中国文化のモデルと乖離していることを認めざるをえなかったことである。鶴見俊輔を司会に立てての小田実との対談のなかで、竹内が提示してきたことは「今の中国の現実に結びつけて、いまも妥当だと思われますか」と鶴見が問うたのに対して、「それを聞かれるのはね、ちょっとつらいんですがね。（中略）まあ、この一〜二年の新聞にでるようなことは、私の予想とは全くはずれたんだね」と答えている（「ナショナリズムの戦後的定義」一九六六年一一月、『状況的』一八二）。後述するように竹内は、将来を予測することに血道を上げるよりも、「日本の中国認識の構造を問題」にすることこそが重要と考えていた（同上、一八三）。とはいえ、やはり竹内が「予想がはずれた」ことを認めざるをえなかったことは、自らが依拠しようとした変革の道が閉ざされたことでもあり、それが彼の「亡国」認識を形づくる小さからぬ要因になっていたであろう。

三つ目に、竹内がいくらかの期待をかけ続けていた明治維新百年祭の展望が消失したことがあげられよう。竹内は、前出の「予見と錯誤」と題するインタビュー記事（『日本図書新聞』一九六六年六月六日）のなかで、評論からの撤退を宣言しつつ[*83]、六五年に明治維新百年祭提唱を取り消すにいたった心境を語っている。そもそも「明治維新百年を記念すべきか否かを研究しようではないかという提案だった」(傍点——引用者)にもかかわらず、「『思想の科学』が取りあげたくらいで、とくに左翼からは抹殺された」こと、さらには政府が音頭をとってやろうとするにいたったこと、とりわけそれについては、「こんなことを国家的な行事としてやるなんていうことは、けしからんと思います。憲法違反ですよ。ですから、明治維新百年の記念をやるべきか、やらざるべきかという議論をしようという提案は、まったく今では無意味になった」と述べる。日本のナショナリズムの可能性を追求すべくはじめた明治維新百年祭までが、国家によって簒奪されてしまったこと、加えて「左翼」がかねてからの竹内の提起を受けとめようともせず、この期に及んで政府に反対の狼煙を上げていることの「手遅れ」に対する憤りと落胆であった(⑨四一五〜四一六)。

四つ目には、「六〇年代・七年目最終報告」(一九六七年一月二三日)のなかで、「戦後はマイナスになった」(⑨四二五)、その一つの要因として、「去年(一九六六年——引用者)一月の部落問題研究所の紛争このかた、文化団体が相ついで我おくれじと分裂するさまは、見るに堪えないものがある」(⑨四二六)と記しているように、京都の文化厚生会館事件に象徴されるような、竹内の目に余る部落解放運動内部の対立・分裂が生じたことである。竹内が部落問題研究所会員を辞めたのは、それからまもない六六年三月であった(「年譜」、⑰三一八)。そのときの竹内の無念の様子は、中野好夫の後年の次の回想からうかがい知ることができる。中野は、「特に印象にのこること」の一つとして次のように述べる。

この前後の時期、好さんはこの運動に関し非常に深い関心を寄せていたはずだが、ある日突然拙宅に見えられ、中野さん、なんとかならぬだろうかとのお話だった。わたしも経過は一応承知していたが、すでに分裂の傷口はあまりにも深く、とうていわたしなどの能力のおよぶところではないと考えていたので、折角の御来訪だったが丁重にお断りした。だが、文字通り深憂の悲しみを浮べておられた好さんの表情は、いまでも昨日のように思い

出すことができる。（中野好夫「片端につながる一人として」、①月報一、一九八〇年九月）

それは、前出の谷口修太郎がいうように、「まさしく竹内好にとって部落解放運動は人ごとではなかった」（谷口修太郎「竹内好と部落解放運動」、⑮月報一四）ことを示している。[*84] 竹内はいう。「正統を名のる分派と、正統を名のらないが正統をもって任ずる分派とが角つき合わせて、声明合戦をやる。そしてこの分裂は、連鎖反応をおこして、いまなお止まるところを知らない。（中略）たぶん、この病原は平和運動の団体にあったのだろうが、あれから数年、ほとんどすべての団体に感染した」。さらに、このようにも述べる。「「戦後」革命によって確認されたと思われていた組織原則、および文化自律の法則が、いとも容易に崩れ去ったことによって、これまた空中楼閣であったことが知らされた。自主的組織のごとく見えたものが、じつは天皇制下のコップ組織から一歩も出ていなかったことが白日のもとに曝露されたわけだ」と（「六〇年代・七年目最終報告」、⑨四二六）。竹内は、分裂も場合によっては成長のために不可避であるとしながらも、「政治勢力のもとに文化運動が系列化され、その他動的なご都合主義によって流行現象として分裂がおこるようでは、これはもう信用できない」といい、「もしそれが公的事項なら、私はますます「私」の殻にとじこもるほかない」というのであった（同上、⑨四二六〜四二七）。

それでも彼は、信頼を寄せる谷口修太郎とのつながりで、部落解放研究全国集会にはコミットを続け、また一九六九年六月六日には、自ら「差別を考える会」を主催した（「年譜」、⑰三二二）。竹内の書いたその会の「呼びかけ」は、以下のようなものであった。

すでにお聞き及びでしょうが、最近、私たちの周辺で部落問題に対する理解の浅さを思い知らされる事件がいくつかおこりました。岩波書店発行の雑誌『世界』とか、日本朝鮮研究所の機関誌『朝鮮研究』とかが、その顕著な例であります。人間の解放を目標として言論活動、研究活動をおこなっている当の団体が、不用意に差別用語を使用し、しかも部落解放同盟から抗議されるまでにそのことに気がつかなかったという点は重大であります。

私たち言論人は、この問題について共同責任を負うべきではないでしょうか。たぶん部落問題は、沖縄や、被爆者や、離農者や、朝鮮人や、中国人や、その他もろもろの差別の発生源の中心にあり、いちばん深いところに根ざしている日本社会の構造的要因と考えてよいかと思います。しかし私たちはそのことを十分には認識しておりません。その至らなさを見せつけられたのが今回の事件であります。（中略）われわれ自身の自己改造が課題であります。それを避けては、一切の言論が空しくなるかもしれないとさえ考えます。（「差別を考える会」の呼びかけ」一九六九年五月二八日、⑬一六七）

当日は、駿河台の雑誌会館に三十数人が集まったといい、谷口は、「いまも私の印象に強く残っているのは、差別事件をおこした当事者が何人か参加しており、その多くは沈黙をまもり、発言した者も差別する意図はなかったと言いわけにおわったことであった。竹内先生が提起された「部落差別を自分の問題として考える」ということのむつかしさをそれは象徴していたともいえる。この「差別を考える会」は、竹内先生のながい間の部落解放運動に心をよせていたことの一つの集約であった。つぎつぎにおこってくる言論・出版をめぐっての数多くの差別と、それを言論人として自らの問題として受けとめたいという思いからであった」と語っている（谷口前掲「竹内好と部落解放運動」、⑮月報一四）。

### (3)「伝統」の喪失

竹内は、先の「予見と錯誤」と題するインタビューで、国民文学論の展望を持っているかという問いに、「ぜんぜんもっていないですね。もうそれは過去の遺物になったと思っています。（中略）今は日本民族は滅亡したと思ってるんです。それはまた将来は再生する可能性はあるんだけども、現状は亡国の状態だと思いますね」（⑨四一八）と答えている。これまでにも述べてきたように、「ドレイ」からの脱却をはかるためには、その中核となる「ナショナルなもの」が必要であり（「「民族的なもの」と思想」一九六〇年二月一五日、⑨六一）、それの追求が国民文学論だったのであって、その可能性が絶たれたときに求めたのが明治維新の再評価であった。もはやそれらのいずれの可能性も塞がれているように映ることは、彼にとっては「民族」という主体の喪失であり「亡国」なのであった。

本章の冒頭で述べたとおり、実は竹内は、一九六五年六月に行った荒瀬豊との対談のなかで、かなり自己の内面に踏み込んだ発言をしており、そこですでに「中国との戦争終結」の断念を語っていた（「戦後をどう評価するか」、『状況的』九三）。そのことは、竹内を「亡国」認識に至らしめる上に決定的だったであろう。それから数年後の鶴見俊輔との対談でも、「中国とは永久に敵対関係をつづけるというのが、これは安保とかなんとかの関係ではなくて、明治以来の不動の方針というか、日本の国家あるいは日本の国家を成り立たせている日本社会そのものの、絶対に変更できない姿勢じゃないかという気がする」という悲観的観測が述べられている（「十年の幅で考えて」一九六九年一〇月、『状況的』二一三）。竹内は、「私の戦後二十年の総括は、ゼロということです。戦前の古いものはすべてなくなっていないのです。（中略）たしかに、戦後平和主義とか民主主義がある程度、定着したことは認めるけれども、そんなものに体質変化の希望を託するのは幻想でしょう。そういう意味では、戦後というものに私はますますペシミスティックになります」と語る（前掲「戦後をどう評価するか」、九二）。そして、ナショナリズムの危険性にも目配りしつつ、「ナショナリズムというのは、——だんだん私もナショナリズムと言わなくなって、〝ネーション〟の形成という言い方に変えたんだけど——なくなるほうがいいんだな。しかし現状ではなしにすまされないかぎり、目をつぶってはならないと思う」という（九四）。「〝ネーションの形成〟という再規定によって将来にかすかな望みは残している」（傍点——引用者）ともいう。そして「明治は失敗といいましたが、ある意味では成功なんで、これはとくに国際的に見た場合に、AAナショナリズムと血縁関係があるわけです[*85]」と述べ、もう一つの近代の可能性追求の志を捨ててはいないことを垣間見せてもいた（九六）。

さらには、民主主義の内実は人民主権であるか否かで問うべきであるとする荒瀬に応答して、「だいたい人民主権といっても言葉はあるけれども、実体があるかどうか。いったい人民の内容はなにかといったら、結局最後はひとりひとりでしょう。一人の人間のなかに、いやなものはいやだといえるものがあるということが基礎であって、連帯はそれからですね。内面的には人格の独立ということですね。長いものにまかれろというのが大勢を占めているなら、これは人民主権にはならない」（傍点——引用者）という。「ドレイ」から解き放たれるためには、「人格の独立」が必要であり、くり返し述べてきたように、竹内の求めてきたナショナリズムはそれと密接不可分であった[*86]。だからこそ竹内はいう。「極論すれば、一人ひとりの人間が、自分を国と一体化するのでなくて、自分の内部に国のイメージをつくることからはじめるほうがよい。国というフィクションを一度こわしてしまう。そういう経験と思索という操作によってでも行なう必要がある。これが民主主義を内面的に充実することになるんではないか」（九八）。「一身独立して、一国独立するというテーゼをもう一度、生かしたらよい」ともいい、「日本には単一の国があるという幻想があるんだが、そんなものはないんだということを腹の底から納得することです」と結ぶのであった（九九）。「単一の国があるという幻想」から解き放たれていたからこそ竹内は、早くから沖縄や被差別部落の問題にも目を向けることができたのである。

そんな竹内にとっては、本来期待をかけるべき「いわゆる進歩派の考え方なり運動なり」に、「いつも大状況から始まってだんだんおりてくる発想の型」があり、大正期の新人会から日本共産党にいたるまで、そのようなステロタイプに陥っていることが我慢ならなかった。さらに、「運動というものは当然に組織を必要とするんだけれども、組織を前提にして、何かをたくらむというか、目標を定めて、そこから自分の行動を割り出すというのは、力以上のことを自分に強いることになるんじゃないかという気がする」とも述べる（前掲「十年の幅で考えて」、一一二）。竹内が強調するのは、「日本社会は根本的には変わらなかった」という点であった（同上、一一七）。そしてその中核にある

「その変わらんもの」が天皇制なのであった。

日本の国体論というのは、明治政府がつくったといわれているし、私もいままでそう思ってきたけれども、その考えがまちがっていると思うようになりました。「近代の超克」を書いたときは、あれは方法論自体が一種の近代主義なんで、それでいけると思っていたが、いまはそうでなくて、国体論から出発して、いっぺんそこに埋没して、それから出ていくのでないと新しいものは出てこないんじゃないかという感じがしている。(同上、二七)[*87]

自らの立場を「停滞論」と称し(同上、二七)、対談者の鶴見俊輔を前に竹内がくり返し言ったのは、自らも「近代主義者」であるということだった。このように語っている。

ある点では私も近代主義者なんで、人からは近代主義をやっつける張本人のように見られているし、じっさいそういう一面があるんだが、それにもかかわらず、たとえば保田與重郎のようなものにはついていけないんですよ。私は戦後民主主義に積極的に賛成してきたが、それは情勢論からそうしたんじゃなくて、本質的なものが自分のなかにあると思うんです。だから、ある点で近代主義者なんだな。ひょっとすると鶴見さんよりその傾向が強いかもしれない。(同上、二一)

竹内が「近代主義」に否定的だったのは、その外発性においてであったが、日本社会の停滞がいかんともしがたいと映ったとき、その日本社会が依拠すべき「伝統」というのは、天皇制を中核においた社会の進歩・変革を阻むものでしかなかった。それを直視せざるをえなかったときに、竹内は、外来・内発ということにこだわるよりも、個の内面的自立という意味での「近代主義」を追求しつづけることが重要であることを再確認し、自らをあえて「近代主義」と称するにいたったのではなかろうか。

## （4）「講和の原点」／人民の連帯を求めて

一方、進行中の文化大革命について情報が乱れ飛ぶなかで、竹内がそれについての見解を問われることは少なくなかったであろう。竹内は、日本の過去を振り返り、第一次世界大戦後、「カネで動く支配者の動きや表面の情勢は知っていたが、その底にある民衆の動きをほとんど知らなかった。その結果が、あの不幸な戦争である」と述べて、生活者である民衆を知ることの重要性を強調した（「「一枚の写真」をめぐって」一九六七年二月二四日、⑪三〇〇）。そして、そもそも文化大革命の理解が困難であるのは、「あの不幸な戦争」を反省できないことにある、すなわち「認識対象よりも認識の主体側の条件に多くかかっている」といい、それを十分にふまえない報道に警戒心を持たずして中国のことは理解できないと述べる（「「わからない」という意味」一九六八年八月、⑪三〇一～三〇二）。竹内は、文化大革命を「権力闘争と、社会的混乱としてとらえる」報道のステロタイプに対して、それは「中国社会の一貫した前進を底流にしていた」ことを強調する。なぜならば、「中国は進歩するはずがない、中国は永遠の停滞だというまちがった前提、または先入観にわざわいされて、その一貫性を見失ったのが、過去の日本の中国認識の弱点」であり、「この弱点は今も改まっていない」からである（同上、⑪三〇三）。竹内は、「イデオロギイ史的な見方は、有用ではあるが、一面的であることだけは指摘しておきたい」、「全体の動きを洞察するためには、ある程度は距離をおいて、時間および空間のはばを拡げて、しかも理性をはたらかせて見ないといけない。私にそれができるというのではなくて、そうした洞察力をやしなうために参考になるような大局観の素材を申しあげたい。それはつまり、政治的状況、とくに国際政治的状況のことである」（傍点――原文）と述べる。そして、かつての抗日戦争と、今日の中国の「アメリカ帝国主義による侵略」――一九六五年のヴェトナム戦争による北爆――に対する抵抗とを重ねるのであった（同上、⑪三〇四）。

竹内は、文化大革命の情報を十分に入手しえていなかったであろうことも推測に難くないが、前述のように、最新の情報を得ることをさほど必要としていなかったであろう。むしろ興味本位にその問題をあげつらう報道のあり方からは距離をおき、中国の抵抗を軸にした内的発展に一貫して期待をかけ続けたのではなかろうか。中国との戦争が終結していないという竹内の原罪意識が中国の現状に対する目を曇らせた面があるにせよ、戦争終結すらも行われていない段階にあって、過去に向きあうことなく、中国に対して、好奇と、ともすれば停滞論を伴った蔑視の目を向けることは竹内には許しがたいことであったはずである。竹内は、「空間」はもとより、ともすると時間の「はば」の広さという点で、歴史家に優るとも劣らず〝歴史学的〟に中国を見ていたといえるのではなかろうか。一九六八年八月、その年の春にジョンソン声明が出て国交回復の機運が高まるなかで、竹内が『中国』に掲載した「国交回復の条件」(⑪)は、一九三七年の抗日戦争にさかのぼり、日中関係を考える上での重要な資料、ならびにその丁寧な解説を付したもので、彼はむしろ淡々と歴史的事実を示すことに徹したといえよう。

一九七〇年初頭、竹内は中国との国交回復にかなり悲観的で、「わずか三年間で、びっくりするほど世相は険悪になり、人の心も暗くなったようだ」(「六十八　環」一九七〇年二月、⑩三七〇)といい、また、「大陸へ向ってもう一度侵入せよとの進軍ラッパが鳴りひびいたのだ」(「六十七　気」一九七〇年一月、⑩三六五)とまで述べている。その背後には、一九六九年の日米共同声明があった。それは、「日本がアメリカの役割りを肩替りした」もので、「アメリカ帝国主義を正面の、敵と考えていた中国が、目標を日本軍国主義に置きかえた」ことを意味した(「尻馬には乗れない」一九七一年一〇月、⑪三八三)。竹内は、「私は、結論だけ申しますと、日中間の国交回復は不可能だと思います。もう数年前から不可能に近いくらい困難だという気はしていましたが、日米共同声明によって、最後に残っていた一縷の望みを断ち切られました」(同上、⑪三八〇)と言いきり、「その代償として、歴史の復習を自分に課し、人にもそれを奨めるために小さな雑誌を出しております」と述べて、中国の会とその雑誌『中国』を位置づけている(同上、⑪三八三)。

竹内は、「「知るために」ということは、知りたい人間の存在が前提になる。（中略）そういう人間がいるか。いささか心もとない」（同上「六十七　気」、⑩三六四）といいながらも、日中の歴史を知ることに望みを託した。「戦争のあったという歴史を忘れ、また、なぜ戦争がおこったかという歴史を忘れた」、そういう国民の状況を前に、「政治のことはあきらめている」といい、「自分のできる範囲で、歴史の復習をやるしか方法がありません」と、歴史を「知る」ことの大切さをくり返し説くのであった。「古いもののほうが新しいという逆説がいまは成立するように思います」「私はまず良心への痛みから再出発したい」と（「戴季陶の『日本論』」一九六九年四月、⑪三五七）。

竹内が強調するのは、歴史を知ることとともに、政府が進める、政治の手垢にまみれた国交回復とは一線を画したところで、「国民」としてあるいは「人民」として日中連帯を実現することの重要性であった。日中国交回復の問題は「国家レベルでなしに、民族レベルで、または民衆レベルで」考えなくてはならない、「あくまで人が基本である。人と人、民衆と民衆とが手を握るのが、講話なり国交回復なりの内容でなくてはならない」（「池田講演を読んで」一九六八年一一月、⑪三四四）というのは、竹内が繰り返し述べる点であった。「台湾は中国の一部である。台湾省民は中国人である」ということの理解は行き届かず、「われわれの思考習性は、まだ十分にそうなっていない」ことを慨嘆せざるをえず（「五十七　もっと台湾を」一九六九年二月、⑩三〇九）、竹内においては、それもまさに「民族レベル」での連帯が考えられていないことの証のひとつであった。竹内は、その苛立ちを次のように表明する。

政府の方針は一貫して講和しない、いや講和しないばかりでなく、あくまで中国と敵対関係をつづける、（中略）かりに政府がそうであるにせよ、もし国民に講和の意志があるなら、政府を動かして講和させることができるはずではないか、また、政府が動かなければ、政府を取りかえることができるはずではないか。（中略）私も国民の一人ではありますが、国民の一人として自分に我慢がならない。ですからあきらめるほかありません。（前掲「戴季陶の『日本論』」、⑪三五四）

そして竹内が国交回復にこだわるのは、「日本民族の主体的な立場において、道義が失われることをおそれるから」であり、「道義が失われることは、歴史が空白になることであり、いわば生命がなくなること」だからであり（同上、⑪三五五）、すなわち「中国のためではなく日本のためであること、利欲のためでなく道義のためであり、民族の再生のため」であって（同上、⑪三五六）お為ごかしではなかった。竹内にとって国交回復は、まさに「日本民族」の「真価」が問われることなのであった。

しかし、講和の実現が近づくなかで、彼は「道義」に立ち返る国民の姿をとらえることはできず、「いまこそ国交回復を、という声が高くなればなるほど、そのこと自体が、この問題を手軽に、自分の都合だけで考えている風潮のあらわれと私の眼には映る」と言わざるをえなかった（前掲「尻馬には乗れない」、⑪三八二）。竹内にとって「残念なこと」は、「私（だけではありませんが）が考えついた可能性の論理を、いま進行中の事態の事後説明に利用する人だけが多くて、おなじ論理でその先を読もうとする人が少いこと」だが、評論は「事後説明するものではなくて、先を読む作業」でなければならず、それに必要な「莫大なエネルギイ」がなくなったと自覚したとき、「私は評論の座をおりました」と述べる（同上、⑪三八一）。彼にとっての「評論」は変革を導くものでなければならなかったことを示している。

しだいに講和が現実の日程にのぼるなかで、竹内は、「あるいは逆に、私の不可能論のほうが非現実的なのであって、わが政府は、体制順応の伝統的美質をもち、あらゆる場合に変身可能なマカ不思議な術を心得ているかもしれません」と、自らの悲観的予測が当たっていないことを認めざるをえなかった（「講和の原点」一九七二年九月一日、⑪三八八〜三八九）。しかし、竹内にあっては、「講和の原点」はあくまでポツダム宣言であり、さらにそのもととなるカイロ宣言であった。それゆえ、「中国との講和に入るということは、もし本気でやるのであれば、この体制を根本的に変えることを意味するはず」（傍点――引用者）だという原則論を放棄することはできなかった（同上、⑪

三九〇)。なぜならば、冒頭から述べてきたように、中国との戦争を真の意味で終結させることが彼の戦後の社会への働きかけの原点であり、彼の国内問題との対峙もすべてそれと不可分であったからである。彼は、近い将来に政府間交渉がはじまるとすれば、そこでは日中国交回復の意味は変質してしまい、「日本人民の良心がかけられ、それによって中国人民との連帯が期待可能であった形では、ついに日中国交回復は、実現されなくなったことだけは胆に銘じておかなくてはならない」という。そして、六〇年の安保改定、七二年のいわゆる沖縄返還にしても、「国民の願望は利用されただけ」であり、「日中国交回復にしても、もう一度、ニセ金をつかまされない保証はない」と警告する(「九十八　筋書き」一九七二年八月、⑪一四三)。だからこそ竹内は、前述の「国交回復の条件」を、「講和問題について本気で考えようとする個人および集団のすべてに、手前ミソながらこの場所を借りて、この資料の利用をおすすめします」といって差し出すのであった(前掲「講和の原点」、⑪三九三)。もはや竹内にできることはそれのみであり、彼にとって、それ以外の講和はありえないことであった。

竹内は、日中共同声明が出されたあと、かなり長文の「前事不忘、後事之師」を『朝日ジャーナル』の特集号(一九七二年一二月二九日)に書き、「私個人は、次に述べる理由によってこの共同声明を承認する」とした。[*88] 目的は友好である。そして友好は、人民同士の友好でなくてはならない。その友好を実行に移すことを、政府は妨害しない、というのがこの共同声明の根本の趣旨であると解する。(中略)戦争は国家の行為であり、戦争終結も政府の責任事項である。過去二十数年サボリつづけたその責任を、日本政府は一応まがりなりにも果した。そのことは国民として歓迎すべきである。(中略)むろん、受入れに当って中国側は選択の権利をもつが、事前に日本政府が法によらないチェックをおこなうことは禁止された。あらゆる友好のための活動はいまや原則的に自由である。したがって、その反面では、人民の負う責任は重くなった。友好が成るか成らぬかは、政府でなくて人民の責任事項である。政府の妨害を口実にして怠けることはできなくなった。今後は人民の主体的責任が問われるのである。(⑪四〇五〜四〇六)。

竹内はこのようにも述べる。「「日中問題」または「中国問題」なるものは、戦前は、基本的には侵略対象として中国をとらえる立場から設定されたものである。戦後は、それが戦争処理の問題としてとらえ直された。この両義ともにいまは消滅した。少なくとも原理的には消滅すべきものに変った。そこで、かりに「日中問題」が生き残るとすれば、原理的に消滅すべきものを実際に消滅させるまでの過渡的課題、または促進の機能としてであろう」(「一百二非力」一九七二年一二月、⑪一六七)。すなわち、「原理的に消滅すべきものを実際に消滅させる」、すなわち人民の連帯というある種の永久革命の課題を、日本人民の側が引き受けることになったということであろう。

竹内は、「中国の会」の編集する月刊誌『中国』を一一〇号をもって休刊にした。「どの目標も、満足とはいかぬまでも、いくらかは実現した。それらは日本人民にとって、現在および将来、役に立つものだという自信はある。しかも、国交正常化の道が開かれた今日、そのような仕事はますます重要になったとも思う。いや、重要どころではない、焦眉の急である」(「前事不忘、後事之師」一九七二年一二月二九日、⑪四〇七)と述べるくだりには、もはややり尽くしたとの自負も伴っていたであろう。

その後、竹内と橋川文三の共編で、かつて『朝日ジャーナル』に連載したものを圧縮した『近代日本と中国』(上)(下)(朝日選書、一九七四年六月、八月)も刊行された。竹内はまた、一九六四年から一九六六年に経営思潮研究会が刊行した[*89]『中国の思想』全一二巻の監修者を務めており、竹内によればその「第二段階の所産」が一九七二年の『史記』であり(「天下の珍味『史記』」一九七二年六月、⑬三八五)、第三回の成果が七四年の『十八史略』であった(「『十八史略』現代版」一九七四年六月、⑬三八九)。

## (5) 最期の仕事――『魯迅文集』――

竹内は、応召前に執筆した『魯迅』(一九四四年)にふれて、「魯迅は最初嫌いだったですけどね」といっているが(「中国と私」、⑬二二四)、竹内が最期まで、残された力を振り絞って取り組んだのは魯迅の翻訳であった。『魯迅文集』の仕事は、一九七三年に死去した筑摩書房の創業者古田晁との約束であった。竹内は、一九七四年七月五日付で、古田の思い出にふれながら、次のように述べている。「まだお互いが打ちとけないころ、私の不在中に古田さんが季節のあいさつにわが家に立ちよると、私の妻に向って「あんまり怠けないように奥さんが監督してくださいよ」が決まり文句だったことがある。(中略)事は魯迅訳に関している。まことに申しわけない。余事にかかずらって、十年以上、怠けに怠けた。一周忌には間に合わぬかもしれないが、三回忌までには、かならず墓前にささげたい」(「土に化した人へ」、⑬二〇六)。

『思想の科学会報』のアンケート「会員からの頼り」には、一九七五年三月、一二月ともに、「現在力を注いでいる活動」は、魯迅訳になっている(⑬二〇八)。竹内の存命中に刊行が間に合った『魯迅文集』第一巻の「解説」には、何故に魯迅に向きあうのかというと、「要するに近代化の質の問題、ひいては近代のあとに何が来るかの問題であって、その手がかりとしての魯迅」であり、「それが自分にとって切実な問題であるために、読者の好尚はともかく、私個人はあくまで魯迅を同時代の位相にすえて眺めたい」と記されている(「解説」第一巻、一九七六年一〇月、四四八頁)。そして、このような文集の訳注の作業の必要性についても、次のように述べられている。「どちらかというと私は、研究者としては知識の乏しいほうだし、考証は大のにが手だし、研究機関に籍がないから文献の検索も不自由である。ほんとは註づくりは適格ではない。しかし、現状の自己認識のために、いつか誰かがやるべき仕事と思うので、せっかくの改訳のチャンスを利用して、まず隗より始めよで思い切って自分にテストを課することにした」「訳注も心構えとしては一般読者が対象であり、実用がねらいである」(「解説」第一巻、四五三頁)。

「年譜」（⑰）によれば、竹内は、一九七六年五月の胃にはじまる身体の不調が目立ち、ことに一〇月五日に武田泰淳が亡くなって、一〇日に葬儀委員長の務めを果たしたあと、肩の痛みにより、一一月には小平にある仕事場通いもほとんどやめて、自宅で静養することにした。武田との信頼関係の深さは、二人が一九六五年に対談したあとに武田が著した小文（一九六七年五月、「私の中国文化大革命観」、『状況的』二七三～五）が如実に伝えており、その武田を喪った竹内の悲しみの深さのほどが推しはかられる。

『魯迅文集』全七巻の刊行のめどが立ち、竹内がその「贈呈の弁」をしたためたのは、同年一〇月二日のことで、以後隔月で全七巻を刊行する旨述べられている。しかし竹内はその一方で、「じつは読書力が著しく低下しておりまして、せっかく恵贈を受けても宝の持ち腐れになりますのと、この訳業の完成後にさらに余命がありますときは、もっぱら古い書物だけに親しむ所存、身辺整理の意味もあってお願い申しあげる次第であります」と、『文集』の返礼に本が送られることを丁重に断っており、すでに余命短いことを覚悟していたかのようでさえある（「『魯迅文集』贈呈の弁」、⑬二一一）。

一二月一日には、吉祥寺の森本病院に入院し、まもなく食道ガンが判明した。しかし、連日竹内を見舞っていた埴谷雄高の判断でガンであることは本人に告げず、一三日には胃の穿孔手術を行い栄養食の注入を始めたことによって一時元気を回復、『魯迅文集』第三巻（一九七七年三月刊行）の「解説にかえて（病床後述）」（七七年一月末）は、この状態のなかで、中村愿の口述筆記によってできあがった。それは、「『魯迅文集』刊行中に病気だけは絶対すまいとひそかに念じていたのに、あろうことか病気も病気、生涯での大患に見舞われたのだから皮肉なものです」にはじまっており、『文集』の仕事を十分に果たせないことの無念さが伝わる文章である（⑬四三一）。

竹内はその数年前に、「医者にかからざるの記」と題して医者嫌いを宣言し、「私はガンになっても、その疑いがでてきても、絶対に入院しません。うちのものにも、そう宣言してあるんです。（中略）それに私は、ガンだけは絶対ならない自信があります。ハゲ頭はガンにならないという迷信があって、この迷信は確率的には真理でしょうからね」と豪語していた（一九七三年一〇月、⑬一九一～一九二）。しかし、その竹内を襲ったガンには勝てず、三月三日、永遠の眠りに就いた。満六六歳であった（「年譜」⑰）。

竹内好は、中国との戦争の真の意味での終結を求めて戦後社会に向きあってきた。彼が魯迅に学びつつ、かつ丸山眞男との親交のなかから求め続けてきたのは、「いやなものはいやだといえる」、〝ひとり〟で闘う精神、すなわち「人格の独立」であった。そして、竹内が喚起した「ナショナリズム」や「民族」も、あくまでそれらを引き出すための手段なのであった。竹内は、自らが希求するそうした社会のありようを、抵抗の精神を核とした中国の近代のなかに見出し、日本の未完の近代からその可能性を引きだそうとさまざまな試みを行い、〝外〟から与えられたのではない「伝統」のなかにそれを探ろうとしてきた。しかしながら、日本の「伝統」の中枢に居座る天皇制――むろん竹内は、たんに制度を問題にしているのではない――に変革の途を阻まれた日本社会の現実を認めざるをえなかった。それは、竹内が忌避してきた「革新を妨げる」ための「権威」としての「伝統」以外のなにものでもなかった。その苦渋のなかで彼は、〝内〟〝外〟の別に拠らない近代を求め続けることの重要性を再認識することとなり、それが自ら「近代主義者」と称することにつながったのだといえよう。通る道は異なっても、魯迅、福沢諭吉、丸山眞男、そして竹内は、ドレイからの脱却という、同じものを求めて歩み続けていたのである。

最後に、『追悼 竹内好』（一九七八年一〇月）に掲載された丸山の言葉を引いておこう。

ぼくとは仕事の領域がちがうし、考え方もちがうから、そこは一口にいえませんけれど、一番くいちがうように見えるナショナリズムの問題でさえ、二人は実は同じメダルを両側から攻めていたのだと思うんです。むしろ、あれだけ反ヨーロッパというか、アジア主義を高唱する好さんが、ヨーロッパの個人主義とリベラリズムの最良の要素をどうしてあのように、ただ頭で分っているというだけでなく身に着けていたのか、ぼくにはそれがなぜといえばなぞです。ラジカルな思想家に左右を問わず一番欠落している、あのリベラルな――「民主的」という意味でない[*90]――他者感覚を、です。（傍点――原文）（前掲「好さんとのつきあい」『丸山集』⑩三六〇）

## 註

*1　丸山眞男は竹内を評して、「たとえば「ナショナルなもの」にしても、ほんとうに民衆のなかに根ざしたものを求めている人はほかにもいるし、普通の意味では好《ハオ》さんもその分類にはいるでしょう。私などが感じるのは、好《ハオ》さんは、根本的に、インタナショナルだということなんです。むしろコスモポリタンなところさえある」と語っている（「好《ハオ》さんについての談話」一九六六年六月、『丸山集』⑨三三七～三三八）。

*2　後年竹内は、自らの足取りを振り返り、ナショナリズムを機軸にしながら国民文学論、「近代の超克」、明治維新論の追究にいたった経緯をわかりやすく語っている（「ナショナリズムの戦後的定義」（小田実との対談、一九六六年一一月、『状況的』一七〇～一七一）。

*3　謝は、竹内の言葉を以下のように記す。「そうです。ぼくは竹内好です。ぼくは貴国の捕虜になりました。あなたが会ってくださらないのではないかと思ったので、読んでいただこうと、一筆書いてきたのです。ぼくは釈放の時期を早めて、一日も早く日本に帰してもらいたいのです。それでお力をかしていただこうと思って伺ったのです」（謝冰瑩「跋＝無限の悲しみ―幾人かの日本の友人を偲んで―」（一九七七年六月八日、『方法としてのアジア―わが戦前・戦中・戦後　一九三五―一九七六―』創樹社、一九七八年、四三八頁）。

*4　竹内の回想のなかでも、武田泰淳が「謝冰瑩事件」として小説に書いていることにも触れながら語られている（「中国と私」一九六九年二月、⑬二一六～二一七）。

*5　前掲「跋＝無限の悲しみ―幾人かの日本の友人を偲んで―」。また、竹内が一九四五年一一月二二日に書き終えたとされ、一九四六年一月付『和平月報』（中国漢口市、和平日報社刊）に発表した「不堪回首―献給謝冰瑩先生―」（⑬）がある。そこでは、戦前における謝との日本での出会いの思い出が語られている。

*6　この「覚書」は、復員後最初に書いたものだったが日の目を見ず、一九四九年刊行の『魯迅雑記』に収めて公表された（「『魯迅

雑記』あとがき」一九四九年六月、⑬二八三〜二八四)。

＊7 後年竹内は、「戦後に復員してきてから、評論活動をはじめたわけだけど、食うためにそのほかいろんなものをやってる。一つが魯迅の翻訳です。鎌倉文庫と大阪の朝日新聞に頼まれてやったものです」と回想している(「中国と私」、⑬二一三)。

＊8 松本三之介「戦後思想と竹内好」(テツオ・ナジタ・前田愛・神島二郎編『戦後日本の精神史―その再検討―』岩波書店、一九八八年、もとになった論文は、「竹内好の戦後思想」『世界』一九八六年三月)一六五頁。

＊9 ただし続けて竹内は、「結果は、理論にたどりつく数歩あるいは数十歩手前で止ってしまっていて、せいぜい歴史学批判の、それも序説でしかない。そして私は、その後は応用問題にばかりかまけて、理論形成はほとんど前進していない。仮説を仮説のままで放ったらかしてある。たぶん自分の手ではもうこれ以上の理論化は望めないかもしれない」(④四四三)と述べて、理論的完成度の低さを自認する。

＊10 平石直昭「竹内好における歴史像の転回―大東亜・魯迅・アジア―」(『思想』二〇〇六年一〇月)。平石は、「戦中の竹内にとって「大東亜」と日本とは、欧米列強との関係において一体視されていた」が、「戦後の竹内にとって日本は「東洋」の外に置かれた」といい、「この変化には、竹内が魯迅を通して得た日中の異質性の認識が大きく作用していた」ことを指摘している。すなわち「魯迅に見られるような「抵抗」を東洋全体の特徴として一般化し、それによって「東洋」をヨーロッパ近代に対する抵抗の面で特徴づけている。そして東洋諸国に比して日本には、その契機がないか、あるいは非常に弱いとして、日本は「東洋」ではないとしたのである」(八六頁)。

＊11 それからまもなく、竹内はジョン・デューイの著作に接することで、次のように説明する。すなわちデューイが、「中国の近代化の時間的立ちおくれ」が、かえって「変革が徹底されて、国民心理の革新という本源的な基盤に立つこと」を可能ならしめた、すなわち「質的優位を作用した」として通常の評価を反転させ、「中国が近代化に成功し、日本が失敗した」理由を「固有の文化をもつものと、そうでないものの差に帰している」と述べたことに依拠し、日本と中国の間にある「近代」の質的差異の決定的な点は、「日本では、既成の観念を外から借りてくるだけで、自分で思想をうむための地盤を作ろうとする運動は起らなかった」ことにあったとする(「伝統と革命―日本人の中国観―」『展望』一九四九年九月、「日本人の中国観」と解題して再録、④七〜八、及び一三〜一四)。

＊12 丸山が武蔵野市吉祥寺に新居を構えたのは一九五二年六月で(「年譜」『丸山集』別巻、五八)、竹内は五四年一二月に同じく吉祥寺に転居している(「年譜」⑰三〇九)。

＊13　拙稿「丸山眞男における「精神の革命」と「大衆」」(赤澤史朗・北河賢三・黒川編『戦後知識人と民衆観』影書房、二〇一四年)を参照。

＊14　後年、竹内は、「私の専門は文学でありますが、私は文学というものを広く考えております。ある国の人々のものの考え方とか感じ方、さらにそれを通してもっと深いところにある生活そのもの、それを研究対象とする」と述べている(「方法としてのアジア」一九六一年、⑤九一)。

＊15　最初は『展望』(一九五一年一月)に発表し、『国民講座』第一巻「日本の思想」(清水幾太郎編集、河出書房、一九五一年)に「インテリと民衆の結びつき」と題して収めた。さらに前掲『日本イデオロギイ』には「インテリ論」と改題し加筆して収録、前掲『新編日本イデオロギイ』に再録の際にはふたたび「インテリと民衆の結びつき」に戻している(「解題」⑥四三五〜四三六、参照)。

＊16　詳しくは、前掲拙稿「丸山眞男における「開かれた社会」」八一〜八二頁、を参照。

＊17　のちに竹内は、戦後まもなくの自分自身の共産主義の評価について述べている(前掲「方法としてのアジア」、⑧九五)。

＊18　松本前掲論文、一六九頁。

＊19　安田常雄「『思想の科学』・『芽』解題」(安田・天野正子編『戦後「啓蒙」思想の遺したもの』久山社、一九九二年)。

＊20　「最初に思想の科学研究会の例会へ出席したときは、鶴見とはわずか二度目の対面だし、そのほかの連中とは初対面で、当時のこの会の特徴であったサロン的な雰囲気に私はなじめず、気おくれを感じたが、入会を悔いはしなかった」とも述べている(⑬一〇六)。

＊21　松本健一『竹内好論』(一九七五年、岩波現代文庫、二〇〇五年)二七七頁。

＊22　後年の桑原武夫との対談のなかで、竹内がこの点について語っている箇所がある。次のとおり。「私は戦後わりあいに早くナショナリズムということを言い出した一人ですが、最初の意図は、戦後デモクラシー一辺倒の風潮がうまれて、それが歴史を切断してしまう、一種の文明開化におちいる危険を感じたことです。輸入文化がそのまま土着するかのごとく非常に楽観的に説かれていたが、それに疑いをもちました。これは歴史の法則に反する、歴史をけしてしまうことになる、と考えたのです。それともう一つは、過去の戦争をすべて一部の軍閥とかファシストの責任であって、その他の者はぜんぶ免罪だというふうに言うのは、これはおかしい。むしろ事実は逆であって、かつての左翼がナショナルなものを切り捨ててしまって、輸入の理論(中略)で日本の歴史にあてはめようとしたのにたいする反動がおこって、それがウルトラ・ナショナリズムに自然に結集してしまったというふうに思想の動きをとらえるのが正しい。したがって罪は軍閥・ファシストにあるにしても、一部の責任は左翼にもある」(「日本の近代百

年」一九六四年、『状況的』一五七)。

＊23　日高六郎「解説」(日高編『現代日本思想大系三四　近代主義』筑摩書房、一九六四年)、平石直昭「「近代主義」の登場」(天川晃・五十嵐武士『戦後日本史と現代の課題』築地書館、一九九六年)。

＊24　平石前掲「「近代主義」の登場」、五九頁。なお、竹内がいうところの「自発」と「外発」については、丸山眞男の見解も含めて後述する。

＊25　ただし、すでにこの時期に、西欧文化の摂取とそれに対する対抗の問題も竹内の視野に入っており、このようにも述べている。「中国社会には近代意識がなかったように考えられるが、そうではない。決定的な力としてはなかったが萌芽としてはあった。これが外国資本の侵入によって中国が部分的に植民地的支配を受けるようになって出て来たのである。当時西欧文化を摂取したいという意識と、これに抵抗しようとする意識とがからみ合って近代意識を育てて来た。すなわち、中国においては近代主義的なものと、民族的、人間的なものとの両面があった」(「中国の現状と日華関係」一九五二年二月、⑪一九三)。

＊26　ほぼ同時期に岡崎俊夫とともに編んだ『現代中国の作家たち』(一九五四年七月、和光社)の「序」においても、竹内は、「中国文学の提出する問題とは、一口にいって近代的＝西欧的人間観への改変の要求である」と述べている(⑬三一六)。なお、一九六九年三月に竹内と対談をした鹿野政直は、それを振り返り、竹内と丸山の世界が、〝ひとりゆく気概〟で「ドレイ構造」と闘うものであり、「対角線上にあるようにみえて、じつは根本のところでふかくむすばれている」との指摘を行っている(七〇年七月、「明治維新への視点」、『状況的』一八九)。なお私は、鹿野もそれに連なる存在と位置づけた(「鹿野思想史と丸山政治思想史―ドレイ性の剔抉―」、赤澤史朗ほか編著『触発する歴史学―鹿野思想史と向きあう―』日本経済評論社、二〇一七年)。

＊27　「近代」や「伝統」のとらえ方をめぐる竹内と丸山の異同については、拙稿「丸山眞男における「開かれた社会」―竹内好との対話を通して―」(『思想』二〇一七年三月)を参照。次の一節からも、竹内が当該時期には、「近代思想」と「伝統思想」の接触を意識していたことがみてとれる。「日本と同様、中国でも最初は、近代は外からの強制として受け取られた。しかし、中国の伝統思想の球心性の頑強さは、ただちに近代思想を一つの学風として、異質性のまま、抵抗なく受け入れて、安定したアカデミズムを成立させることを拒んだ。そのため、近代思想は、伝統思想からの抵抗を排除しつつ、その過程で自己を否応なく変化し、その変化することで逆に伝統思想を根柢から動揺させる作用を引きおこした。中国思想の近代化の歴史は、この両者の本質的な対決と、その結果うまれる自己の全的な更新、したがってまた固有の思想の再生とによって特徴づけられる」(「「現代中国思想の史的概観」はしがき」一九五二年五月、⑬二八八)。

＊28　本多秋五『物語戦後文学史』（上）（新潮社、一九六六年、のち岩波現代文庫、二〇〇五年）を参照。

＊29　後年、竹内は、『近代文学』同人たちにもった印象を次のように語っている。「ともかく『近代文学』の面々は、私から見て、雲のごとくむらがる英雄中のまた英雄であった。そして自分の及ばざること遠きを恥じた。おれは何をしていたのだろう、と後悔のほぞを噛むことしきりであった。むろん、七人の侍といえども、神ではないことを納得するまでに、そう時間はかからなかった。中野重治の批評に対して、平野謙が泣き言をならべ、荒正人がヒステリー的反応を示す段階で、すでに私はいくぶんの興ざめを覚えた。しかし、最初のショックがあまりにも大きかったために、一挙に偶像崩壊には至らなかった」（「記憶のうちから―『近代文学』について―」一九六四年八月、⑬一一二～一一三）。

＊30　竹内は、一九五四年までの自己の歩みを振り返って次のように総括している。「私は戦後にもう一度魯迅から出直すつもりであったが、これは、はじめての『魯迅』ほど成功しなかった。ただ、その間に一つの仮説が導き出された。後進国の近代化のタイプに二つあり、日本と中国とは異質ではないか、ということである。その仮説をたしかめるために、あるいは自分に説明するために書いたのが『現代中国論』（河出文庫）や『日本イデオロギイ』（筑摩書房）に収めた文章である。この課題は思弁的にでなく、実践的に解かれねばならぬ、と次第に私は考えるようになった。解釈ではなく、日本人の思想改造と、それにつながる自己改造が必要である。そこで、そのような姿勢をつくり出すために書いた一連の文章が『国民文学論』（東大出版会）となった」（「私の著作と思索」一九五四年八月九日、⑬二七九～二八〇）。

＊31　前掲拙稿「丸山眞男における「精神の革命」と「大衆」」二六四頁。

＊32　ほぼ同時期に竹内は、「朝鮮人のことは私も気にかけているつもりですが、やはりその気にかけ方が、血肉化していない点は認めないわけにはいきません」と記している（「民族のめざめ―高田求への書簡―」一九五二年九月八日、⑥三一六）。

＊33　前掲拙稿「丸山眞男における「精神の革命」と「大衆」」を参照。

＊34　後年、竹内は、この吉田書簡のもった意味について詳しく解説している（「国交回復の条件」『中国』一九六八年八月、⑪三三一～三三三）。

＊35　『諸君』一九七四年六月号のアンケートでは、「〔天皇制は〕長州閥がこしらえたもの、したがって廃止のためには長州征伐（第三次？）が必要でしょう」と答えている（「私の天皇体験」、⑬二一七）。

＊36　その経緯は、飯倉照平「解説」（竹内編訳『魯迅評論集』岩波文庫、一九八一年）に詳しい。それによれば、「改訳した評論集一冊をふくむ『魯迅作品集』全三冊（筑摩書房、一九六六年）を出し、そのさい岩波新書版の『魯迅評論集』を絶版にした」（二七三

頁）。竹内没後の一九八一年、改訳したものと差し替えて、岩波文庫として刊行されることとなった。

＊37　竹内は、「岩波新書の彼の著書『日本の歴史』を私が第三者に悪文だと評したことがあって、それが間接に教授の耳にとどいたのかもしれない。しかし、それならば私の立証材料をふやすような復讐のやり方は合点がいかない。やはり教授流の「党派性」と考える方が確率が高い」とも記している（前掲「学者の責任について」、⑧二五九）。

＊38　本多前掲書、五一～六九頁、等。

＊39　ビキニ事件については、その社会背景も含めて、『年報日本現代史』編集委員会編〈年報日本現代史〉第一九号『ビキニ事件の現代史』（現代史料出版、二〇一四年）が詳しい。また、小沢節子『第五福竜丸から「3・11」後へ―被爆者大石又七の旅路―』（岩波ブックレット、二〇一一年）、第五福竜丸での被曝者の一人である大石又七による『ビキニ事件の真実』（みすず書房、二〇〇三年）等もある。

＊40　竹内は、日本の「滅亡」、あるいはのちには「亡国」という認識をしばしば示している。彼は、デューイが中国の五・四運動を目の当たりにして「新しい近代の芽生え」を看取し、その一方で「見かけは進んでいるが日本はもろい。いつ崩れるかわからない」という見通しを持ったことをあげており（前掲「方法としてのアジア」、⑤一〇〇）、竹内のそうした認識の背後には、このデューイの影響があるのではないかと考えられる。

＊41　竹内が注目したような観点から山代巴の思想・営みを描ききった作品に、牧原憲夫『山代巴―模索の軌跡―』（而立書房、二〇一五年）がある。

＊42　一九五四年の沖縄人民党事件、ならびに瀬長市長に対する弾圧については、中野好夫・新崎盛暉『沖縄戦後史』（岩波新書、一九七六年）七〇～七四、及び九六～九九頁を参照。

＊43　五月一四日、立命館大学で開催された第一〇回通常総会において選任された（畦地享平「年表・部落問題研究所の五〇年」・部落問題研究所編刊『部落問題研究所五十年のあゆみ』一九九八年、一一三頁）。日記にも、「谷口（修太郎――引用者）君の話では、ヒルを食うか食わないかで部落差別がされるという。市内へ引返して、立命館大学での部落問題研究所の総会におくれて出席する。私はここの所員であり、形だけの評議員である」（日記「転形期（一九六二年）」一九六二年五月一六日、⑯二三〇～二三一）と記している。

＊44　「谷口修太郎さん略年譜」（作成　本多和明）（「谷口修太郎さんを偲ぶ」編集委員会編集刊行委員会編刊『谷口修太郎さんを偲ぶ』二〇〇六年）。

＊45　谷口も、「「竹内好と部落解放運動」については必ずしも明確になっているとはいえない」ことを指摘し、しかし「事実として部落解放運動と竹内好は、きわめてふかいかかわりをもっていた。（中略）魯迅をとおして民衆とは何か人間とは何かを考えつづけた思想家として、差別と迫害のなかに生きている部落の人びとをさけてとおることはできないということである」と述べる（「竹内好と部落解放運動」、⑮「月報一四」一九八一年一〇月、六頁）。

＊46　前掲「谷口修太郎さん略年譜」一〇二頁。

＊47　一九六七年五月二七〜二九日、大阪府高槻市民会館において、第一回部落解放研究全国集会が開催された（部落問題研究所編刊〈戦後部落問題の研究〉第一巻『戦後部落問題年表』一九七八年、二九五頁）。

＊48　谷口修太郎「謹んでわが師竹内好先生を弔う」（『展望』第二二一号、一九七七年）六一〜六二頁。

＊49　前掲「谷口修太郎さん略年譜」一〇二頁。「魯迅友の会」は、一九五四年七月に、『魯迅作品集』の読者組織としてまず準備会が立ち上げられており、一九五七年四月に正式に発足した（「年譜」、⑰三〇八及び三一〇頁）。谷口は、準備会からのメンバーであったことになる。

＊50　加藤昌彦「編集後記」（前掲『谷口修太郎さんを偲ぶ』）一一二頁。

＊51　丸山は、一九五八年九月に行われた橋川文三らとの座談会（「戦争と同時代」『同時代』第八号、一九五八年一一月、『丸山座談』②二〇七）のなかで、次のように語っている。「一方ではぼくは戦争中にしばしば、オレは十八世紀に生れるべき人間じゃなかったのか、という観念に悩んだほど、自由、平等といった抽象的概念に深く心を突き動かされる性質でした。（中略）ポツダム宣言の全文をはじめて見た時「言論、出版、集会の自由」とくに「基本的人権の尊重は確立さるべし」という言葉（中略）それを見た瞬間、からだ中がジーンと熱くなった。（中略）そういうところがありながら、他方では、さっき言ったように、天皇制を廃するなどということは毛頭考えていませんでした」。しかし、竹内を交えた座談の場でのそのような発言の記録としては確認できていない。

＊52　橋川文三「竹内好と日本ロマン派のこと」（一九七七年一〇月、『橋川文三著作集』第一巻、筑摩書房、一九八五年）一九九頁。

＊53　前掲「革命と反動（東洋とヨーロッパ）」。マルクス主義、近代主義の共通する歴史の進歩の観念の重要性をいい、そこに求めるべき普遍的理念が存在すると考える丸山は、ロマン主義の要素を捨てた歴史主義にキリスト教の終末論を否定して出てきた「啓蒙主義の中にある人間の進歩と可能性という理念」が合わさってマルクス主義になったとする（一二八頁）。それに対して竹内は、「プロセス」に依拠しない「永遠の理念」、すなわち孫文や毛沢東の「大同思想」に見いだし、そこに日中に共通する普遍的観念をさぐろうとする（一三四頁）。竹内によれば、西欧と東洋の接触の「実際の具体的なあらわれ方」としては、当然にして「思想というも

の の接触」ではなく「資本主義の侵入、帝国主義の侵略という形」をとるため、「西欧」とは相容れない独自のものになるのである。前掲拙稿「丸山眞男における「開かれた社会」」を参照。

＊54 前掲「二つの「超克」論」一九六〇年二月（前掲『橋川文三著作集』第一巻）二一二頁。

＊55 ただし、それを『日本とアジア　竹内好評論集』第三巻（一九六六年、筑摩書房）に収める際には、竹内自身、「福沢論と東京裁判批判を組み合わせて材料にしたが、展開が十分とはいえない」とのコメントを付している（同書「解題」四二七頁、⑧四三六〜四三七）。

＊56 竹内いうところの文明一元観については、福沢の『文明論之概略』に代表されるものとして、梅棹忠夫との対談（「アジアの理念」一九六一年九月）のなかでわかりやすく次のように説明している。「そこでは世界は、野蛮から文明へ向かって一方交通に進歩する、それ以外の道はあり得ない。世界のさまざまの国は、全部野蛮から文明への一本のコースの上に前後の順で位置していると考えられている。そこで、文明の採用が緊急課題になって、富国強兵その他の国策が決定され、一九四五年の敗戦までつづいてきた。ところで、四五年の敗戦から、どういう反省がなされたかというと、そういう文明一元観そのままで、要するに日本のこれまでの文明化の努力が間違っていたのだという反省がなされた。（中略）ではどこが間違っていたかというと、つまり軍部独裁が成立し、軍・官僚が野望をたくましくしたために、そこからずれたとする――時期でいうと昭和の初めごろになる」（『状況的』一四三）。

＊57 なお、竹内の「アジアにおける進歩と反動」⑤は、その対談のあとに書かれたものと推定される（「解題」『丸山別集』②も参照）。前掲拙稿「丸山眞男における「開かれた社会」」では、丸山の側からそれについて論じた。

＊58 竹内の日記によれば、一九四八年八月三〇日に出席した思想の科学研究会は「Dewey の話」であった（「浦和日記（一九四八年）」、⑯三八）。前述の一九四七年の論文「中国の近代と日本の近代」ではデューイは登場しないが、一九四九年の「日本人の中国観」④で展開される丸山批判においては、デューイに大きく依拠しており、竹内がデューイに着目するようになったのは、このとき思想の科学研究会で取り上げられたことが大きかったのではないかと思われる。

＊59 今日の中国につながる起点として五・四運動が評価されるようになったのが毛沢東の新民主主義論であることは、竹内の武田泰淳との対談のなかでの語りを参照（「私の中国文化大革命観」一九六七年五月、『状況的』二九〇〜二九一）。

＊60 竹内は、平野義太郎は「大東亜共栄圏のカリカチュアを身をもってえがいた」のに対して、「本物の玄洋社流のアジア主義は、見方によっては徹頭徹尾、侵略的ではあるが、その侵略性を平野のように隠してはいない。そして時勢におもねるのではなくて、時には政府に反抗して主張されたものである」と評する（⑧一〇六〜一〇七）。

＊61　道場親信「ゆれる運動主体と空前の大闘争――「六〇年安保」の重層的理解のために――」（『年報日本現代史』一五号〈六〇年安保改定とは何だったのか〉現代史料出版、二〇一〇年）注一三（一三〇頁）を参照。

＊62　日高六郎編『一九六〇年五月一九日』（岩波新書、一九六一年）九六頁。

＊63　竹内の辞職に対する社会の反応については、孫歌『竹内好という問い』（岩波書店、二〇〇五年）一九七～一九九頁を参照。

＊64　日高編前掲書、九三～九四頁、及び⑰三一二。

＊65　日高編前掲書、九三頁。

＊66　丸山もまたこのことについて、「その時ぼくはギリシアの都市国家ポリスの話をしたんですね。「元来デモクラシーというのは、こういうふうに一般の市民が集まって、その場でディスカッションして決めるものであって、これがデモクラシーの始まりなんだ」と直接民主制の話をしたら、あれは本当にいい話だったと好さんから褒められました」と語っている（松沢弘陽・植手通有・平石直昭編『定本丸山眞男回顧談』（下）岩波現代文庫、二〇一六年、二一九～二二〇頁）。なお、丸山を「はじめて大衆運動に引っぱり出した」と書いたことについては、丸山本人から敗戦直後の兵隊から帰還しないころの生活を知らないための誤解だとの申し入れがあったため取り消す、としている（⑨二九〇）。

＊67　日高編前掲書、七四～七五頁（該当箇所は「だいたい」日高が執筆とある）。

＊68　道場前掲論文。

＊69　竹内は二年後に日高六郎と対談し、運動を振り返りながら、次のように述べている。「あの反対運動のなかで大きな勢力を占めた政党、とくに社会党ですが、こういうものがあまり教訓をくんでいないと思うんですね。これが日高さんのおっしゃった組織の老衰、硬化に関係がある。社会党なり国民会議なりが音頭をとればあれとおなじようなものがいつでもできるという甘っちょろい考え方があるんですね。それが実に困る」（「二年目の六〇年安保」一九六二年四月、『状況的』一〇五）。なお丸山は、竹内と異なり既存の政治集団がコントロールしきれなかったのは、これまで「普通の市民」とは隔絶した場所で「不信の爆発」をしていた従来の段階から、「普通の市民」が担い手となる運動に変化したためであると述べている（前掲「擬似プログラムからの脱却」、『丸山座談』④一一三）。

＊70　丸山眞男「復初の説」（一九六〇年八月、『丸山集』⑧）三五四、三五五、等。「八・一五と五・一九」（一九六〇年八月、同三六五～三六六、にも言及がある。竹内もまた、日高との対談のなかで、一九六〇年六月一〇日のハガチー事件を機とするマスコミの「変質」を指摘している（前掲「二年目の六〇年安保」『状況的』一〇七）。

＊71　竹内は、「七月、八月と私は病気して寝ていた」と記している（「水に落ちた犬は打つべし―わが国の民主主義―」一九六〇年九月一三日、⑨二一〇）。
＊72　当時「二十歳過ぎの学生」であった菅孝行もまた、竹内の提言に反発した一人であった。「私は、竹内氏の提言に対して、ここには理解を絶することが書かれていると評した吉本隆明氏（「犠牲の終焉」）のほうに共感したのを今でもよくおぼえている」と記している（菅孝行「幾度かの出会い・急速な訣れ」⑨月報一一、一九八一年七月）。
＊73　丸山眞男も、すでに一九五〇年ごろからファシズムの再来を見ていた。「ファシズムの現代的状況」（一九五三年四月、『丸山集』⑤）など。
＊74　日高編前掲『一九六〇年五月一九日』九二～九三頁。
＊75　ペ＝ペ＝トペハ。日ソ歴史学会（第一～八回、一九七三～八七年）シンポジウムでしばしば報告、発言している。
＊76　さらに日高は、竹内のこの経験が小新聞発刊の志となり、さらに後述する『中国』の発刊へとつながっていったと語っている（前掲「二〇年目の六〇年安保」、『状況的』一〇〇）。
＊77　もともとは「日本のなかの中国」研究会と称したという（「年譜」、⑰三一五）。
＊78　『中国』刊行は竹内の発意によるものではなく、最初にプランを立てたのは尾崎秀樹と普通社の八重樫昊で、竹内は「あんまり気でなかったけど、ゆきがかり上、関係をもって、だんだん深入りした」と語っている。発刊元の徳間書店とは、一九六四年四月に完結した『中国の思想』全一三冊（最初の名前は経営思潮研究会）の監修をしたことからつながりができたものであった（「中国と私」、⑬二二一～二二二）。
＊79　竹内は、「大正の中ごろ以後、特に第一次大戦の時の日本の露骨な侵略と中国を独占的植民地に化そうとする陰謀が暴露され、それが中国の反帝国主義の運動となって爆発してから、日本語の支那という言葉自体にも嫌悪の念をいだくようになった」と説明している（「中国の現状と日華関係」一九五二年二月、⑪一七八）。
＊80　一九五九年、澁澤龍彦が翻訳出版したマルキ・ド・サド『悪徳の栄え・続』が猥褻文書であるとして、澁澤と発行人である現代思潮社の石井恭二が猥褻文書販売および同所持の容疑で起訴された事件。
＊81　詳しくは、根津朝彦『戦後『中央公論』と「風流夢譚」事件―「論壇」・編集者の思想史―』（日本経済評論社、二〇一三年）を参照。
＊82　丸山眞男が責任編集することになっていた「正統と異端」（第二巻）を含む『近代日本思想史講座』の研究会が一九五六年からははじまっており（『丸山集』別巻、六二）、その丸山と竹内が絶えず交流を重ねていたことから、この発想には丸山の影響があるとみ

なすことができるではなかろうか。

＊83　ここでも竹内は、「わたしは去年（一九六五年——引用者）の春から、もう評論はやめたし、もうだいたい言いつくしているので、あたらしい言いたいことがない。それでやめたわけですよ。なるべく外部との接触を断って自分の残された——あと何年生きるか分らないけれども——時間を自分流に使いたいと思っています」と語っている（⑨四一四）。

＊84　竹内は、一九七五年八月八日に行われた兵庫部落解放同盟研究集会にも出席し、来賓として挨拶をしており、竹内と部落解放同盟の関係は晩年近くまで細々とではあれ続いていたことがうかがわれる（「年譜」、⑰三二八）。

＊85　竹内はかねてからAAナショナリズムについて、「わたしはアフリカを含めていわゆるAA諸国と言われているものが今日持っている歴史に対する責任意識、そういうものを純粋に取りだしたら、日本にプラスするものがあるんじゃないか」と述べていた（前掲「アジアの理念」、『状況的』一五一）。

＊86　竹内は、桑原武夫との対談のなかで、「対外的には、政治的独立、国内的には、身分制の廃止と単一市場の形成、これがネーションの条件であって、この条件を満たすために人民が自由意思によって自分の好むような国家を選ぶ。これがナショナリズムだと私は考えます」と説明している（「日本の近代百年」一九六四年一〇月、『状況的』一六六）。

＊87　竹内はかつて、「過去の日本のマルクス主義は、単純化の誤りをおかしたと思う。たとえば天皇制の創出過程、その役割の二面性を分析することなしに、いきなり天皇制をツァーリズムと同一視するようなむちゃなやり方をした」と述べており、すなわち一面は明治政府の創りだした国体論に吸収されたとみなしつつも、もう一面は「伝統」形成の可能性につながると見ていたと思われる（「日本の近代百年」桑原武夫との対談、一九六四年一〇月、『状況的』一六四）。

＊88　竹内はまた、「多大のご迷惑」ということばを田中角栄のあいさつにひっかけて、日本側の姿勢に対して暗に批判を投じている（「一百一　迷惑」一九七二年一一月、⑪一六一～一六二）。

＊89　竹内は、「徳間書店をスポンサーとする自立学校または共同研究集団」と称している（「『十八史略』現代版」一九七四年六月、⑬三八九）。

＊90　丸山があえてこのような注記をしたのは、たんに「民主的」すなわち大衆の意志に機を置くということであれば全体主義となることから（たとえば、「「権力の偏重」をめぐって」一九八八年八月、丸山眞男手帖の会編『丸山眞男話文集』第四巻、みすず書房、二〇〇九年、一七六～一七七頁）、「個人」の要素を不可欠と考えていたからである。

# 第二部　思想と近現代史——各論編——

# 一　〈共通の広場〉の模索
## ――竹内好と第三次『思想の科学』――

廣木　尚

### はじめに

一九五八年、雑誌『世界』五月号は竹内好・石田雄・堀田善衛・加藤周一による座談会「アジアのなかの日本」を掲載した。

日本がアジアに結びついていくための思想的立場をどこに求めるべきか。他の参加者がアジアに対する加害者意識の自覚化や、アジア諸国と共通の現実的課題を発見する必要性を説く中で、竹内好の主張は一人、異彩を放っていた。

大アジア主義というスローガンは偽瞞だということは、誰でも知っているわけだけれども、そういう形を借りてでも表現せざるをえないような基本的な感情が大衆の間にあったことは確かだと思う。それが支配者に利用されたわけで、利用されたのは無知だといって責めれば責められるが、そういうよい方にも悪い方にも利用し得る基礎があったことまでも否定してしまうことはできないでしょう。（中略）自分はつまらぬばかなことをやったけれども、しかしその中に一抹の救いはあった。アジアに対する連帯意識と善意とは最後まで失わなかった。そこに救を求めたい、そういうレアルな願望があるんじゃないか。（中略）やったことは確かに侵略戦争であって、何もインドネシヤ民族を解放しようということで乗り出したわけではない。けれども、建前としては解放の旗じるしを掲げたでしょう。建前としては、アジアとの連帯感がたしかにあったと思う。そういう連帯感を、過去の歴史と一しょくたに否定してしまわないで、これから先にのびる要素として育てていくことはできないか。（一七九～一八〇頁）

日本が犯した侵略行為の責任を問う姿勢は堅持しつつ、竹内は、侵略とみえる行為の中にも「アジアに対する連帯意識と善意」があったこと、それを支えた「民族的使命感」を救いだしたいという「国民感情」が現にあることを指摘し、その「積極的なもの」に「賭ける」意志を表明したのである（一七八頁）。

アジアへの侵略行為の中に「連帯感」を見出す発想は、周知のように、この後、竹内のアジア主義研究の中で頻出するモチーフとなる。[*1] ただし、それを「国民感情」と関係させて論じる仕方には、むしろ、敗戦後から一九五〇年代までの竹内の問題意識が色濃い。この他にも、「国民感情」に根ざした「日本民族の自発性」と、反面での「指導者意識」「優等生意識」の持続等、この座談会で竹内が取り上げた論点の多くは、五〇年代終盤までに彼が向き合ってきた主要な思想課題であった。この座談会での竹内の発言には、一九五八年を基点とする竹内の来し方行く末が端的に現われている。

五〇年代から六〇年代にかけて、日本をめぐる国際環境や社会のあり方が大きく変わっていく中で、思想家としての竹内の営みも変化をみせた。だが、その変化は、年来の課題への息長く持続的な取り組みを通じてもたらされたものであり、状況への単なる対応ではなかったことを、右の発言は示唆している。それでは、六〇年代以降の竹内は、いかなる五〇年代によって生み出されたのだろうか。五〇年代の竹内をみることで、その後の竹内を再検討するための新たな視角を提出することが本章の第一の目的である。

その際、この座談会で竹内と加藤周一が交わした以下の応酬は、竹内の一貫した主題を見定める上でとりわけ重要な意味を持つ。日本の近代に「アジアに対する連帯意識」の「伝統」を見出し、その積極面を生かす方途を講じる必要を説く竹内に対し、加藤はすぐさま反駁した。

しかしね、連帯感だけではいわば形式であって内容がないでしょう。もう少し連帯感の内容を考慮に入れなければ、今後別の方向への成長を期待するといっても、その新しい方向が具体的に浮んでこないと思う。

連帯感という「形式」よりも、何のための連帯かという「内容」こそが重要である。そういって加藤は、かつての「強力なアジアを作る」という「内容」に換えて、「平和」をはじめとする「真に普遍的な価値」を連帯感の基盤に置く必要性を述べたのである（一八〇頁）。

この加藤の批判が、竹内の真意を引き出すことになった。竹内は次のように問い返す。普遍的な価値を目標とすることは良い、しかし、この日本において、そのような価値に接近するための「自発性」をどこに求めるのか。「何もないところから、出発できるか。過去を否定してしまって、果して自発性をどこに見出すことができるか」。たとえ「天照大神」のような「今になってみれば下劣な」形をとったとしても、そのようにしか表現できなかった「日本人の自発的、内発的エネルギー」がかつてあったのであり、それに根差すことによってしか、普遍的価値に接近することはできないのではないか（一八二頁）。

誰もが否定しえない価値だとしても、現実的な基盤がなければお仕着せの掛け声に過ぎない。「形式」を「内容」に優先させていると批判された竹内だが、竹内がまずもって重視したのは、普遍的な価値へのコミットメントを引き出し、その実質的な「内容」をつくりだすための基盤だったのである。そして、竹内は、かつてあった「日本民族」の「連帯感」が、その基盤となる可能性に、危険性を承知の上で「賭け」たのだった。

竹内のアジア主義研究に対しては、かつてのアジア主義者たちの侵略的性格を糊塗し、植民地主義を正当化する結果に陥っているとする批判が根強く存在する。[*2] しかし、その内容の当否とは別に、竹内を「連帯意識」の歴史的探究へと向かわせた動機自体の意味を考える必要がある。後述するように、民衆と共通する生活の地盤を持たないがゆえに、はてしなく「転向」を繰り返すインテリの「優等生意識」の問題や、「国民文学論争」で展開された、閉鎖的な文壇を解体し、文学を国民に解放することで、真の「国民文学」を打ちたてようとの呼びかけ等、今もって高く評価される竹内の問題提起もまた、普遍的価値の基盤を求めた竹内の試行錯誤の一環と捉えられる。ならば、最後は敗れた「賭け」だとしても、だからこそ、その試行錯誤の過程をたどり直しておくことに、現実的な意味があるだろう。

以上の課題のもと、本章では竹内が国民文学論争の渦中で唱えた「共通の広場」という理念を、普遍的価値の基盤を概念化したものと捉え、五〇年代中葉の竹内が精力を注いだ思想の科学研究会での活動に「共通の広場」の実現のための実践を読み取ることで、右の課題に対する一つの仮説を導きたい。

## 1　国民文学論争と「共通の広場」

### (1)　国民文学論の位置

一九五〇年代前半の竹内の言論活動を、普遍的価値の基盤を探究する営みとして振り返ったとき、浮かび上がってくるのが、彼の提唱にはじまり当時の論壇を賑わせた国民文学論である。第一編第一章で述べられているように、この時期の竹内の取り組みは国民文学論の他にもインテリゲンツィア論や日本共産党批判など多岐に及ぶ。しかし、前者ではインテリの民衆に対する、また、インテリ相互間の孤立が指摘され（「インテリ論」⑥八八）、後者では日本の共産主義におけるインテリと大衆との隔絶、それゆえの指導者の不在が指摘されたように（「日本共産党論（その一）」

⑥一四一〜一四二)、日本の根本的な問題を、インテリが「民衆と共通の生活の地盤に立たない」ために、真の意味での思想形成が果たされず、それゆえ「その知的能力を民衆の代弁に役立てることができない」状況にみている点で(⑥八八)、竹内の議論は一貫していた。周知のように、竹内のいう「国民文学は、特定の文学様式やジャンルを指すのでなく、国の全体としての文学の存在形態を指す」概念であり、国民文学論の主題の一つは、「日本の非近代性」を代表する文壇という「ギルド」を解体し、文学を国民的に開放することにあった(「国民文学の問題点」⑦四六〜四七)。これはインテリと大衆との隔絶状態を打破し、思想形成を可能にするためのプログラムを、文学を対象として提出したものと位置づけることができよう。[*3] 国民文学論は竹内が自らの診断を踏まえて考案した社会変革の処方箋だったといえる。

また、竹内が指摘する「日本の非近代性」は、彼が東洋的な近代の型を見出した中国との対比から見出されたものでもある。名高い「中国の近代と日本の近代—魯迅を手がかりとして—」[*4]で、西洋への抵抗を通じて獲得される中国の近代と、抵抗を放棄して表面的に達成されたドレイ的な日本の近代という二つの型を析出した竹内は、その型の相違が、文学の場においては、民衆の要求に表現を与える文学者の機能的役割が確固としている中国と、文学者の言葉が文壇という部分社会(ギルド)の内部にとどまっており、それゆえ「政治と文学」という偽りの二項関係が「歴史的な課題」となっている日本との相違となって現れているとみた(「中国文学の政治性」⑦)。[*5] 多分に理念的なものとはいえ、竹内が中国文学に見出した「文学の国民文学性」(⑦一〇)を、日本においていかに達成するかが、彼が国民文学論で打ち出した課題だったのである。

いうまでもないことだが、インテリと大衆との溝を埋め合わせるには、ただ、そう主張するだけでは十分ではない。論者自身が閉鎖的なギルドの外へ出て、異なる階層、異なる職能の人々とのコミュニケーションを試みる必要がある。国民文学は、それを確立しようとする不断の努力を通じて遂行的に構築されていくものなのである。例によって竹内は国民文学の確立を説きつつ、同時にそれが「完全な市民社会と同様」に困難であるとも述べるのだが（⑦四七）、それは、国民文学の遂行的性格を別面から捉えた指摘ということができよう。

### (2)　呼びかけの射程

階層や職能を越えたコミュニケーションの場を、竹内は「共通の広場」と呼んだ[*6]。竹内の国民文学論は反響を呼び、多くの論者の参入を得て国民文学論争が華々しく展開されることになるが、なかでも竹内による「共通の広場」の呼びかけは、彼の文壇批判と並んで論争が生んだ成果として特筆されている[*7]。

もっとも、右の点を除くと国民文学論争に対する歴史的な評価は芳しいものではない。竹内の議論を含め、国民文学論争にはこれまで数多の検討が加えられてきたが、その結論は松本健一による「不毛」[*8]との論評をはじめとして概して否定的なものである。

多様な論者が参画し、「共通の広場」が現出したかにみえた国民文学論争が、なぜ「不毛」との評価を受けることとなったのか。その一因は多様な論者が参加したこと自体にある。これも繰り返されてきた指摘だが、国民文学論争の背景には、一九五一年のサンフランシスコ講和条約の締結と、同時に調印された日米安全保障条約をめぐる問題があった。論争の口火をきった「近代主義と民族の問題」（一九五一年九月）で、竹内が歴史学研究会と日本文学協会の例を挙げつつ「民族の問題が、ふたたび人々の意識にのぼるようになった」（⑦二八）と述べているように、敗戦によって凍結された「民族」や「国民」をめぐる問題が講和をきっかけに再浮上したことが、国民文学論争が狭義の文学者にとどまらない幅広い分野からの論者を得た理由だった[*9]。しかし、それはコミンフォルムの批判に端を発する日本共産党の路線対立が論争に持ち込まれる結果をもたらした。「進行係り」として有効な争点を探ろうとした竹内の努力もむなしく（「文学の自律性など―国民文学の本質論の中―」⑦五五）、「無残な〝政治〟の干渉」（前掲本多二四二頁）によって、竹内の問題提起は有意味な成果をもたらすことなく流産してしまったと位置づけられている。ただし、「不毛」さの要因は、そのような外在的な要素だけでなく、主唱者である竹内の姿勢にも帰せられている。文壇の解体を叫ぶ竹内の発言が、その実、つねに文壇に向けられているとして「「ひとさわがせ」の一語につきる」とした福田恆存のように[*10]、既に論争の最中から竹内の議論の矛盾点は指摘されていた。その後も、竹内自身が国民文学論の問題提起を具体的に咀嚼しえていないとした本多秋五や（前掲本多二三六頁）、最近では、竹内の議論が非日本民族や認識を共有しない他者をあらかじめ排除した上で成り立っているとみた内藤由直など（前掲内藤一〇一〜一〇二頁）、竹内の問題提起を高く評価する論者においても、その議論の不徹底や自己矛盾が指摘される状況にある。

ただし、以上のような竹内への批判は、それ自体が、検討対象を国民文学論争の範囲に限定したものである。竹内は「共通の広場」の実現には「多くの人」の協力が必要だとし、「私たちの世代の手で実現することを疑う」としつつ、「次の世代に芽生えている好ましい兆候に対しては、私は大きな期待を寄せている」と述べた（⑦三三二）。この発言は竹内が自らの認識が「論壇人の理解の域にとどまって」（本多二三六頁）いることに十分に自覚的だったことを示していよう。そうであれば、国民文学論争という「論壇人」の領域の外にまで考察の範囲を拡大して、呼びかけの射程が本当に文壇・論壇の中にとどまるものであったのかを再検討しなければ、竹内の国民文学論の真価を決することはできない。文壇の解体を説く竹内の文壇的性格を批判する側も、結局は、その視野を文壇・論壇に限定してきたということに、国民文学論争を「不毛」にした要因の一端があるといえよう。

実のところ、このような論点は、前田愛によって早くから指摘されていた。前田は「竹内好個人の視点、文壇内部の視点、民主主義文学陣営の視点から、色とりどりに論評されてきた国民文学論は、「思想の科学」の運動をくりこむことによって総体的にとらえなおすことが可能になるのではないか」と述べ、従来、別個に論じられてきた国民文学論と思想の科学研究会の活動を「総体的」に把握する必要を提起した（前掲前田三五六頁）。次節以降で詳しく述べるように、竹内は一九五三年に思想の科学研究会の会長に就任すると、翌年には会誌『思想の科学』の編集長となり、同会の活動に中心的役割を果たしていく。前田は、この間の竹内の問題意識の連続性に注意を促したといえるが、これまで必ずしも関心が払われてこなかった。[*11]

国民文学論争では、文壇からの発言は一九五二年で収束し、その後は政治的な論議に傾いていったとされるが（前掲本多二四二〜二四九頁）、当の竹内は一九五四年の時点で「国民文学論は、一九五一年（講和条約の年）ごろからおこり、五二年にはジャーナリズムでさわがれ、五三年にはジャーナリズムでは下火になったが、その精神と運動は、国民の各層の間にますます浸透していった、と私は判断する」（「文学における独立とはなにか」⑦八四）と述べ、異なる状況認識を示していた。竹内は「多くの人」の範囲が「国民の各層」へと広がっていったことを感得していたのである。論壇の議論が下火になった後も、竹内は「共通の広場」の模索を続けていた。この点を確認して、次節からは五〇年代中頃の竹内が、文壇・論壇の外部と接点を持つ場となった思想の科学研究会での実践をみていきたい。

## 2　思想の科学研究会への「合流」

雑誌『思想の科学』は一九四六年五月、鶴見俊輔・鶴見和子・武谷三男・武田清子・都留重人・丸山眞男・渡辺慧の同人七人によって創刊された。同年六月に復員したとき、『新日本文学』など「生き残ったプロレタリア派がわが世の春を謳歌するのを私は祝福しないではなかったが、自分とは別の世界であると感じた」という竹内だったが、市場で手に入れた『思想の科学』には新鮮さと魅力を感じた（「新日本文学会への提案」⑬一〇五〜一〇六）。日記によると、一九四八年六月二四日に『思想の科学』合本ⅠⅡを、七月八日に六月号を購入したとある（⑯二八・三〇）。

一週間後の七月一五日、竹内は『思想の科学』の編集を切り盛りしていた鶴見俊輔に会っている。後に竹内が「面識のない鶴見俊輔がいきなり私を訪ねてきて、私に思想の科学研究会への入会をすすめたときは、私は二つ返事で承諾した」と回顧しているのは、この時のことだろう（「新日本文学会への提案」⑬一〇六）。この出会いがよほど印象深かったのか、翌日の日記には「『思想の科学』の旧号を通読、いろいろおもしろい文章がある」と書きつけた（⑯三二）。その後、八月三〇日には「思想の科学の会に出席」とある（⑯三八）。

復員後の竹内は、新刊の書籍や敗戦後に創刊・復刊された諸雑誌を読み漁っているが、日記を読むかぎりでは、丸山眞男などの例外を除き、その評価は辛い。新日本文学会や共産党へ入ることも拒んだ竹内が（⑰三〇四〜三〇五）、思想の科学研究会にだけは「二つ返事で」参加したのはなぜなのか。編集長として関わった最初の『思想の科学』の座談会で、竹内は以下のように述べている。

私がなぜ「思想の科学」の運動に入ってきたかというと、思想の科学の運動には二つの惹きつけられるものがあったんです。一つは学問のいろいろな領域の間の綜合を企てる、つまりインテリの各種の横の分野のバラバラになっているものを関係づけるという役割があったと思うんです。これには敗戦の経験が底にあると思うんですね。もう一つは思想の成り立ち、基本の条件というか、インテリと大衆の間の溝を埋めるといってもいいんですが、その方向があった。外国の本から受売りしているのが学者といわれてきた。それでは困るから民衆の生活の中から思想を育てる。それには思想がどういうふうに成立っているかという条件を考える方向があったと思うんです。この二つがあって、それらは今迄になかったものなので魅力があったんです。自分もそういうことを考えておったところ、こういう運動があったから合流するようになったんです。[*12]

「バラバラ」になっている「インテリ」の「各種の横の分野」を「綜合」する。「インテリと大衆の間の溝を埋める」。いうまでもなく、これは前節でみた国民文学論の課題にほかならない。『思想の科学』が「創刊の趣旨」で掲げた「本誌は、読者よりの寄稿批評と、これに対する執筆者の応答との為の欄を設ける。かくして、読者と執筆者との活発なる論議に依り、本誌の代表する思想が、漸次敷衍され進化して行くことを希望する」との文言は[*13]、まさに、同会が「共通の広場」の構築を目指していたことを示していた[*14]。竹内は「自分もそういうことを考えておった」時に、『思想の科学』にめぐりあい、その運動に「合流」したのである。

もっとも、先駆社から刊行された第一次『思想の科学』(一九四六年五月～一九五一年四月)から発行元を建民社に移し、誌名を『芽』に改めた第二次『思想の科学』(一九五三年一月～一九五四年五月)まで、同誌への竹内の寄稿は無い[*15]。しかし、創刊当初の『思想の科学』が寄稿者を会員に迎えることで会の拡大をはかる傾向にあったことを考えると、むしろ、読者として内容に共感して参加した竹内の主体性が際立つ。

その共感は決して竹内の一方的な入れ込みではなかった。鶴見俊輔にとっても竹内との邂逅は「戦後のもっとも大きな事件」と捉えられた[*16]。鶴見は竹内と交際がはじまったきっかけを、一九四八年一〇月に竹内が雑誌『総合文化』に発表した「指導者意識について―「魯迅と日本文学のうち」―」に求めている。同論文に感銘を受けた鶴見は、鶴見和子・武田清子・市井三郎・鶴見良行に掲載誌を配るとともに、竹内に宛て「ファンレター」を認めたのである[*17]。この手紙に接した竹内は「「『指導者意識』拝見、一種の感激を以って読みました、批評とゆうものにこれほど心を動かされた事はありません」とある。うれしい」と、無邪気なよろこびを日記に記している(⑯四四～四五)。そんな竹内を鶴見は「意外にミーハー的なんだよ(笑)」と笑うが(前掲鶴見・上野・小熊一九九頁)、「ファンレター」であれば何でもよかったというわけではあるまい。既刊の『思想の科学』を読み込み、高く評価していた鶴見からの賛辞であればこそ、竹内は手紙の文面を日記に書き写すほどの喜びを感じたのだろう。思想の科学研究会にとっては、竹内の参加は狭義の「悔恨共同体」から新たな段階に入る画期をなした[*18]。

一九四九年七月一四日、社団法人思想の科学研究会の発会式に竹内も出席、会員となる。一九五三年一月には出版企画委員に、七月二七日には会長に就任した竹内は、月例研究会にも毎回出席し、名実ともに同会の中心メンバーとなっていった。そして一九五四年五月、講談社を発行元に第三次『思想の科学』が創刊されるのにともない、竹内は会長兼編集長として、同誌の編集を担うことになる。[*19]「共通の目標」へと向かう協力者と媒体を得て、竹内は何を呼びかけ、いかなる応答を得たのだろうか。節を改め第三次『思想の科学』の内容を吟味したい。

## 3　応答と反響——第三次『思想の科学』という場——

### (1)『思想の科学』の転換

「創刊の趣旨」で読者からの寄稿批評を募った『思想の科学』だったが、実際は第二次まで寄稿はほとんどなかった。読者からの反響が目に見える形で現れ、その中から新しい書き手を生み出すことになるのは、第三次『思想の科学』の時期である。この変化は「一種のポピュリズム（大衆主義）」の採用による「啓蒙」時代からの脱皮とされるが、それに影響を与えたのが第一号に「アマチュア思想家宣言」を寄せた梅棹忠夫と、新たに編集長となった竹内好だった。[*20]竹内は第一号の巻頭に「読者への手紙」を記し、改めて「共通の広場」の構築を呼びかけていくのだが、これについては後述する。

「ポピュリズム（大衆主義）」の採用を活動媒体の面で裏づけるのが、一九五四年七月からはじまった『思想の科学会報』の発行である。[*21]「外」に「新しい思想運動」を展開する『思想の科学』に対し、『会報』は「内に会員相互の交流促進を図った」媒体とみなされ、[*22]全国各地の会員やサークルの活動報告と情報交換の場となった。『会報』の発行は、その内容とともに、七人の知識人の「サロン」としてはじまった思想の科学研究会の活動が、「大衆」の中へと広がっていったことをものがたる事実である。

先に、竹内が一九五三年以降、国民文学論の精神と運動が国民の各層へと浸透していったと述べているのをみたが、

『会報』の中でも、自分たちが立ち上げたサークル運動を「歴史学研究会の「国民のための科学運動」」や「鶴見和子さんたちの「大人の生活綴方運動」」、そして「文学の方面での「国民文学の運動」」につらなる「広い大衆との間にあるくいちがいをうづめる一つの有効な運動」と位置づける認識が示された（「庶民列伝ハンドブック試案」『会報』一号）。第三次『思想の科学』の画期性は、内容の上からは記号論から「生活記録路線」への転換と把握されているが、[*23]生活記録運動の先駆をなした無着成恭編『山びこ学校』（一九五一年）に触発されたことと合わせ（「亡国の歌」⑦二一）、状況認識の共通性もまた、国民文学論から第三次『思想の科学』へと問題意識が受け継がれていったことの証左となろう。

## (2)「共通の広場」の実現に向けて

後述するように、第三次『思想の科学』はわずか一二号で休刊となる。その全号の特集タイトルを順に列記すると、「今日の思想」「日本の中のアジア」「あらそい」「生活綴方」「伝記を見直す」「文学と人生」「どう生きるか」「読者の問題」「世界の未来」「職場は人間を変える」「女性は何にたのしみを求めるか」「常識より科学へ」となるが、一見して明らかなように、それぞれの特集は単発の企画ではなく、「生活綴方」から伝記、「文学と人生」から生き方や「読者の問題」、「職場」から女性の生活へというように、前号で提起された論点が後の号に受け渡され、主題化される有機的な関係にあった。

重要なのは、このテーマの連なりが編集サイドの一方的な筋立てではなく、各号の読者投稿欄に寄せられた意見や、アンケートの内容に耳を傾けながら設定されていったということである（高木宏夫「私はこう考える―新しい編集責任者からのお答え―」『会報』五号、掛川トミ子「読者は「思想の科学」に何を求めているか」『会報』六号等）。編集担当者である事務主任は一九五四年一〇月までを仏文学者の多田道太郎が、それ以降を宗教学者の高木宏夫がつとめており、右のような誌面作りは直接的には彼らが担っていたと考えられる。しかし、その大方針は編集長の竹内好によって明示されたものだった。先に触れた「読者への手紙」がそれである。少し長くなるがその内容を以下に示そう。

読者は、この雑誌全体があなたへあてた手紙だと思って、この雑誌をよんでいただきたい。私たち雑誌の製作者は、あなたがた読者とまともに向きあって話しあう姿勢で、雑誌を作ってゆきたいと考えている。（中略）

思想とは、何か外界にある実体のようなものではなくて、私たちが生きるために、よく生きるために、それを使うもの、という風に私たちは考える。いわゆる思想家の専有物ではなくて、人がだれでも本来にもっているものである。それをそだて、その法則をつかむことによって、さらにそれをよくそだててゆきたい。それには、専門家だけが書斎の中で孤立して考えたり、外国の本をよんでそれを読者に紹介する今までの雑誌の形ではダメなのである。どうしても生活の中にはいり、そこから問題をくみ取り、協同して法則を探求しなければならない。そういう思想運動の手段としての雑誌を私たちは考えているのである。

だから読者の方でも、気に入ったものだけを選択してよんで、よみ捨てにするという風でなしに、この思想運動にサンセイして下さるならば、進んで雑誌の製作に参加していただきたい。ありきたりの商品雑誌でもなく、ありきたりの投稿雑誌でもない。日本人全体の思想をそだてる運動のための共通の広場に、この雑誌を協同してそだててゆきたい。（竹内「読者への手紙」『科学』一号）[*24]

思想を「いわゆる思想家」の専有物ではなく、「よく生きる」ための術として捉えなおし、そのような実質を備えたものへと育てるため、読者に積極的な「協同」を呼びかける。いうまでもなく、この「思想運動」の構想は竹内の国民文学論と地続きの関係にある。国民文学論でも「日本人を根本的に規定し、動かしているものは、インテリの頭脳に投影しているコスモポリタンの思想ではなくて、生活の中から生れる思想」とされ、そこから発する「新しい読者の文学要求」に対応するために「作者と読者の関係を変えていく」ことが訴えられたのだった（「文学における独立とはなにか」⑦六九・八三)。

雑誌『思想の科学』はこの「思想運動」の媒体と位置づけられているのだが、その際、媒体の性格を表すために竹内が用いた比喩が「共通の広場」だった。読者が進んで雑誌の製作に参加し、「日本人全体の思想をそだてる運動のための共通の広場」。欄外には、この語の説明として「色々な立場の人達が自分のカラを飛出して、話し合う事のできる場所」との註釈が付された。あらかじめ意思統一がはかられた硬い集団による運動ではなく、「色々な立場の人達」が「自分のカラを飛出し」、自己変革を伴いながら思想を育て上げる。「共通の広場」を育てるための、また、そのことによって「日本人」の思想をそだてるための運動を、竹内は多様な人々の協同を通じて作り上げようとしたのである。

事実、竹内の呼びかけは「専門家」の外への訴求力を持っていた。当時、群馬県で工場勤めをしていた大野力は、「この呼びかけにワクワク」し、思想の科学研究会の会員となった(前掲大野)。日本共産党の活動家でもあった大野は、有志とともに思想の科学研究会の群馬県東毛支部を立ち上げ(大野「私たちのグループで話しあったこと」『会報』七号)、共産党と袂を分かった後は、思想の科学研究会の中心的なメンバーとなっていく。

誌面の中でも「竹内氏の「読者への手紙」と「新しい思想の出発」とを読んで雑誌の意図を積極的に支持する」といった反響があった(「思想のひろば」『科学』三号)。また、主要な書き手の一人だった哲学者の三浦つとむは「竹内好さんも云われたように「進んで雑誌の製作に参加していただける」ような組織形態をつくりあげる必要があるのだが、それはまだ実現していない」と述べて、竹内の理念に照らし合わせて現状の問題点を指摘した(三浦「組織の意義」『科学』五号)。休刊間際に編集者から発せられた反省の弁も、「読者への手紙(竹内好)でいわれた「私たち雑誌の製作者は、あなたがた読者とまともに向きあって話しあう姿勢で、雑誌を作ってゆきたいと考えている」という言葉をどれほど実践できたかを考えてみると、まだまだ不充分な点ばかり目につきます」と、やはり竹内の理念に引証した内容となった（江藤寛子「編集室から」『科学』一一号）。一二号ある第三次『思想の科学』の中でこれほど繰り返し言及された文章は他になく、竹内の呼びかけが当事者の中で絶えず立ち返るべき指針として共有されていたことが読み取れる。

それればかりではない。竹内の唱えた理念は他の論者の主張と共振し、各々の言葉に置き換えられつつ、反復されていった。武田清子は二号の「読者への手紙」で「書く人も読む人も共に共同研究者として追求してゆこう」と呼びかけた。鶴見和子はその号の特集（「あらそい」）に絡めつつ、「けんか」というものを「お互いに今まで気のつかなかった自己をひらめくように発見したり、お互いの立場をよりよく理解し、自分の考えをのばしてゆくキッカケ」と捉えて、『思想の科学』を「さまざまのちがった意見の人たちが、ほんとに火花を散らしてけんかしあえる場所に、育ててゆきたい」と語った（鶴見和子「読者への手紙」三号）。木下順二は「読者が『思想の科学』のワク内に引っぱりこまれ、そこで批判や感想が出されるだけでは、『思想の科学』は民衆の中に根づかず孤立するだろう」とし、「むしろ読者が読者の生活の中にそれをひっぱりこみ」「熱っぽい議論」をかわすことによってこそ、『思想の科学』は豊かな成果をもたらしうる場となるとした（木下「読者への手紙」四号）。他にも枚挙に暇がないが、竹内の呼びかけが他の論者を触発し、共感をともないつつ、各々の思考を促していったプロセスが浮かび上がる。

理念の具体化という点では、三号の「編集後記」への反響にその一端を伺うことができる。そこでも竹内の提唱を受けて「どうぞこの広場を、あなた方自身の思想をそだてる場にしてください」との呼びかけが行われたのだが、問題は、それに続けて、多くの読者の参加によって「やがてこの雑誌は、編集者なしの、名目通り読者のつくる雑誌となるでしょう」との将来像が語られたことだった。これに対しては、好意的な応答を寄せた読者がいる一方で（「読者の郵便箱」『科学』五号）、三浦つとむからは「わたしは、読者が編集に参加することを望みこそすれ、編集者なしにすることには反対である」との批判を浴びることになった（前掲三浦「組織の意義」）。『思想の科学』を「共通の広場」にするという理念では一致をみても、その具体像においてはズレがはらまれていたのである。

しかし、この事態は、早くも『思想の科学』が「色々な立場の人達」が「熱っぽい議論」をかわす場となろうとしていたことの現われということもできる。竹内のもとを離れて交わされた「共通の広場」づくりの議論は、それ自体が「共通の広場」をつくりだし、課題の具体化と深化をもたらす可能性をもった[*25]。

### (3) 連帯の実践と探求

もちろん、思想の科学研究会の転換を、中途で合流した竹内だけが主導したというのは言い過ぎだろう。しかし、「当時のこの会の特徴であったサロン的な雰囲気に私はなじめず、気おくれを感じた」(「新日本文学会への提案」⑬一〇六)という竹内が、それでも入会して「思想運動」を呼びかけたことの意味はやはり大きい。先に取り上げた座談会「新しい思想の出発」の中で、初期の思想の科学研究会を「アメリカ帰りの学者のあつまり」とみて敬遠していたという三浦つとむに、竹内も同感の意を示しているのだが、大野力は彼らの存在に勇気づけられて入会に踏み切ったのだった(前掲大野[*26])。竹内が半ば部外者だったということが、彼が「サロン」の内外を橋渡しして「広場」への脱皮を促す媒介となりえた一つの要因だった。

竹内が『思想の科学』に見出した「インテリと大衆の間の溝を埋める」という役割を、自ら実践している読者も現れた。西村一雄「乙女たちは考える──「平凡」読者との文通──」(『科学』一号)はその報告である。京都大学の学生だった西村は、病気療養中、「私達のように学校で学ぶ機会に恵まれた者と、その機会に恵まれず農村や漁村で働いている青年の方々との間に、非常に大きな溝のある事」に思い至った。「都会と地方とのギャップ」「インテリと労働者との断層」「男と女との差」といった「溝」を埋めるべく、西村はそれまで「ミーハー族の読むものだと馬鹿にもし」ていた雑誌『平凡』に文通希望の投書を行う。返信は約一一五〇通にも達し、その影響力の大きさに西村は『平凡』に対する認識を新たにした。

返信の主は、ほとんどが一六歳から二三、四歳までの女性で、高校生や洋裁学校の生徒に加え、「女工」や事務職員、「看護婦」など労働者も多かった。西村は一通一通を読み込み、彼女たちが、教えを請い、議論しあえる文通相手を渇望していたことを知る。

僕等の考えを一方的に押しつけてはいけないし、また自分達の考えを直ぐに賛成して来たり、共鳴して来た事のみを喜んだりするのは誤りであって、どんな考えにしても、それがその方の生活の中に育ち、生活の中にしっかりと根をもってこそ、その人自身の強い本当の思想となり考えとなるのであるから、僕達は一緒に色々な事について意見を交換し、話し合いを続ける事が大切なのだ。

そう自らに言い聞かせながら、西村は京都の大学に通う友人たちの協力も得て、膨大な数の文通を続けた。この文通は、西村にとって「平和運動」「思想運動」「生活綴方運動」であるとともに、「自己の改造の運動」でもあって[*27]、決して一方的な啓蒙を意図したものではなかった。

やがて秋田県の鉱山に就職した西村は、自らが属する事務職員と、鉱夫たちとの間に厳然と存在する「職場内に於ける身分制」に矛盾を感じ、悩みながらも「出来るだけ多くの人との正しい結びつきを作り上げ、共に考え、共に語り合えるような場」を作るための実践を続けていった（西村「労働者の中で―職場の記録―」『科学』四号）。「共通の広場」の理念は、西村のような実践とも響き合い、具体化されていった[*28]。

直接的な実践だけではなく、歴史の中に連帯の糸口を探る試みも行われた。加藤秀俊・竹内好「アジアに散らばった日本の兵隊―彼らは何を見、何を感じたか―」（『科学』二号）は、アジア太平洋戦争を日本人と他の民族との史上最大の「文化接触」と見なす視点から、日本兵のアジア観を分析した論稿である。インタビューを通じて、旧日本兵の中に「ヨーロッパ↓日本↓アジア」という「文化的優越性のハシゴ」と、アジアの諸民族に対する「同質的な親しみ」「一種の連帯感」との両方を見出しつつ、アジアの「盟主」たらんとした日本の敗戦が、かえって「アジアは一つ」というスローガンに「真の意味」を付与する契機になったとする。後のアジア主義研究に通じる観点が提示されている。

竹内の国民文学論の理念型として「文学の国民文学性」が確立されつつある中国が想定されていることは先述した。第三次『思想の科学』にも、竹内の主張を裏づけるように、引揚者からの「百年続いた革命運動が成功して、みんな正々堂々とした顔をして、意気揚々としている」といった現代中国認識や（福地いま「中国の田舎で何が起ったか」『科学』一二号）、北京の大学生と交流した南博による「中国の学生大衆は、大衆の中から出てくる学者、思想家としての教育と訓練を受けていることを、かぎりない誇りと愛情をもって、私に話してくれました」との報告など（南「読者への手紙」『科学』八号）、新中国に対する好意的な観測が語られた。このような中国認識が共有されていたことも、竹内の提唱する「共通の広場」づくりが、実現可能な見透しをもって受け入れられた背景にあるだろう。[*29]

## (4) 課題の共有と深化——大衆文化研究をめぐって——

「共通の広場」づくりとその歴史的探求の試みが、共同研究に昇華される可能性を持ったという点で、特筆すべき成果がもたらされたのが大衆文化研究である。吉川英治の小説を含め、大衆文化は竹内が参加する前から思想の科学研究会が取り組んでいた研究テーマだった。しかし、六号に掲載された竹内の「吉川英治論」は、他の書き手との問題意識の共通性や、その後の研究への影響力という点で[*30]、第三次『思想の科学』を代表する論稿に加えることのできるものである。[*31]

ここで竹内は、「大衆文学」を「純文学」よりも一段低く位置づける「文壇」的な認識を批判し、「吉川文学のもつ大衆性は、その芸術性と離れたものではなく、そしてその芸術性は谷崎文学の芸術性とも共通だ」とする。その上で、竹内は、吉川文学の性格を「日本的なファシズムのイデオロギイにつながるもの」としつつも、それは吉川が時局に迎合したからではなく、むしろ「ファシズム」を「組織」したが故であるとした。多くの読者の「共感」を獲得した吉川文学を、竹内は「ほとんど外形上は国民文学に近い歴史小説の型」を持っていると評価する（⑦一八九～一九九）。

このように吉川文学をみとめた竹内は、それゆえ、吉川文学に描かれた「庶民的な境遇から身を起して、貧しさや権力の圧迫に抵抗しながら、しかもなお自我をまげずに、わが道を貫くことによって権力に妥協を迫り、その妥協において絶対権力に安んじて屈服する」という人物形象の中に、「文学者吉川」と彼の読者である「圧迫されている農民および中間層」に通底する「自力更生の意欲が不可避的にファシズムの方向にまげられていく歴史的制約」を見出すことになった。「文壇」的な価値観から離れて、吉川文学の「芸術性」を評価するからこそ、竹内はそこに「ファシズム」に至った文学者と大衆の「制約」を透視しえたのである。そして、その先に竹内は「弱いものが真に救われるためには、予定調和を破る契機を、外から加えるのでなく、予定調和そのものの内部で自力で発見しなければならぬ」という課題を発見した（⑦一九九～二〇〇）。

周知のように、国民文学論争の中で、竹内は「マルクス主義者を含めての近代主義者たち」が「「日本ロマン派」を黙殺すること」をはじめとして、「血ぬられた民族主義をよけて通った」ことを、「戦争責任の自覚の不足」であると糾弾した（「近代主義と民族の問題」⑦三一～三六）。最も否定的な事象の中から「積極的なもの」をつかみ出すことが、「血」を荒い清めるために竹内が見出した方法であり、戦時期に高唱された「国民文学」の語をあえて用いたこともその姿勢の現れだった。[*32] この後、竹内は論文「近代の超克」で日本ロマン派とも向き合うことになるが、本来、「国民文学のモデルにすることはできない」としていた吉川英治や中里介山の文学に（「国民文学の問題点」⑦四七）可能性を探ることも、このような一貫した問題意識に基づく取り組みだったといえる。

そして、この竹内の問題意識は、第三次『思想の科学』に登場した新しい書き手にも共有されていた。新潟で工員をしながら文筆活動を始めていた佐藤忠男は、「任侠について」（『科学』四号）で「ヤクザ物語」を分析し、その本質を「大衆のウップンを適当に発散させながら、その方向を、自ら途中でねじ曲げたり、押し止めたりすることによって」「支配者」にとって害のないものへと変質させる機能を果たす「封建時代における庶民の感情の安全弁」であると喝破した。佐藤は「支配権力に対する反抗心を」ヤクザのような「一部の暴力的な連中に依託することこそ、ファッシズムのもと」であるとも述べる。竹内の吉川文学評価に通底する指摘である。

過去の大衆文学を扱った竹内や佐藤に対し、現在に題材をとって大衆の文学要求を探ったのが大野力「君の名は」（『科学』六号）である。大ヒットドラマ『君の名は』を地元、桐生の「ハタオリ女工」がどのように摂取しているのかを分析した大野は、「恋愛もの」という世評とは別に、彼女たちが『君の名は』を「「家」の重みにあえぐ苦しみと抵抗の道すじ――つまり女性が古さ弱さから、自主的に生きようと立ち上って行く物語」として受容していることを発見する。それが「悲しさや苦しさが社会的な広がりで説明される反面、逆にそれらを止むをえないもの――つまり「人の世の人と人との交わりの悲しさよ」と片づけられる危険がある」ことに留意しつつも、「生活に有用な面と無用な面を、彼女らは直観的につかむ能力がある」として、そのリテラシーを高く評価した。結論として、大野は「大衆自身は、その作品自身とは別に、その作品を通じて何かを求めています」と述べ、大衆の文学要求をつかみとるという国民文学論以来の課題を、改めて提起することになった。

前田愛は、大野の報告が伝える『君の名は』への人々の熱狂に注目して、大衆文化状況を前にした竹内の路線変更と「後退戦」の背景を読み取っている。[*33] しかし、この後に進行するだろう悲観的な行く末とは別に、ここで大野が強調しているのは、国民文学をもたらしうる大衆のリテラシーへの信頼だったといえる。

後に竹内は「わたしが「近代の超克」を書いたのが五九年で、あれは国民文学論のさわぎに対する失望感があったわけです」と述べ、国民文学論を「過去の遺物」と吐き捨てることになる（「予見と錯誤」⑨四一五〜四一八）。自らの問題提起が理解されないことへの失望がこのような言動となって現れたと考えられるが、佐藤や大野ら、第三次『思想の科学』がすくい出した新しい書き手こそが、竹内が「文壇」の内部に見出しえなかった伴走者となったといったら言い過ぎだろうか。いずれにしても、かつて竹内が期待を表明した「次の世代」の中から、竹内の問題意識に共振する書き手が登場したことは確かである。

## 4 「広場」の強度――『サンデー毎日』事件をめぐる葛藤――

しかし、竹内の理念を具体化させるさまざまな契機を宿したまま、一九五五年四月、第三次『思想の科学』は一二号をもって突然の休刊を迎える。鶴見俊輔による最後の「編集後記」は「この雑誌を支援してくださっつ《ママ》た読者のかたたち、投稿をよせてくださったかたたちの力を、私たちの運動にいかすことができなかったのは、私たち、会を推進してきたものの力の限界です。看板をおろすことによって、自分たちの無力の自覚の標識とします」という謝罪文となった。創刊からわずか一年、『会報』の発行は続けられたとはいえ、「溝」を埋めようとする連帯の試みも、途についたばかりの共同研究も、多くが停滞を余儀なくされた。

休刊の原因は、当初、出版契約の更新を希望していた講談社が、「経済的事情」を理由に急遽打ち切りに転じたことにあった（鶴見俊輔「事務局から」『会報』八号）。ところが、その後、三月一三日発行の『サンデー毎日』に思想の科学研究会に関するゴシップ記事が掲載され、事態は急変した。

記事の内容は『思想の科学』の発行をめぐる不正経理に関するもので、「雑誌編集の実務にたずさわっている、ある新進の学者」が、講談社から支給された編集費を「編集助手をしている某女」のために流用し、それが発覚したことで、会に内紛が生じ、講談社も関係を絶つことにしたというものだった[*34]。名前こそ伏せられていたものの、不正の主としてやり玉に挙げられたのが鶴見俊輔だということは明らかだった[*35]。

この記事そのものは、その後、根拠が示されることも続報が報じられることもなく、取るに足らない飛ばし記事といえた。しかし、その背景には日本共産党と民主主義科学者協会の内紛と絡み、思想の科学研究会を再編しようとする一部の会員の策動があった[*36]。国民文学論争と同様、「共通の広場」をつくる試みは、再び〝政治〟の干渉によって潰えようとしていた。この危機に際し、竹内は思想の科学研究会会長として問題解決の指揮を執ることになったのである。

あらかじめ述べておけば、この事態への対処の仕方にこそ、「共通の広場」という言葉に込められた竹内の思想が、書かれたもの以上に表出することになった。以下、問題収束までの展開を追っていこう[*37]。

三月一〇日、竹内好、武谷三男、南博、宮城音弥、鶴見和子の評議員五名が『サンデー毎日』石井編集長に抗議を申し入れた。一七日には神田一ツ橋の如水会館で思想の科学研究会の拡大評議員会が開かれ、会の経理が公開、不正のないことが確認されるとともに、出席者全員の署名によって『サンデー毎日』に抗議する「声明書」が策定された。三月二〇日付の『サンデー毎日』は、抗議を受けて「関係者中その事情を納得していなかったものの誤伝にもとづく報道であった」とする訂正文を掲載したが、前の記事を裏づける根拠があるかのような印象を与える内容だとして、二四日、思想の科学研究会は再度の抗議を行った。四月一四日の拡大役員会でも関係者全員で不正の事実が全くないとの結論に達し、以上の経過を経て、一六日には臨時総会が開催された。

臨時総会では「マイクを配して、テープレコーダーでいちいち発言を記録するなど、真相糾明への緊張したもののしさが、会場に流れていた」(前掲大野)という。竹内は役員を代表してこれまでの経緯を説明するとともに、今回の事件が「日本の民間思想団体が極めて育ちにくい事実、自由な発展を阻まれてきている事実」と関連する重大事であるとの認識を示し、「真相の徹底的な糾明と事件の処理を継続する方針」を約束した。これを受けて、最後に三月一七日の「声明書」に対する七二名の出席者全員の支持を取り付けて臨時総会は閉会した。真相究明について全会員が評議員会に委任する形となり、会の内部がこれ以上混乱する事態はひとまず回避された。

そして、三ヵ月後の七月九日、如水会館で開催された定期総会は、約七時間もの時間を費やした、『サンデー毎日』事件の総括と、今後の会の方向性を決する重要な場となった。[*38]

冒頭の会長による事業・一般報告の中で、竹内は臨時総会後報告するに足る事実をつかめていないこと、真相究明のため引き続き援助をこう旨を述べた。その後、評議員の改選を挟み、いよいよ参加者全員で今後の会の方向性を議論することになった。

まず竹内によって、①会を存続するか解散するか、②存続する場合、発会当初の「純粋に学者の交流の場としてのサロン」に戻るのか「このまま、大衆思想運動として発展させる」のか、③「大衆思想運動」の中身として「政治運動」にまで発展させるのか、現状の「学問の立場をくずさない線」を続けるのかとの論点整理が行われ、これに沿って議論が進められた。

解散論は主として大学に籍を置く学者からのもので、ともに途中退席していた評議員の宮城音弥と川島武宜の意見を竹内が代読した。川島の意見は、相手がどんな手段をとるか予測できず鶴見俊輔に危険があるため、解散すべきというもの、宮城の意見は「会の頭初《ママ》の状態、つまり、異った学者の交流の場、国際的な学者の交流の場をはかる機関として、或る程度、閉された会にするなら存続に賛成する」というものだった。

後日、川島は竹内が読み上げた内容に重大な誤りがあるとして異議の手紙を寄せている(『会報』一二号)。川島によれば、自分の解散論は「解散後の再建をも同時に提案している」ものであり、この際、清算手続きをおこなって、会計を明らかにした上で、再出発をはかるべきというものだった。

しかし、これには事務局から、川島の指摘にある会計を明らかにするという点は、既に拡大評議員会、臨時総会で会計が公開され、総会で承認を得ているとの註が付された。後年の鶴見俊輔の述懐によれば、この背景には研究費の分配をめぐる対立があったという。[*39] 他方、宮城の場合は、以前より『思想の科学』の大衆化路線を「左翼的になりすぎている」として快く思っていなかった。[*40] 会員からの真相究明の要求も、内実には様々な思惑が絡んでいたのである。

この解散論に対して、詩人の関根弘は「圧力が加えられるなら、吾々の手をつないで戦えばいいと思う」と存続論を主張したが、大卒後間もない若手政治学者の高畠通敏は「今後、漫然たる見通しで存続するのはおかしい」と潔癖な意見を述べた。

こうして解散論が優勢となるかに見えた時、突然、竹内会長が議論に割って入った。

竹内は「こゝで会をつぶすことは、同時に、日本の自由な民間思想団体の育たないことをも意味する。（中略）また、会はおのずから成長するもので、これまで育ってきた方向に自然に発展すべきではないだろうか。昔の形にもどるということも無意味であり、不可能だと思う」と強い調子で説いて、川島と宮城の意見をはっきりと退けたのである。竹内の語気に気圧されたのか、高畠も「まん然と存続するのは反対だといっただけで、決して存続そのものには反対ではない」と前言を取り下げた。

ここで座長の南博より決議が提案。全会一致で会の存続が採択された。有力会員から解散論が明確に主張される中で、竹内の一言が一気に会の存続と「大衆思想運動」路線の継続へと議論の流れを変えたのである。

ここから議題は今後の会の「基本方針」に移ったが、そこは「執行部」に対する「地方」会員の不満が噴出する場となった。新潟から参加した佐藤忠男は「エライ人たちが反発し合っているのには驚く」と語り、自分たちの排除を意味する「宮城さんの意見には肌ざむいものさえ感じた」と、「エライ人たち」への不信を吐露した。福島で農業を営む渡辺務も「われわれと文化人との間にはぬきがたい断層がある」として、「現実の中できびしく生きている」「われわれ地方人」と「文化人」との意識の隔たりを指摘した。

彼らからの率直な不信の表明をすぐさま汲み取ったのはここでも竹内だった。竹内は渡辺の意見を敷衍して、「今、問題にされた「断層」ということは、極めて重大である。文化人のみの間では、決して新らしい思想は生れない。生活者集団との協力がなされて、はじめてその仕事は可能となる。したがって、断層を克服することの必要は明かであるが、その方向はサロンでなく、あくまで生活者に近ずくことからはじめられねばならない。しかし乍ら、実践活動とは云っても、直接政治運動に参加するというのでなく、大衆思想の研究という一線は、守ってゆきたいと思う」と述べ、「基本方針」の提案としたのである。

「文化人」と「生活者集団」の協力による「大衆思想の研究」という路線は、佐藤ら「地方」会員の要望であると同時に、第三次『思想の科学』を場として竹内が実践してきたことでもあった。不信の表明として用いられた「断層」という言葉に、竹内は自らの問題認識が「地方」の会員にも共有されていることを感じ取ったのだと考えられる。この竹内の提案を引き取って、上山春平からは、さまざまなサークルの活動に「断層」を埋める可能性を期待する前向きな展望が語られた。

その後、鶴見和子の提案で出席者全員が自己紹介と意見表明をすることになった。そこで明らかになったのは、意見を述べる機会をえられないでいた会員の多くも、実は竹内と同意見だということだった。哲学者の市井三郎、論理学者の石本新、第二次『思想の科学』（『芽』）の発行元だった建民社の高橋甫などから竹内に同調する意見が相次いだ。それまで沈黙を守っていた鶴見俊輔は『思想の科学』の構想に「論理学研究と生活詩研究とが隣《（ママ）》り合せになっているというような」「脱落」があることを認めつつ、そのような「グロテスクな現在の形に愛着をもって」ほしいと訴えた。「断層」の克服をめざす竹内の提案に対する鶴見なりの同意の表明といえた。

「地方」の会員からの不満も改めて表明された。「断層の八割はエライ先生方に責任があると思う。私たちが何も云わないのでなくて、何も云えぬ雰囲気をつくりあげるから、こんなことになるのではないか」（後藤宏行）。「断層なんて、私には東京に出てきた時にしか意識されない。思想の大衆化という、会の基本方針は、思想を大衆に分ち与えるということではなく、考える仲間をふやしてゆくということに理解したい」（佐藤忠男）。これらの意見に竹内は最後まで誠実に対応し、「反省することがきわめて多い」と謝罪するとともに、再度、事件の真相究明を「徹底的に」行う旨を約束した。この竹内の総括を最後に長時間の議論はようやく終幕したのだった。

有力会員から解散や方針転換の提案がなされるなか、竹内は会長として議論を方向づけ、自らが主導してきた思想の科学研究会の「大衆思想運動」路線を維持することに成功した。竹内は、今回は、外部からの〝政治〟の介入と、サロンへ回帰しようとするギルド意識をともに退けたといえる。その背景には竹内の「読者への手紙」に導かれ、竹内の問題意識に共振して「大衆思想運動」に踏み出していた会員たちの存在があった。「共通の広場」はそこに集った「色々な人々」の力で命脈を保ったのである。

この定期総会をもって、竹内は会長を退き、後任には「無色透明な人を」という竹内の希望に沿い法学者の磯野誠一が選任された（『会報』一二号）。竹内が何度も約束した真相究明は、結局行われなかった。

## 5　「〝大合流〟の精神」

週刊誌のゴシップに端を発する思想の科学研究会の存立危機に際し、竹内は会長として会の存続と「大衆思想運動」路線の継続とを成し遂げた。それは「共通の広場」をつくるという彼の理念が、「ひとさわがせ」の空論ではないことを身をもって証明する行動だったということができる。

会長時代の活動について竹内は多くを語っておらず、以上のような展開を彼がどこまで見透していたのかは定かでない。しかし、竹内が唱えた「共通の広場」の理念は、彼が期待をかけた「若い世代」に確かに受け継がれた。本章の最後に、これまで度々引用してきた大野力の目に映った竹内会長の姿を紹介し、その継受の様相を垣間見たい。[*41]

大野が初めて竹内を見たのは、先述した緊張感漂う臨時総会の場であった。片道四時間を費やして、初めて参加した思想の科学研究会の場でもあった。

それほどの労力を投じてまで出席したのは、大野にとって、今回の事件が自らを思想の科学研究会へと引き付けた竹内の「呼びかけ」の真価が問われる事態だったからである。大野には事件の「解きぐち」が、「竹内さん自身のいう「よく生きるための思想」を、みずから実地に明らかにするもの」と考えられた。

しかし、臨時総会の「支配的な空気」に大野は失望を禁じえなかった。その場で直面したのは「共通の広場」には程遠い、知識人との心理的隔たりだったからである。

いまも印象に残っている一つだけをあげよう。誰であったかは忘れたが、それをいったのは新進気鋭の学者として、すでに当時、マスコミに名の売れている人だったと思う。いささか興奮気味の、その語気の荒さにも驚いたのだが……。

「ぼくは生まれてからこのかた、金銭のことで他人からとやかく後指をさされたようなことは、ただの一度もありません」

そんな自分自身の誇りに引きかえても、あんなことを書かれた鶴見俊輔さんのくやしさがよく分かる。だからこそ、ぜひ流言の〝犯人〟をはっきり突きとめたい、と主張しているのだった。もちろん私とても、真相の解明自体に異存はなかったのだが、半面で、

「しあわせなんだなァ。この人は……」

というのが、偽らざる実感だった。あの戦中戦後の混乱期を生きても、かくも決然と〝貧して鈍する〟さいの

〝汚れ〟への迷いを突き放せるとは……。この恵まれた座からの潔癖感は、民衆に対して一線を画する点で、図らずも事件の原因究明を、もっぱら当事者の自己防衛へと傾けさせるものと思えたのである。

「恵まれた」知識人が「原因究明」を叫ぶ時、その根底にある「清々しいほどの潔癖感」は、大野には、自分たち「民衆」を排除し、「サロン」の中へと回帰しようとするギルド意識と同根と見えた。一頁に満たないゴシップ記事に対する知識人の過剰な拒否感が、自分たちのような「他者に対する冷やかな拒絶に通じかねないことを」大野は感じ取ったのである。

大野からすれば、この事件をめぐって問われるべきは真相究明とは別のところにあった。彼は次のように問う。「たとえば鶴見俊輔さんの「編集後記」中の、「私たち」のとらえ方に発していた。そこで「私たち、会を推進してきたものの力の限界」といわれた場合、その「私たち」には、この間に入会した「私」などは外枠に置かれている感があった。だが、それでいいのだろうか」。それは彼を「ワクワク」させた竹内の呼びかけの強度とも関わっていた。

「この思想運動にサンセイして下さるならば、進んで雑誌の製作に参加していただきたい。ありきたりの商品雑誌でもなく、ありきたりの投稿雑誌でもない。日本人全体の思想をそだてる運動のための共通の広場に、この雑誌を協同してそだててゆきたい」

だからその「協同」活動を通じては、創刊号のときの「私たち」と、それから十二号目の「私たち」の間には、輪の広がりがあって当然である。そうでなければ、運動の意味がないはずだった。

竹内が唱えた「共通の広場」を、大野は「〝大合流〟の精神」と解釈する。大野によればこの事件で思想の科学研究会が直面した「根本問題」は、その「〝大合流〟の精神が、当面の不測の事態を通じてでも、いかに貫かれるか」ということであり、「さらにいえば、その〝大合流〟の精神がより一層強められることによってこそ、事件は振り切られ、克服されるはず」だった。

その後の顛末は、前節でみたように、竹内会長の主導により一部の会員から発せられた解散論は退けられ、「大衆思想運動」路線が堅持されることになった。それは大野の希望に適う解決策だったといえる。しかし、事件の真相究明が最後までなされなかったことは、大野にとっても一抹の違和感を残した。

それから三、四年後、大野はたまたま居合わせた竹内にそのことを尋ねた。その際の竹内の返答を大野は次のように再現している。

「いやあ、あれについてはね」

といって竹内さんは、少し口元をほころばせた。

「いわないほうがいいんだよ。いってみても意味がないんだよ」

（中略）

「思想の科学っていうのはね、あれは鶴見俊輔さんの会なんだよ。それを知ったうえで一緒にやるのはいい。もしそれがいやなら、別に思想の科学のような会をつくればいいんだよ」

こういって、ややいたづらっぽい笑みを返すのだった。これが〝大合流〟の主唱者の、いわば事件をへての最終結論なのであった。誤解を恐れずにいえば、これには私もまったく同感というほかはない。

この「いたづらっぽい笑み」に込められた竹内の真意はいかなるものだったのか、それを大野が正しく汲み取れたといえるのかは、今となってはわからない。事件の背景にあった、会員の一部による研究会再編の画策を批判した言葉とも読めるが、大野の解釈に彼の持論である組織管理論が反映されていることは間違いないだろう。[*42]竹内にしてみれば、巻末近くに掲載された小さなゴシップ記事をもとに『サンデー毎日』を追い詰める知識人たちの「潔癖感」に、それまで彼が巻き込まれてきた様々な論争の「不毛」さに通じるものを感じとったであろうし、政治的対立の奥に、一部の会員の内にわだかまる鶴見俊輔への嫉妬を読み取ったのかもしれない。

いずれにせよ、後に思想の科学社の代表取締役をつとめるなど、会の中心メンバーとなった大野にとって、この竹内とのやり取りは、その後に受けた「大野さん、経営状態はどうかね。会社を経営して、百万円や二百万円のカネは、いつでも自分の判断一つで自由に動かせるようでなければ、やっている意味がないからね」といったアドバイスと合わせ、〝汚れのすすめ〟と受けとめられた。繰り返された挙句に反故になった真相究明の約束を、会の結束を保つため竹内会長が用いたブラフと考えれば、大野の解釈は間違いとはいえないかもしれない。

重要なのは、右の記述に続いて、大野が「竹内さんの〝大合流〟の精神は、いまの〝思想の科学〟に受け渡されたのである」と確信をもって記していることである。竹内が発した呼びかけは、確かな強度を伴ってギルドの外に届いていた。

## おわりに

国民文学論から第三次『思想の科学』までの竹内の実践に「一筋の赤い糸」を見出した前田愛は、しかし、そこに国民文学の基盤である「大衆」がマスコミによって掘りくずされていく中での「後退戦」を読み取らざるをえなかった。[*43] 竹内が唱えた「共通の広場」は、本来であれば、西村一雄が試みたような実践に幾重にも媒介されて、文字通り「国民」的な規模へと拡大していくはずのものであった。竹内の手堅い努力によって思想の科学研究会の「大衆思想運動」路線が堅持されたとしても、そのことをもって「共通の広場」の実現と等置するなら、それはこの理念の本来の意味を矮小化することになろう。一九五七年、丸山眞男は「共通の広場を持とうというようなことが盛んにいわれながら」進展をみない日本社会の問題を、「タコツボ」として対象化することになる。[*44]

しかし、竹内が終生にわたって関係を保つことになった思想の科学研究会が、その後も〝異質の交わり〟（大野力）

の場であり続けたということは紛れもない事実である。竹内にとって、そこは神道界のイデオローグたる葦津珍彦と「大きな声で「おれは全く反対だな」」と激しくも「さわやか」な余韻を残す議論を交わす場であったし、[*45]その葦津と鶴見俊輔との明治天皇をめぐる緊張感に満ちた対論に接する場でもあった。[*46]

この後、竹内が手掛ける明治維新論やアジア主義研究が、思想の科学研究会のサークル活動と連携しながら進められていったことはよく知られている。[*47]東アジア大に広がる革命と連帯の「伝統」を日本近代史の中に読み取ろうとしたその研究は、他面では、歴史の「偽作」を積極的に捉える発想に基づいており（⑧二七二、総論、第二編第二章）、事実の客観性を否定するその姿勢は、同時代の歴史学者から厳しい批判を浴びることになった。朝鮮史研究者の梶村秀樹は「玄洋社・黒龍会イデオロギー」にアジア的連帯の可能性を見出そうとする竹内の主張を、権力に対する抵抗の姿勢や動機の純粋性といった「形式だけを内容と区別してとりだそうということ」だと見て批判している（前掲梶村）。

しかし、個別の論述の当否とは別に、その論述が「色々な立場の人達」との〝異質の交わり〟を通じて導き出されたであろうことに、われわれはもう少し目を凝らすべきではないだろうか。それは歴史学についていえば、かつて「文学の方面での「国民文学の運動」」と一続きに捉えられた「歴史学研究会の「国民のための科学運動」」を、どのように弔ったのかということとも関わってこよう。[*48]〝正しさ〟だけでなく、〝正しさ〟に強度を与える基盤の重要性を認識し、その可能性を模索しつづけた竹内の実践を、過去の遺物と退けることは許されない。

**註**

＊1　例えば「日本人のアジア観」には「朝鮮の国家を滅ぼし、中国の主権を侵す乱暴はあったが、ともかく日本は、過去七十年間、アジアとともに生きてきた。そこには朝鮮や中国との関連なしには生きられないという自覚が働いていた。侵略はよくないことだ

が、しかし侵略には、連帯感のゆがめられた表現という側面もある。無関心で他人まかせでいるよりは、ある意味では健全でさえある」とある（⑤一一八～一一九頁、初出一九六四年）。

＊2　梶村秀樹「竹内好氏の「アジア主義の展望」の一解釈」（『梶村秀樹著作集』一、一九九二年、初出一九六四年）、川本隆史「民族・歴史・愛国心―「歴史教科書論争」を歴史的に相対化するために―」（小森陽一・高橋哲哉編『ナショナル・ヒストリーを超えて』東京大学出版会、一九九八年）、中野敏男「方法としてのアジア」という陥穽―アジア主義をめぐる竹内好と梶村秀樹の交錯―」（『前夜』八、二〇〇六年）等。

＊3　例えば「国民文学」の形成のために「文壇文学」と「大衆文学」の双方を「破壊」しなければならないという指摘は（⑦四八）、日本において革命が絶望的に困難である理由を、共産主義者が、偶像崇拝者であるインテリと、利益のために入党した大衆という身分的階層を所与としていることに求めていることと（⑥一四二～一四三）相関関係にあろう。

＊4　「近代とは何か（日本と中国の場合）」と改題の上、『全集』④に収録。初出一九四八年一一月。

＊5　竹内によれば「中国文学は、文学の存在の仕方が本来に政治的であり、つまり文学が政治に密着しているという開放された状態にある」とされる（⑦五頁）。

＊6　「『共通の広場』に出る」（一九五二年二月）。「共通の広場」と改題の上、『全集』⑦に収録。

＊7　本多秋五『物語戦後文学史』中（岩波書店、一九九二年、初出一九六五年）、内藤由直『国民文学のストラテジー―プロレタリア文学運動批判の理路と隘路―』（双文社出版、二〇一四年）第三章など。

＊8　松本『竹内好論』（岩波書店、二〇〇五年、初出一九七五年）二七七頁。

＊9　論争の参加者は概ね①竹内好の提唱に応答した伊藤整、臼井吉見ら文壇の人々、②西郷信綱、猪野謙二、永積安明ら「日本文学協会」に集った日本近代文学研究者、③当時の共産党主流派に近い『人民文学』派、④大衆文化研究を進めていた『思想の科学』グループに分類されている（前田愛「国民文学論の行方」『近代日本の文学空間―歴史・ことば・状況―』平凡社、二〇〇四年、初出一九七八年、三五三頁等）。

＊10　福田「国民文学について」（『文学界』一九五二年九月）。

＊11　一例を挙げると、対談の中で「『思想の科学』を拠点にして、竹内さんなりに運動を続けていったんじゃないでしょうか。山びこ学校にはじまり生活記録運動にいたるというのは、ちゃんと首尾一貫していると思うんです」と自説を語った前田に対し、小田切秀雄は「ただね、国民文学論は文壇的問題、あるいは総合雑誌を含めた日本の論壇全体の問題としてさかんに論じられたのです。

（中略）生活綴り方等の運動が大切なことはわからないではないけれども、そういうのを組みこんで日本の文学そのものを変えてゆく、というころ《（ママ）》にもう少し力点を置いていいんじゃないか、せっかく日本の近代文学のあり方そのものを問うというところまできたわけですからね。そのモチーフをもっと展開してゆくということを、竹内さんは日本の文学と思想の世界に対して、強く発言していっていいんじゃないかと思いました」と返している（小田切・前田「解説対談」『国民文学論の行方―竹内好談論集一―』蘭花堂、一九八五年、二七二頁）。両者のすれ違いは、論争を評価する側にこそ、「文壇的」な関心がより強く保持されていたことをものがたっているように思われる。

*12　竹内好・三浦つとむ・鶴見和子・南博「新しい思想の出発」（『思想の科学』一、一九五四年五月）。以下、引用に際して第三次『思想の科学』は『科学』と略記し、本文中に記事タイトルと号数のみ記す。

*13　「創刊の趣旨」（『思想の科学』創刊号、一九四六年五月）。

*14　前田愛は「竹内好の意図が「文学の国民的解放」にあったとすれば、「思想の科学」グループの目指していたところは、「思想の国民的解放」にあったといってもいい」とする（前掲前田三五三頁）。

*15　座談会を含めれば『芽』二号（一九五三年二月）の「討論　朝鮮戦争について」への出席がある。

*16　鶴見「戦時から考える」（桑原武夫編『創造的市民講座―わたしたちの学問 これからの日本を考えるために―』小学館、一九八七年）三八〇頁。鶴見は「戦後に私にもっとも大きな影響を与えたのは竹内好という人なんです」という。

*17　鶴見俊輔・上野千鶴子・小熊英二『戦争が遺したもの―鶴見俊輔に戦後世代が聞く―』（新曜社、二〇〇四年）一九八～一九九頁。

*18　鶴見俊輔編・『思想の科学』五十年史の会『源流から未来へ―『思想の科学』五十年―』（思想の科学社、二〇〇五年）六一～六五頁。

*19　以上、発会式から第三次『思想の科学』創刊までの経緯は「年譜」（⑰三〇五～三〇八頁）による。

*20　安田常雄「『思想の科学』・『芽』解題」（安田常雄・天野正子編『戦後「啓蒙」思想の遺したもの―『思想の科学』・『芽』別巻―』久山社、一九九二年）二二九、二三一頁。なお、終刊までの『思想の科学』の変遷については横尾夏織「「思想の科学」における多元主義の展開と大衆へのアプローチ」（『早稲田大学社会科学部創設四〇周年記念学生論文集』二〇〇六年）の整理を参考にした。

*21　以下、『会報』と略記し、引用に際しては本文中に記事タイトルと号数のみ記す。

*22　大野力「竹内さんと〝思想の科学〟」（『思想の科学』九一号、一九七八年）。

*23　和田悠「一九五〇年代における鶴見和子の生活記録論」（『慶応義塾大学大学院社会学研究科紀要』五六、二〇〇三年）、榊原理智「記号論から生活記録運動へ―『思想の科学』の「跳躍」―」（『Quadrante』一六号、二〇一四年）。

＊24　この論稿は⑬三一四〜三一五頁に収録されているが、後述する「共通の広場」の註釈は省略されている。

＊25　なお、この「編集後記」には「住所、氏名、身分などをはっきりかいておいて下さい」との一文があり、次の号で「七月号の編集後記で、住所氏名身分などを明記して下さいとあるのは年令の誤りでした。あれは全くウカツな手落でした。封建的な身分意識を嫌う私たちに痛烈な皮肉でした」との自己批判が掲載された（「編集室から」『科学』四号）。些細な事例ともみえるが、読者との積極的な協同をはかる姿勢が、編集者の側に自らの無自覚な「身分意識」への気づきをもたらしたのである。異質な他者との出会いが自己変革の契機となる「共通の広場」の機能が現れた事例といえる。

＊26　次項で取り上げる佐藤忠男も「「思想の科学研究会」とゆうのは本当に偉い学者ばかりの一種のサロンみたいな集りだとゆうような先入観念」を持っていたという（「読者の手紙」『会報』三号）。彼らと竹内との共通感覚から暗黙の連帯関係が導かれる様相は次節で詳述する。

＊27　西村は「大学という非常に狭い環境の中にいる私達はまだまだ権威的な身分的意識が完全に捨て去れずに持っている事を時折感じては悲しく思っているのです」とも述べている。

＊28　上坂冬子との往復書簡の中で、西村は竹内の論稿「人と人との間」（⑦）から受けた示唆について述べており、彼が竹内の読者の一人であったことがうかがえる（西村・上坂「文通でやれること」『科学』八号）。

＊29　他方、日中関係に解消しえない多様なアジア認識を提示した記事も散見される。グラビア「アジアは一つ」（『科学』二号）では、「アイヌの男」「アメリカ・インディアン」「セレベス土人」「ポリネシア・マルケサンの男」「バリ島の女」「アフリカ土人」などの写真資料が、文化人類学者・泉靖一の解説を付して紹介された。「日本的」とされる習俗も、その実、アジア性を帯びていることが指摘され、「日本の中にアジアがあり、アジアの中に日本がある」ことが主張された。判沢弘「庶民列伝―在日朝鮮人　李圭善の生活と思想―」（『科学』五号）は、共同研究として着手されていた「庶民列伝」の一つだが、日本人からのむき出しの差別や家父長制的家族制度の抑圧にさらされながらも、強靭に生きる一人の在日朝鮮人女性の姿を聞き取りをもとに描き出している。

＊30　代表的文献として尾崎秀樹『大衆文学論』（講談社、二〇〇一年、初出一九六五年）。

＊31　鶴見俊輔によれば「吉川英治論」は竹内が「前に書いたものだと言ってこのエッセイを『思想の科学』編集部に自分でもってきた」もので（『『思想の科学』ダイジェスト』思想の科学社、二〇〇九年、三六頁）、一九四八年一二月四日に『芸術』一九四九年三月号に掲載すべく依頼されたと『日記』にあるのが、これにあたると思われる（⑯五二）。

＊32　「たとい「国民文学」というコトバがひとたび汚されたとしても、今日、私たちは国民文学への念願を捨てるわけにはいかない」

（「近代主義と民族の問題」⑦）。竹内の議論を受けた伊藤整は「戦時中の軍国主義的民族主義と文学とを結びつけた風潮を受け容れたり、それに同感するような文章を書いたりした記憶があって、それが心に痛い」と率直に語っている（伊藤「同一の判断基準の確立を」『文学』一九五一年九月）。

＊33 前掲前田、前田「大型の発想」（⑦『月報』六号）。

＊34 「内紛続く総合雑誌―進歩的主張が泣きます―」（『サンデー毎日』一九五五年三月一三日号）六二頁。その後、『東京日日新聞』（三月一七日）にも同内容の記事が関係者の実名入りで掲載された。

＊35 鶴見は「ほんとうに参ったけれど、かえって意地になってやる気が出た。だから売るのに懸命だった」と回想している（前掲鶴見・上野・小熊二一一頁）。

＊36 前掲『源流から未来へ』一九四〜一九五頁。

＊37 臨時総会までの経過は「拡大評議員会（三月十七日）「声明書」を支持―四月十六日、臨時総会を開催―」（『会報』八号）による。

＊38 以下、定期総会の内容は『会報』一一号による。

＊39 前掲『源流から未来へ』八九頁。

＊40 「研究会ニュース」（『芽』一巻三号）三二頁。

＊41 以下、本節の内容は前掲大野「竹内さんと〝思想の科学〟」による。

＊42 大野（きぎて・山口文憲と編集部）「管理と運動に問う」（『思想の科学』一七号、一九七三年）等。

＊43 前掲前田「国民文学論の行方」、同「大型の発想」。

＊44 丸山『日本の思想』（岩波新書、一九六一年）一四六頁。『サンデー毎日』事件当時、丸山は結核療養中だったが、竹内支持の姿勢を明確にしていた（前掲『源流から未来へ』八九頁）。

＊45 葦津「竹内さんの風格」（前掲『思想の科学』九一号）。

＊46 久米茂「おそかりし「老」との出会い」（同右）。

＊47 市井三郎「竹内好と明治維新」（同右）等。

＊48 国民的歴史学運動に関する最新の研究は、地域における郷土史研究の担い手たちが、国民的歴史学運動の思想に触れることで新しい成果を生み出し、地域の課題に対処していったことを明らかにしている（高田雅士「一九五〇年代前半における地域青年層の戦後意識と国民的歴史学運動―城南郷土史研究会を対象として―」『日本史研究』六六一号、二〇一七年）。

# 二　明治維新論の展開

田澤晴子

## はじめに

一九六〇年二月、竹内は「「民族的なもの」と思想」を発表し、「明治維新百年祭」について提起した。来たる「明治百年」（一九六八年）に向け記念祭をする必要があるかどうかを問うことで、近代日本についての国民的議論の盛り上がりを期待してのことである。そして自身は「日本のアジア主義」をはじめとして「明治百年」問題に取り組み、「明治維新」の可能性を論じる方向に向かった。

しかし、竹内は始めから「明治維新」の可能性を論じていたわけではない。その代表作の一つ「中国の近代と日本の近代―魯迅を手がかりとして―」（一九四八年、以下一九四八年論文と略す）は、中国（＝アジア）の抵抗型と比較して日本の近代化は抵抗を放棄した「優等生文化」型だと批判していた。なお第一部第二章で明らかなように、竹内は同年の「指導者意識について」において既に明治維新への関心を示している。このときは辛亥革命と比較し「明治維新は、革命として成功したことにおいて失敗した」（⑥一一二）とあるように、四八年論文と同様の認識であった。

では竹内はいつから日本の近代の可能性を認識し論じるようになるのだろうか。本章では、次の二点に注目し検討する。

第一に、竹内が「明治維新百年祭」を提唱するに至った契機と考えられる敗戦時の体験をつづったエッセイ「屈辱の事件」（一九五三年八月）に注目したい。敗戦後所属部隊で朝の点呼の際、中隊長（後出の「軍隊生活について」では「大隊副官」）が軍人勅諭の一節を抜き出して唱和させたというエピソードを竹内は語っている。それは「我国の稜威《みいつ》振はさることあらは汝等能く朕と其憂を共にせよ」という一節である。そこに敗戦を予想する文句があったことを竹内は初めて知り「明治の精神」を見なおしたという内容である（⑬八五）。

鶴見俊輔は対談「戦後日本の思想の再検討」のなかでこのエッセイを取り上げ、竹内の思想には日本の近代化批判と「日本にはやはり日本の伝統があつて、今われわれがこれを享受しているよりは、もっと高い可能性を持っていたという自覚」との二側面があると指摘している。[*1] ただしこの二側面は表明される時期が異なっている。「屈辱の事件」発表は一九五三年八月であり、実際の体験から八年後である。本章ではこの点に注目しながら、竹内が「明治の精神」を日本の伝統として認識するにいたる過程について検討する。

第二に、竹内の明治維新論が「日本のアジア主義」に結実する過程について検討する。この点に関して注目したいのは、竹内の「明治維新百年祭」提起後、マルクス主義者山田宗睦が「明治百年」を祝うか、「戦後二十年」の成果を重視するかという問題を提出し、議論となった点である（「明治ブームに思う」一九六五年五月、⑧二三九〜二四〇）。維新以来の近代化と戦後民主主義の「伝統」のどちらを重視するかという問題を竹内はどう受け止め「アジア主義」の歴史観に組み込んだのか、明らかにする。また、「アジア主義」論形成における竹内の問題意識を思想家の選定過程を中心に検討する。

「戦後二十年」か「明治百年」かの問題は、近現代の天皇制をどう捉えるかという点に帰着する。象徴天皇制をはじめ戦後日本と近代日本とは、これまで断絶が強調され、また断絶すべきものと論じられてきた。しかし、近年は大衆天皇制の問題や文化的天皇制の構想、昭和天皇自身の政治意識などを通じ両者は連続するものとして論じられる傾向が顕著である。[*2]維新以来の近代化や日本国家を肯定する「歴史修正主義」に対し、天皇制を含む明治維新像をどのように再構築していくのかが問われている。竹内は制度としての天皇制は崩壊しても精神は戦後も残存しているとし、その克服を論じつづけた人物である。戦後も残存する近代天皇制をどのように克服しようとしたのか、明治維新論との関係で検討する。

竹内の明治維新論に対する反応は、歴史学界からは遠山茂樹などを除き限定的であった。しかし思想史研究者からの反応は比較的大きかった。その影響は広範囲に及んでいると推測される。本章の最後に竹内が考察しようとした問題の輪郭をクリアに示した戦後の思想史家の研究を紹介する。

## 1　「屈辱の事件」から「明治百年祭」へ

### (1)　「明治の精神」という伝統

竹内は「屈辱の事件」で描いた軍人勅諭のエピソードを、その二年余り前の「軍隊生活について」(一九五一年四月)でも記している。竹内はこの時「おそらくこのような語句(敗戦を想定した語句――引用者注)が書き込まれた真摯さは、日本軍隊の成立当初にこそ当てはまるだろう。日本軍隊の腐敗以後に望みうることではない」とした。そして「軍隊の教育がはじめから虚偽で堅められていたと断定することは、私には早計に思われる」と結んでいる(「軍隊教育について」一九五一年四月、⑧二八四)。この文章で竹内は日本軍隊が創設当初と敗戦期において異なった精神をもっていたことを指摘し、敗戦直前の「腐敗」し「退化」した軍隊には見られない健全な意識があるとしている。

このとき近代日本軍隊の精神中心に回想されていたエピソードが、「屈辱の事件」(一九五三年八月)では、さらに次のように書きかえられている。

これは私にショックであった。単なる修辞として何げなくよみ過していた勅諭に、この緊迫した表現がふくまれていたことを知って、明治の精神を改めて見なおした気がした。(「屈辱の事件」、⑬八五)

軍人勅諭に埋め込まれていた意識を、ここでは「明治の精神」へと拡大している。そしてこのエピソードに加え、文言を読んだ中隊長は大学出の「東京郊外の有名な神社の神官の息子」であること、そしてあとで竹内に「民主主義とは何か」をたずねてきたので五箇条の誓文を引用して説明したというエピソードを付け加えている。昭和天皇が「人間宣言」の際、戦前から「民主主義」が存在することを主張するために引用した五箇条の誓文をも含め、この時から自覚的に「明治の精神」を見なおし始めたことが表明されている。

この維新以来の伝統探求への志向を明らかにするなかで竹内は日本思想史研究に関心をむけた。「日本思想史へ踏み込むために」(一九五四年五月)では、日本と中国の近代化の型が異質だとする四八年論文について「中国の方からこの仮説を導き出した」ものだとし、今後は日本の側からこの仮説を証明するために日本思想史研究に取り組む必要があるとしている(⑧二〇四)。

しかしこの文章で竹内が実際に取り組みを表明している課題は、中国と日本との異質性の解明ではない。竹内が具体的にあげているのは、隠岐の島コミューンや自由民権時代の共和国憲法、秩父事件など、日本近代における革命の「埋もれている伝統」を掘り起こすことである。それを行う理由として、中国において太平天国の乱の評価が「長髪賊」の反乱から農民戦争へと「その正しい姿が研究されるようになったのは、一九二〇年代、国民革命がおこってから」であるという点をあげている。

竹内は「現代支那文学精神について」（一九四三年七月）において、「現代支那」は「古典支那」の書き換えによって成立しており、「古典支那」は異なった価値を与えられて「近代支那」のなかに包摂されていると主張していた（「総論」参照）。そして「近代支那」の起点を五四運動としている。五四運動を始まりとする「近代支那」革命の進行により、政治的意義を認識されていなかった太平天国の乱が革命伝統の一つとして認識されていったとしている。つまり竹内の意図は革命の運動と革命伝統の発掘は平行して進む（⑧二〇八）という中国の方法を日本に適用し、日本の国民革命を促進することにあった。近代日本の革命的事件を掘り起し、その歴史的評価を改めて検討することで革命を進展させるのである。日本思想史研究を決意した時点で、その意図は両国の異質性というより同質性の可能性へ、中国の方法による日本の国民革命の実現へと切り替わっていた。

ただし、この課題の実現の困難さを実感してもいた。第一に、掘り起しの対象である民衆の非協力的態度である。「（民衆は——引用者注）覚えていると不利だから、忘れてしまう。だから研究者は、それを掘り起すためには、民衆の知慧に対抗し、知慧をもって知慧を克服する方向に、実践的な姿勢で立ち向かわなければならない」と、伝統を隠そうとする民衆と対峙する決意を示している（⑧二〇七）。民衆の自己保身による忘却に対抗する民衆史研究の意義を見いだしている。

第二に、掘り起こす過程で「自由民権は、その体内にすでに大陸侵略の芽生えをもっていたことも伏せてはならない」ことを認識して進める必要があるとしている（⑧二〇九）。日本近代の革命の遺産のなかに大井憲太郎の大阪事件のような大陸侵略への萌芽を含めるべきだとする。日本の近代を考察する際中国への侵略を切り離して評価はできないとする「日本のアジア主義」（一九六三年）の観点が表れている。

第三に、日本の近代への否定的な仮説から研究を出発させることである。竹内は近代における東アジアと日本の関係史に取り組む際の見取り図を「孫文観の問題点」（一九五七年六月）で述べている。この論文は『思想』の孫文特集の企画のため一年間の共同研究の成果である。[*3]

竹内は自身の仮説を「日本の近代化の当初においては、アジア的連帯へ向かう可能性があったかもしれないが、その可能性は早くからチェックされ、明治三十年代、つまり日清戦争から日露戦争にかけて漸次消滅した」とする立場をとったとする。日本の近代におけるアジア連帯の可能性は明治三〇年代までとするこの立場は、以後の日本は中国と別の近代化へ向かったとする点で一九四八年論文と同じである。

しかし、竹内がこの仮説をたてたのは両国の異質性の解明のためではなく同質性の可能性を検討するためである。竹内は次のようにのべている。

私は今日、日本がアジア的連帯を回復することを希望し、そのための条件を「理論的に」作り出したいと念願している。これは私の実践要求である。しかし、そのためにも、可能性がなかったという仮説を立てて歴史を検証する手続きをぜひとも踏みたい。なぜなら、可能性どころか現実性を主張するものが無数にあって、しかもその大半がマユツバだからである。（「孫文観の問題点」、⑤三五）

竹内は近代日本に対し否定的な仮説を継続することで、批判や否定に耐えうる近代日本の可能性＝伝統を見つけ出そうとしていた。近代日本にはいわばエセ「アジア的連帯」が跋扈しており、真の可能性を見いだすためには、否定や批判から入る必要があると考えたからである。

「明治の精神」についても、「自由民権をふくめて、われわれがノスタルジアを感ずるほど純粋だったわけではない。やはり孫文の「大アジア主義」を、孫文の真意をねじまげて侵略の口実に利用する後年のあくどい手口を、萌芽としては含んでいた」と批判的に検討する必要をのべている（⑤三六）。竹内の明治維新研究は、中国との関係において批判的な仮説を継続しつつ、そのなかに近代日本の可能性としての伝統を、中国革命の方法を適用し民衆の抵抗にあらがいつつ救い出す試みとして始まった。

### (2)「文学」から「思想」の季節へ

一九五〇年代前半の国民文学論において、竹内は「国民文学」を文学における植民地性に抵抗し、「民衆の生活に根ざした創造性の回復＝「文学の国民的解放」をめざすものだとしていた（「国民文学の問題点」一九五二年八月、⑦五〇〜五一）。民衆の生活要求を文学に表現することで国民の解放を実現し、そのことが結果的に民族の独立につながるとしていた。「国民文学」とは、失われた民族の独立精神を回復する方法であった。

一九五〇年代後半になると丸山眞男や鶴見俊輔などの思想家が輩出され、本来近代日本の「文学」が担っていた課題を「思想」家が担い始めるという状況が現れた。竹内によれば久野収・鶴見俊輔・藤田省三共著『現代日本の思想』（一九五六年）以降、「思想に日が当たり出した」という。そして「思想の科学研究会と思想史研究グループ（「丸山学派」——引用者注）」は「戦後早くから一貫して」「日本に思想を打ち立てるという目標」をめざしている、とする。そして両派の代表を鶴見俊輔と藤田省三とした。ここでいう「思想」とは次のようなものである。

思想は単なる所与ではなく、観念の自己展開でもなく、それによって安心立命を得るよりどころでもない。不定なもの、可塑的なものであり、評価を切りはなして認識が不可能なものである。状況は主体のはたらきをふくむ点で環境と異る。思想は状況的にしかあつかえない、というのが両派の共通の了解事項であって、今日の議論はその上に展開されているのである。したがって方法的に、いちじるしく文学に近づくのは当然といわなければならない。（「思想と文学の間」一九五八年一月、⑫三二七）

「思想」とは主体のはたらきを含みながら流動的な状況に応じて存在し、担い手のパーソナリティやキャラクターなどと密接に関連するものだという。つまり人間の個性や時代の状況と切り離すことのできないものとして思想をとらえている。そしてこのような思想のとらえかたは文学に近いとしている。竹内は丸山学派や鶴見らの「思想」に、文学の側が忘れてしまった近代文学のテーマや原理を見たのである。

竹内によれば近代文学の原理とは、「フィクションが自己目的化すればリアリティは失われる」というものである(⑫二三〇)。生活や現実から構成されたフィクションは現実から遊離しているように見えながらも現実感覚を保持しているというのが近代文学の原理と解することができる。このフィクションと現実との間に位置する竹内の姿勢は、現実を基礎に構築された文学世界が現実との不断の緊張感を保ちつづけるべきだという発想によるものである。

そして本来近代文学のテーマであった「どうしたら日本に思想の主体を打ち立てるか」、すなわち虚構と現実との断絶の間における思想の主体の確立という課題は、竹内によれば、現在は丸山学派の思想史研究のテーマになっているとする。

さらに、竹内は「思想」が「文学」の先にある課題を提示するとしている。「『革命と人間解放』あとがき」(一九五三年九月)では、文学＝「表現」と「思想」との関係について次のように述べている。

思想というものを、個人としても民族としても、形成すべきものとして、道程的にとらえたいと私は考えている。そして思想の形成は、もっぱら表現を通じて行われると考える。表現は、新しい能力の附け加えではなく、本来にあるものの回復であり、その回復のためには拘束から解放をたたかい取る行為が必要であると考える。(「『革命と人間解放』あとがき」、⑬三〇七)

竹内は「表現」を「本来にあるものの回復」としている。それは植民地性により本来の自己を見失いドレイと化した精神を取り戻すことを意味している。そうした自己を取り戻す闘いとしての「表現」(＝文学)を通じ、その先の未来を切り開く構想を形成するのが「思想」である。「思想」とは「国民文学」の次に取り組むべき課題なのであった。

また、イデオロギーによって整理することで思想が硬直化し、その普遍妥当性への疑念が生じつつあると竹内は認識し、思想をイデオロギーではなく、形成過程にさかのぼって考えることでその生産性を取り戻そうとする試みに注目した。久野収等の『戦後日本の思想』、山田宗睦『戦後思想史』にそうした動向を認めている（「思想の新しい季節」一九五九年六月、⑫三三八）。

『戦後日本の思想』の「序文」（久野収）は、「日本の思想をほんとうに立ちなおらせる条件をつきとめたい」という共通の関心のもとで、「思想を、出来あがった理論の姿で切りとって論じるのではなく、理論に方向や目的をあたえるものとあわせて論じ、思想が理論をとおって現実にあたえるものとあわせて論じようとした」としている。[*4]思想をその完成形から論じるのではなく、形成過程から読み解き、またその現実との関係性において論じるとしている。竹内はそこに思想の「生産性」を取り戻す可能性をみたのである。

竹内の考えた「思想」のあり方は、『近代日本思想史講座』の巻頭言「講座を始めるにあたって」に反映されている。なおこの文章は家永三郎、小田切秀雄、久野収、丸山眞男との共同討議の成果であり、個人の見解とはいえないが、前述の「思想と文学の間」との関連でいえば、次の点が注目できる。

思想が歴史の形をとるにせよ、その歴史は固定し、不動化したものでなく、たえず私たちがそこに学び、また学びかえて、新しい生命をそこから引き出せるものとしての、精神の遺産としての歴史の意味であるし、したがってそれは絶えず理論化の衝動を内部にはらむものとしての思想＝史である。（「講座をはじめるに当って」一九五九年七月、⑬三四二）

思想とは、状況に応じて新たな意義を見いだせる流動的なものとしている。「思想と文学の間」でも述べられていた竹内の思想に対する考え方が講座全体として承認されていることを推測させる。また、文学との関係について次のように述べている。

私たちの目ざす思想史は、人間つまり個性への傾斜と、文化つまり普遍価値への傾斜を同時に極としてふくむ

ものである。したがって、一方では科学へ近づくが、他方ではいちじるしく文学に接近するものとなるだろう。(⑬三四五)

人間の個性と切り離し得ないという点で思想と文学が近いものとし、普遍的な価値をめざすことで科学に近づくとしている。前半の部分は、竹内がすでに「思想と文学の間」で表明している内容である。思想史とは、個性を重視する文学と普遍的価値を実現する科学のはざまで近代日本を論じるものとされる。それは戦前より続いてきた科学と文学との対立という問題を、双方の契機を取り込むことで解決する目的をもっている。

このように竹内にとって思想史研究は、抵抗の主体を形成するという国民文学論を基礎として思想主体の構築の課題を実践するものであり、かつその理論化によって科学として成立し得る学問である。また硬直化しつつある思想の形成過程に戻って検討することで完成形では見えにくかった未来の構想の可能性が得られるものとされている。

### (3)「明治維新百年祭」の提唱

こうして竹内は日本の近代化について、中国の立場からの批判的視点を堅持しつつ日本の側からその可能性＝伝統を明らかにするために、近代文学のテーマや原理を継承し、未来の構想を形成する「思想」研究への傾斜を深めた。

そして冒頭で述べたように一九六〇年二月「「民族的なもの」と思想」を発表し、「明治維新百年祭」の是非を国民的に議論することを提唱する。竹内自身はこの課題から「革命の未来図をえがく手がかり」を得たいとしていた。日米安保条約改定問題が議論されるなかで、国民が主体の論理を成立させるためには、ナショナルなものを伝統のうちに発掘する必要がある、ともしている(「「民族的なもの」と思想」、⑨六一)。明治維新以降の伝統のなかに「民族的なもの」(ナショナルなもの)＝革命の論理を見いだすことで国民の国家に対する主体性を確立させ、安保闘争を成功させることがこの提起の目的のひとつであった。革命伝統の発掘と革命の運動は平行して進むという中国の革命の方法を適用し、中間層を運動に取り込むために「伝統」発掘をおこなうことを宣言したといえよう。

そして自身の「近代の超克」論に対する松田道雄の批判「明治国家の歴史のなかには、現在の日中関係を正しいものにかえるような、思想的遺産というものがないのではないか」との問いにふれ、この回答、すなわち明治国家の歴史のなかに今後の日中関係をみすえるような要素を探し出す事を今後の課題とすることも宣言している（⑨六二）。

六〇年安保闘争は岸信介内閣が新安保条約案を強行可決した五月以降ピークを迎え、国会周辺に三〇万人以上の人々が包囲するデモ行進のなか岸首相は辞任した。アジア・太平洋戦争下で可能性に過ぎなかった「抵抗」の精神が安保闘争で国民的な運動として実現した、と竹内は歴史を捉えなおす。[*5] 安保闘争という「革命」進行のなかで、革命伝統の発掘は現実的に要請される課題になっていたのである。

## 2 「アジア主義」への結実

### (1) 「アジア主義」の思想を模索する

明治維新百年祭の提起後、竹内の「明治の精神」研究は、『現代日本思想大系九巻　アジア主義』（一九六三年）に結実する。本書は竹内の構想する「アジア主義」にもとづいて選んだ論説を掲載し、解説「アジア主義の展望」を付したものである。「アジア主義」の「原型」として岡倉天心、樽井藤吉、「心情」として宮崎滔天、平山周、藤本尚則、相馬黒光、「論理」として内田良平、大川周明、尾崎秀実、「転生」として飯塚浩二、石母田正、堀田善衛の論説が掲載されている。解説では、さらに西郷隆盛、福沢諭吉、中江兆民、玄洋社（頭山満）、大井憲太郎、岡倉天心、宮崎滔天、吉野作造、北一輝を「アジア主義」との関連で取りあげている。近代日本の思想家を「アジア主義」という観点から広く検討した上で構成されたことがうかがえる。

本節では竹内の「アジア主義」がどのような内容を含んで形成されたのかを明らかにする。まず歴史学を始めとする学問に対する竹内の認識を検討する。竹内の「アジア主義」は当時の学問のあり方に対する批判を形象化したものと考えるからである。次に竹内は「日本のなかの中国」という視点に立つことを提唱した。そのことと「アジア主義」との関係を検討する。

まず歴史学を始めとする学問との関係について検討する。明治維新研究は一九二〇年代後半以降、アカデミックな実証主義史学、民間史料収集を中心とする明治文化研究会、マルクス主義の講座派及び労農派、北一輝を源流とする右翼的立場から研究が進められてきた。「明治維新百年祭・感想と提案」(一九六一年一一月)で竹内は歴史学の中心であった「マルクス主義派」と右翼的立場(「勤皇史観」)に注目する。「マルクス主義派」については次のように論じている。

後者は実践的要求から出発して、いわゆる絶対主義論を結実させたが、その後の理論的展開は活潑でなく、アカデミックな実証派と癒合した。学問がテーゼの解釈に自分を限定したために、この非生産性を招いたのだというのが上山春平の指摘であって、その説は相当正しいと私は思う。(「明治維新百年祭・感想と提案」、⑧二三七)

竹内によれば、戦前のマルクス主義史学は社会変革という実践的要求から展開されたものの、現実から理論を組み立てずに共産党のテーゼに従って明治維新を絶対主義とする理論を打ち立てた。その結果戦後に至るまで理論に追随する事例研究に陥り、「非生産性」を招いたとする。一方、右翼的立場の研究について、「学問的には不毛」であるとしつつも「日本人の心性」に訴えかける部分があり、取り上げる必要があるとしている。竹内は社会変革の実践的要求をもち人心に影響をもつ学問として両派を評価したが、法則を絶対化し思想的「生産性」を欠く点、あるいはそもそも学問として「不毛」な点を批判していた。

そうした学問の状況のなかで竹内が「思想的生産性」を取り戻す試みと評価するのは「共同体論（大塚久雄ら）、民俗学派（柳田国男ら）、思想史学派（丸山眞男ら）」である。前述した思想史学研究グループへの期待に加え、経済思想の大塚久雄と民俗学の柳田国男に言及している点が注目される。

まず大塚については、次の二点において評価している。ひとつめは、講座派が依拠している法則をその生成の現場において捉えなおすべきだとする態度である。大塚は対談で、『資本論』の法則をいきなり日本にもってくるのは間違いだとし、「もういっぺんヨーロッパの史実でその法則を具体的につかみ直してみる」必要を主張している。[*6]

ふたつめは、大塚がヨーロッパの市民革命において社会主義とナショナリズムが同時に出現すると指摘している点である。竹内は『思想の科学』一九六〇年一月号の大塚と上山春平の対談「危機の診断」をあげ、「市民革命期には階級的なものが同時にナショナルなものとしてあらわれる、というのが大塚テーゼであり、日本の革命運動はそれをつかみそこなった、というのが上山の指摘である」と紹介している（⑨六一）。[*7] ヨーロッパの市民革命において中国の革命運動と同様、社会主義とナショナリズムが同時に出現すると知ったことにより、「アジア主義」を社会主義＋民族主義（ナショナリズム）と定義するヒントを得たといえよう。

柳田についての竹内の関心は広範囲にわたっている。実父竹内武一の叔父胡桃沢《くるみざわ》勘内が柳田の弟子であることから、親近感があったのだろうか。その文体への好感に始まり、国語問題への着目や、「臣民という範疇の造出過程」に対する手がかりを柳田民俗学にもとめる思索が日記にみられる。天皇に服従し依存する「臣民という範疇」＝国民像は日本独自のものであるとし、この範疇を作り出すために国家は「無理を冒しているはず」だとする。そして「無理には抵抗が生じる。柳田民俗学はその手がかりを提供するのではないか」としていた（「日記（転形期）」一九六三年十一月x日、⑯四七一）。この問題は竹内においてこれ以上深められることはなかった。なお柳田死去の際「きのう柳田国男氏がなくなった。暗然となる」と記している（同一九六二年八月九日、⑯二七〇）。

竹内は「コトバ問題についての感想」(一九五八年一一月)のなかで、近代文学で開拓的仕事をした人たちには「国語をそだてることが文学の根をつちかうこと」の共通認識があったとする。そして「柳田国男などは、この問題の解決が一つの大きな動機となって民俗学の畑へふみ込んでいった」としている(「コトバ問題についての感想」、⑦四〇五)。竹内は四八年論文で「言葉は意識の表象だから、言葉に根がないということは、精神そのものが発展的でないということになる」と述べていた(④一四〇)。文学の根源であり精神の基礎である言語の問題を意識し、地域の現実からとらえ直そうとした柳田に思想的生産性の可能性を見いだしたのではないかと推測される。

また、竹内は日本人や日本文化の特質について理論的に整理する思想家の「大先輩」として長谷川如是閑と柳田国男をあげている(「六〇年代・一年目の中間報告」一九六一年一月、⑨三三六)。日本的なるものを各地域の民俗研究から帰納し理論化しようとする柳田民俗学に、日本の現実から理論を構築する学問の可能性をみていたのではないだろうか。

このように大塚や柳田への関心には、既成の法則や概念をその生成過程から捉えなおす研究や、社会の現実を捉えその上で帰納的に理論を構築しようとする学問に思想の生産性をみいだそうとする竹内の考えが反映している。

次に、竹内は明治維新からの日本と戦後日本の連続性あるいは断絶についてどのように認識していたか検討する。「維新百年」の伝統重視か、あるいは「戦後二十年」の経験や達成を重視するかという論壇の議論のなかでこの問題についての自身の考えを表明している。「基本的人権と近代思想」(一九五九年一二月)では、次のように述べている。

明治維新がいつはじまったか、あるいは、明治維新が完全なブルジョア革命であるか、そうでないかという議論はあるけれども、歴史を大事にする、伝統を大事にする、子孫にそれを渡す上からいって、明治維新というものはわれわれにとって、非常に大事なものであり、明治維新の伝統が今日中絶するということは残念でならぬのであります。一九四五年八月十五日、敗戦というのも一つの記念として大事でありますが、敗戦から教訓をくまないで、ただ解放という一面だけで受けとったのではまずいことになります。今なおわれわれは、必ずしも解放されていない。他人が解放してくれたのは解放じゃないのです。（「基本的人権と近代思想」、⑨三四〜三五）

以上の文章では、二つの点が語られている、第一に戦後民主主義を「解放」とし「戦後二十年」の成果を重視する人々が明治維新の伝統を軽視していること、第二に敗戦の教訓を汲まず占領軍から与えられた「解放」をそのまま日本人の「解放」とすることへの疑問である。明治維新の伝統を自らの身近な歴史として「大事」にすべきであり、「解放」は今後めざす目標であるとしている。与えられた「解放」を謳歌する「戦後二十年」よりも、「維新百年」の伝統にもとづき自らの手による「解放」をめざす立場にたった。

また、第一の開国である明治維新からは第二の開国である敗戦の歴史的な教訓を得ることができるとしている。

敗戦を第二の開国とすれば、第一の開国は明治維新に当るわけだが、この両者を比較して、明治維新のときには、今よりもはるかに明確なヴィジョンが、国の規模でも、個人の規模でも、あったように思う。いわゆる国是という形に結晶してゆく近代国家の統治構造なり精神構造なり国民的使命感なりは、さまざまな力関係のなかで、強い統一化の作用をもって、明治十年代にははやくも人為的にある程度の方向づけに成功していたように思う。（「講座を始めるに当って」一九五九年七月、⑬三三六）

戦後の第二の開国期に比べ維新期には国家の統一化に成功した明確なヴィジョンがあったとする。「戦後二十年」を強調する人々のなかには、近代日本の戦争や敗戦を一時的な錯誤と切り捨てる風潮があった。竹内はこのような風潮に警鐘をならし、否定的なものも含め過去の遺産から未来の構想を得るべきだとしていた。

また、敗戦後の「解放」と「大正デモクラシー」について、座談会「明治維新の意味——今日も生きる課題——」（『中央公論』一九六二年一月号）で言及している。竹内は敗戦後の「解放」を「空しいもの」だとし、「大正時代にもいくらかそういう雰囲気を経験したが、それと同じように、もう一度空転するのではまずい」と発言している。[*8] 敗戦後の「解放」とは「自分たちの力」による「解放」ではないとし、そのため「空転」してしまった「大正デモクラシー」の轍を踏まぬようにすべきだとしている。「解放」の失敗した歴史的教訓の例として「大正デモクラシー」が捉えられている。そして「空転」の原因としてナショナリズムの不在をあげ、「デモクラシー」とナショナリズムを結びつける必要を主張する。

もっと国民、あるいはもっと土着なものというか、そういうものに根をおいた根元からの近代化でなければならないということ。それには日本の過去にもっている伝統とかそういう暗いものに目をふさぐのではなくて、それを中から越えていくものをつくり出さなければならないのではないかというので、ナショナリズムというと概括しすぎるのですけれども、そういうもののほうに自分として重点をかけてきたわけです。[*9]

「空転」した「大正デモクラシー」には日本の過去の暗いもの、すなわち民衆の土着のエネルギーが取り込まれる必要があったとし、戦後民主主義構築にこの点を教訓とする必要があるとしている。ナショナリズムは近代日本の「伝統」を超えて「解放」をつかむために重視すべき要素だとする。

最後に中国との関係を含む日本の近代史の視点について検討する。「「日本のなかの中国」ができない話」(一九六三年三月)では、「日本のなかの中国」という視点から日本近代史を構築する必要を論じる。一九五〇年代後半以降、中国との関係で日本の歴史を論じる著作は遠山茂樹・今井清一・藤原彰著『昭和史』(新版、一九五九年)、鶴見俊輔代表『日本の百年』(全一〇巻、一九六一~六四年)などが刊行されていた。しかし竹内が構築しようとしたのは、そうした「外圧」としての日中交渉史ではなく、中国との関係を内在化することで「学問の構造的変革」をおこすような近代史像である。次のように日本と中国との関係について述べている。

日本の近代史は、中国(および朝鮮)への侵略と切り離しては書けないのではないかと私は思う。ここでの「侵略」という語は、「親善」といいなおしてもいいし「運命共同体」といいなおしてもいい性質のものである。そういう観点なり方法なりが、とかくなおざりにされてきたし、今でもされている、というところに私（あるいはわれわれ）の不満があるわけだ。とくに思想史について然りである。（「「日本のなかの中国」ができない話」、⑬四九〇～四九一）

明治維新以来の日本と中国との「侵略」や「親善」の関係性そのものを内在的にとらえ、日本の近代史を構築することはまだおこなわれていない、としている。そして具体例として日本の二一ヵ条要求と中国の五四運動との関係を挙げ、日本人は五四運動を記念するのではなく、二一ヵ条要求を研究しその成果を「知的遺産」にすべきだとした。

以上のように、竹内は社会変革の学問という視点から講座派および右派の歴史学に一定の評価を与えつつ批判し、完成された思想や構想の生成過程に立ち返り学問の「生産性」を取り戻す試みに期待をかけた。そして日中関係を内在化させた視点およびナショナリズムの観点から、「大正デモクラシー」を再検討し、与えられた「解放」を自らの力で実現する「アジア主義」を提唱することになる。

### (2) 「日本のアジア主義」

次に個々の思想家に対する竹内の検討と評価のなかから、「アジア主義」をどのような思想として構想していったのかを検討する。まず「日本のアジア主義」（一九六三年）までに論じている北一輝、岡倉天心、福沢諭吉三人を検討する。

「北一輝」（一九五八年一月）では、北の思想の特徴を四点あげている。日本の現実に働きかけた唯一で自前の理論体系である点、「日本と中国との運命共同体の実感的把握」のある点、「天皇機関説」を堅持し「天皇教」に転向しなかった点、そして社会主義とナショナリズムを結ぶという思想的役割をもっている点である（「北一輝」、⑧一五七～

一六〇）。これらの特徴は「アジア主義」構想の基本的な枠組みとなっている。

次に「岡倉天心」（一九六二年五月）では、「アジアは一つ」という「アジア主義」の要素があるとする一方、「大東亜戦争」＝「アジア解放のための「聖戦」」に利用されたという負の歴史を指摘している。具体的には保田與重郎や浅野晃などの「日本ロマン派」系の文学者に利用されたことを指している。もっとも、「日本ロマン派」的解釈と天心の思想の現代的な意義は切り離せないともしている。それは日本ロマン派が「今日まだ過去の歴史現象になりきっていない」、今日においても存在意義のある思想だからである。それは「文明開化と全的に対抗する文明観」をもち、この観点から天心が発掘されたからである（「岡倉天心」、⑧一六四～一六五）。つまり、最も否定すべき「大東亜戦争」（アジア・太平洋戦争）推進の思想のなかに天心の真髄、すなわち日本の近代化路線である「文明開化」（ヨーロッパ文明移入）を批判する「アジア主義」を見いだし理解したという側面があるとする。

以上のような、アジア・太平洋戦争下の思想に侵略と反帝国主義の二重性が存在しているという認識は、「近代の超克」（一九五九年一一月）論に通じている。同論で竹内は「大東亜戦争」が植民地侵略戦争であると同時に対帝国主義戦争でもあるという二重性を指摘し、戦意を高揚させた自らの内部に、時代状況にねじ曲げられた帝国主義戦争への「抵抗」の精神を見出していた（「近代の超克」、⑧四二）。最も否定すべき歴史のなかに、埋れている「抵抗」の近代を見つけ出し、未来の方向性の基礎とする竹内の方法があらわれている。

この「近代の超克」では、「日本ロマン派」の本質を「あらゆる思想のカテゴリィを破壊し、価値を破壊することによって」近代日本のすべての思想を絶滅し、「一切の思想主体の責任を解除」することにあったとする。それは「総力戦の論理をつくりかえる意図を少くとも出発点において含んでいた」とし、「結果としてそれが思想破壊におわった」という意味で「思想形成の最後の試みであり、しかも失敗した試み」としている（⑧六一～六四）。その思想破壊というネガティブな行為のなかに「総力戦の論理」をつくりかえる生産的行為が逆説的に存在するとしている。

「日本とアジア」（一九六一年）では福沢諭吉を論じている。戦後日本をも蔽う「文明一元観」、知性を重視し地域文化に優劣の差をつけ、ヨーロッパ地域を中心として序列化を行う文明観を確立させた人物としてである。この文明観を「発見」した福沢の思惟にさかのぼり、日本がアジアの一国であることが前提としてあり、日本がアジアから脱却できぬからこそ、「文明の基礎である人民の自覚をはげますために、あえて脱亜の目標をかかげたのだ」（「日本とアジア」、⑧八六）とし、「文明の否定を通しての文明の再建」というアジアの原理を直感していたとする。

現代国家に通じる「脱亜入欧」路線を決定した福沢の思想に魯迅の「掙扎《そうさつ》」というアジアの原理が存在し、かつ自力で独立を勝ち取るアジアのナショナリズムの思考があるとしている。竹内が理解した「掙扎」とは、孫歌によれば他者という媒介によって自己解体が行われながらも、他者に追随することなく自己再建するという二重の「拒否」を生み出すこと、とされている。[*10] 竹内は「掙扎」における「自己」を中国に、「他者」を「文明」に置き換え、これをアジアの原理として普遍化したのである。

以上のように、日本のファシズムやアジア・太平洋戦争を推進した北一輝、「日本ロマン派」に見いだされた岡倉天心、近代日本の文明観を確立させた福沢諭吉という、時期も立場も違う思想のなかから「アジア主義」の可能性を見いだしていく。その特徴は三点ある。一つは否定すべき存在のなかから肯定的な要素を救い出す方法によって見出される思想であること、二つ目に完成された思想からではなく、その生成過程にさかのぼることによって発見可能な思想であること、三つ目にアジアの一国としての自己認識をもつ近代日本の思想においてのみ見出すことのできるものである。これらは「生産性」を取り戻すための思想史研究の方法や、「日本のなかの中国」という日中関係を内在化する視点により得られたものである。

こうした思索の上に『現代日本思想大系九巻　アジア主義』が構成された。原稿依頼を受けたのは、日記によれば一九六三年二月半ばである。最初は尻込みしたが「仕事そのものが興味《（ママ）》がある」と受諾した。四月の文章選定の過程で「権力にこびた自称アジア主義は全部抹殺」することに決めた。そして岡倉天心、宮崎滔天、相馬黒光、石母田正、大川周明の文章を入れることを決定している。五月の日記には、「単なる海外雄飛や膨張主義は、そのままアジア主義ではないという見解を採用することにした。それからファシズム（東亜新秩序や大東亜共栄圏）もアジア主義とは区別することにした」とある。また「官僚学者も選にいれなかった」とする。人選では「満州国」関係の文章の候補を橘撲、笠木良明、尾崎秀実で迷っている（最終的には尾崎を採用）。その後入院を経て、脱稿後の七月の日記には、内村鑑三の『代表的日本人』の西郷評価を執筆中に思い出し「アジア主義は結局は西郷の評価に行きつく」との確信が生まれ一気に書き上げた、と記されている（⑯三八一・三八八〜三八九・四一二）。

このようにして完成した「日本のアジア主義」（一九六三年）の特徴は以下の四点になる。第一に、「アジア主義」は、アジア連帯の傾向を共通としてもつ、中国（アジア）型の近代化の思想である。具体的にはナショナリズムと社会主義が結びついた思想であり、一九四九年に成立した中華人民共和国の民族主義的社会主義を範型としている。中国と同じ近代化を成立させる契機が近代日本において存在したかどうかという課題を論じるために設定された、「日本のなかの中国」という視点によるものである。そしてこのような思想は完成形として日本に存在しないために、近代日本では多義的で状況的なものとして表れ、歴史的に叙述することができない断片的なものとされる。このような「アジア主義」の把握は、思想とは完成された体系ではなく状況に応じ可変的だとする「思想」のとらえ方に照応している。

第二に、「大東亜共栄圏」は「アジア主義」の帰結かつ逸脱であり、「無思想」で「疑似思想」だとしている。とくに講座派の論客だった平野義太郎の「自称大アジア主義」を批判している点が注目される。マルクス主義者で戦時下に「大アジア主義」を唱えた平野は、一見民族主義的社会主義のようにみえる。しかし、平野は「アジア主義」の歴史的展開を論じてはいるが、孫文像の歪曲や史料の偽造などによって政府の侵略を隠ぺいしている点をはじめ、中国の独立を他から援助するものとする点や平野自身が戦後「転向」していることを竹内は指摘し、思想の名に値しないとしている。竹内にとって平野の思想は、既成のテーゼや法則に従属し日本型近代化の優等生文化を体現する日本のマルクス主義史学と同じものと見なされていた。

第三に、「アジア主義」が最終的に侵略主義に陥った原因を考察している。その原因は二つある。一つは本来一致してもおかしくなかった心情的アジア主義者（内田良平＝右翼）と社会主義者（幸徳秋水＝左翼）とが分離してしまった日露戦争期の思想状況をあげる。内田が民族的現実のなかで革命を考え人民の自由が抑圧されているロシアを否定する「文明の使徒」であるのに対し、幸徳の革命論は抽象的で西欧の直輸入型の思想であり、両者の思想は相容れないものだったとする。その結果「アジア主義」は論理（社会主義）を構築できず、侵略主義へ傾斜していったとするのである。そして二つめに大正デモクラシー期の「人民の弱さ」をあげている。近代日本が「内部欠陥を対外進出によってカヴァする型」を繰り返してきたのは、「人民の自由」が拡大されてこなかったこと、すなわちデモクラシーの契機の弱さに関連があるとした。侵略主義への傾斜を成立させない契機を歴史上に「発見できるか」が「今日」の「アジア主義」の最大の問題としている。人民自由拡大の時期のはずだった「大正デモクラシー」期に中国にたいする侵略（二一ヵ条要求）に国民が無関心で、日中関係が「空転」してしまったという認識が背景にある。

第四に、中国革命の方法である歴史の書きかえを基礎に、「アジア主義」の片鱗を近代日本に見出し、史実による実証から逸脱することによって革命の伝統を作り出そうとしている。竹内は藤田省三『維新の精神』に関する対談のなかで次のようにのべている。「歴史を読み直すというか、歴史を再評価するというか、歴史を利用するというか、そういう歴史しか考えられない」、「私は歴史家とは全く観点が違う。鶴見さんは中間派で、事実の客観性だけ認めるのですが、私は事実の客観性も認めかねるのです。だってね、歴史は必ず書きかえられますよ」と発言している。[*11] 竹内は歴史を未来の構想に資するものとし、そのため極端にいえば事実の客観性を顧慮する必要はなく、いつでも書き換え可能なものだとしている。

史実の客観性を否定しようとする竹内の方法とは、現実感覚を持ちつつフィクションにより主体性の回復をめざす文学の方法を思想史研究に投影するものである。それは明治維新を「あきらかに政治革命である」と断言し辛亥革命と懸隔はないと言い切る点にもあらわれている（「日本・中国・革命」一九六七年九月、④三二五）。明治維新を絶対主義の成立とし革命の伝統を否定する講座派史学の理論と史実の実証という強固な壁を打ち砕くためには、理想的な未来から歴史を書き換えていくほかはないという竹内の決意を感じる。

竹内の論じる「アジア主義」は、中国（アジア）型近代化の思想の片鱗で、近代日本では最終的に「大東亜共栄圏」という逸脱に至るものであった。その原因を日露戦後の心情的アジア主義と社会主義理論の分離、「大正デモクラシー」の弱さによる「空転」をあげている。実証主義を否定し文学の方法で歴史を書き換える方法のみが日中提携の基礎を構築する道とする点に、両国間の越え難い溝が表現されている。

### (3) 西南戦争の可能性

次に竹内の「アジア主義」は、天皇制国家論にどのような意味をもつか検討する。すでに多くの論者が指摘してきたように、戦後日本の再建において精神的に残存する近代天皇制社会の克服を竹内は課題としていた。近代天皇制の特徴について三点をあげている。

第一に、近代天皇制は時期によって表れ方が異なるため世代によって受容に差があるとしている。安倍能成、津田左右吉らの「オールドリベラリスト」らの「愛慕型」、自らの世代を中心とする「恐怖型」、そして講座派マルクス主義者および戦後世代中心の「無関心型」である。「恐怖型」では天皇制は「骨がらみになって人間の心理に巣くっている」ものであり、精神を呪縛しているとする（「天皇制について」一九五三年、⑦一七一〜一七二）。

第二に、天皇制の下で生まれ育った世代における天皇制把握の困難さを指摘している（「講座を始めるにあたって」一九五九年七月、⑬三三八）。天皇制を精神的に克服するためには知性と感情を総動員する必要がある。そしてその対象化に一定の時間を要するとされている。

第三に、近代天皇制の価値体系の複雑さをあげる。「天皇制は一つの価値体系なのではなくて、複合的な体系であり、体系というよりもむしろ、諸価値を相殺する一種の装置である」としている（「権力と芸術」一九五八年四月、⑦一六〇）。そのため一つの価値体系としてとらえようとした戦後の近代主義、共産党はその把握に失敗したとする。天皇制から脱却するためには「即自的にあるものを対自化し、超越的なものを現世的なものに変え、それによって天皇制を、併立する価値の一つたらしめること」を自前の方法で行わなければならない（⑦一六一～一六二）。そして天皇制に対する「日本的抵抗の諸類型は、バラバラでなく有機的に結合して、この不道徳の根元を剔出しなければならぬ」としている（⑦一七〇）。

近代天皇制から脱却するためには、各専門分野がそれぞれ自生的方法を総動員させて有機的に結合し、抵抗することが必要だとする。そのような方法の一つとして思想史の方法が有効である（⑬三四二）。未来に資する思想や構想を引き出すためには、歴史的な過程の研究ならびに理論化という相対立する方法を組み合わせて複合化する必要がある。

以上のような天皇制脱却の方法の一つとして、明治維新の様々な可能性を初発段階において考察することを提唱する。[*12]具体的には西南戦争の可能性である。「西郷が反革命なのではなくて、逆に西郷を追放した明治政府が反革命に転化していた」とし、西郷の反乱に「永久革命のシンボル」があると指摘している（「日本のアジア主義」、⑧一五五～一五六）。西南戦争を第二革命と位置づけることで、[*13]成功すれば日本は天皇制国家と異なる道を歩んだ可能性があるとする。革命と反革命が絶えず繰り返されながら長期にわたって進行する中国革命の考え方を日本に適用することで、明治維新を一度きりの革命とはみなさないという竹内の立場を表している。

さらに竹内は第二革命＝西南戦争が国家目的を反転させる可能性があったとみている。対談「維新の精神と構想」で「大久保に対立した西郷は、国家の建設というものよりは別なものを目標にしたという感じがする」とし、「要するに人間が主であって国家は手段である、国家だけをりっぱにしてもだめなんだ、人間が幸福になり、社会生活が円満に営まれるようにしなければいかぬという別の目標があったのじゃないか」[*14]としている。西郷の思想に個人の利益幸福の手段としての国家という思想があったのではないかと推測している。

竹内は「明治ブームに思う」（一九六五年五月）で、「明治ナショナリズムは「国家あってネーションなし」、つまりネーション形成失敗例と考えるようになった」とのべている（⑧二四三）。ネーションとは下からのナショナリズムである。竹内はまた「ネーションの形成には人民の抵抗が大きく作用するし、そのはたらき方は多様である」、あるいは「私の考える正しい意味のナショナリズムとは、国家よりも民族ないし人民に重点がかかっているので、つまり人民の自由意思が結集される形態が根本だと思う」と発言してもいる（『状況的』一六四・一六六）。

このように、竹内は個人の利益幸福を主体とする人民国家＝「ネーション」形成を西郷の第二革命の核心とした。明治維新のもう一つの可能性とは、抵抗する主体である「人民国家」（「ネーション」）形成の可能性ということであり、人民の利益幸福実現のための国家創出の可能性を西南戦争に託したのである。

## おわりに――戦後思想史学への竹内の示唆――

敗戦直後より維新以来の近代日本を考察しようとする視点をもっていた竹内は、中国近代化の型の違いを明確にした四八年論文を経て、日本における国民革命の進展をめざし中国と日本の同質性の可能性を探り始めた。そして中国革命の方法を近代日本に投影する「アジア主義」によって独自の近代日本像を打ち立てた。

その背景には、近代日本思想史研究へ関心を寄せる竹内の状況認識があった。それは第一に、近代日本文学が担ってきた課題を丸山学派や鶴見俊輔などの思想研究が実践しつつあるというものである。第二に、理論的にも史料的にも堅固な講座派史学の明治維新像に対抗し、社会変革としての学問を確立させるためには未来の構想から過去を書き換える文学的思想研究が必要であるということである。

そして「近代日本」像形成においては、最も絶望的で否定すべき状況のなかに未来への可能性を見いだし自力で再建を果たす魯迅の「掙扎」や、歴史を書き換えることで「古典支那」から「近代支那」国民革命を達成する中国革命の方法が適用されている。中国と比較し日本に批判的な仮説を継続しつつ、そのなかに近代日本の可能性としての伝統を見いだすこと、太平洋戦争下に「帝国主義」への抵抗の契機を拾い出そうとする試みにその方法が表れている。この方法により革命を推進する近代日本の真の「伝統」を救い出すことがめざされていた。

そして「明治百年」提唱にこめられていたのは、第一に、「戦後二十年」論に対抗し明治維新や「大正デモクラシー」から学び直し、与えられた「解放」を自らのものとする方策の実現である。第二に、明治以後の歴史のなかに中国（アジア）型近代化の思想の片鱗（「アジア主義」）を拾い出すことで両国の同質性の可能性を明らかにし、日中連携の基礎とするためである。そして第三に、アジア・太平洋戦争下では可能性に過ぎなかった国民的革命実現が六〇年安保闘争により高まるなか、中国革命下の革命伝統発掘という方法の順序を逆にし、革命推進に資するため革命伝統の発掘を行うことであった。

また、竹内は明治維新のもう一つの方向性として、抵抗する主体である「人民国家」（「ネーション」）形成の可能性を論じた。国家至上主義の天皇制国家に収れんするのではなく、人民の利益幸福実現のための国家を創出する可能性を、西南戦争に象徴される第二革命論により示した。

竹内の明治維新論はあくまでも議論にとどまり、具体的に歴史を書き換えることはなかったものの、思想史研究者のなかに竹内の提起や思想に触発されて研究を展開する人々が輩出する。生前の竹内となんらかの形で接触のあった戦後思想史研究者の仕事の一部を取り上げ検討することで、竹内の議論がどのように受容され展開されていったのか、考える手がかりとしたい。

まず竹内が断片的に言及した課題を継承し、より明確な形で論じ独自の展開をした人物に橋川文三があげられる。日本ロマン派や魯迅、ナショナリズムなど、竹内が取り組んだテーマを継承している。前節との関係で、柳田論と西郷論を取り上げてみたい。橋川の柳田論のうち竹内との関係が表れているのは、「魯迅と柳田国男」（一九六四年）、「柳田学のこれから」（一九七五年）などである。竹内からの影響がみられる点は二点ある。

第一に、柳田と魯迅が「アジアにおける一定の歴史時代の暗黒さを共通に象徴」していると指摘している点である。そして具体的には、「それぞれの国における古いものに対して、いわば近親憎悪とでもいえるような深い血縁を意識しながら、ともに啓蒙家として発足している」こと、「郷土的な表現をとった文字に対して、異常な関心」のあること、「自民族の生活伝統について、徹底的な認識者」である点をあげる。[*15] 文学的感性により民間社会の伝統的習俗に深い関心をもった啓蒙家として両者を関係づける視点は竹内からの視点であろう。

一方、橋川は柳田と魯迅の決定的な違いについても言及する。後れたアジアが世界の先端となり得るという「楽天的構想」や各国の「相互理解」への信頼感をもつ柳田に対し、魯迅は帝国主義を「喫人」（人が人を喰う）とし、搾取への痛切な感覚をもつとする。[*16] この指摘には、竹内が柳田に深い関心を抱きつつ本格的に論じなかった理由が明らかにされているように感じる。

第二に、柳田の「常民」が天皇制国家の「臣民」と対峙する可能性に言及している。橋川は「常民」をネーションの「幸福を自主的に選択し、享有しうる主体」とし、柳田民俗学は「そのような常民にとっての幸福とは何かを、生活心意の表現の中に追求する学問」としている。[*17]柳田民俗学に「臣民という範疇」に抵抗する「手がかり」があるとしながら具体的に言及しなかった竹内の意図を橋川は代弁している。

次に橋川の西郷論は、竹内の「第二革命」としての西南戦争論を継承する「西郷隆盛の反動性と革命性」(一九六八年)[*18]から出発している。竹内の影響については、次の二点を指摘できる。

第一に、橋川は竹内と西郷を重ねている。近代的な価値と「前近代への傾向」をあわせ持つ「二重人格」である竹内と、キリスト教的要素を合わせもつ陽明学の「致良知」を生命とし、同じくキリスト教と関連する「敬天愛人」の語を愛した西郷[*19]をオーバーラップさせている。また、西郷を維新革命の象徴かつ封建的反動でもあるという矛盾した存在で、対極にあるものを統一する象徴であり、現世的、あるいは国内的な論理から外れる規格をもつとした。[*20]近代と反近代のはざまに立ち、国家の枠を超える規格をもつという西郷の特徴は、そのまま竹内像につながっている。

第二に、橋川は西郷伝説あるいは西郷の思想にアジア型の近代の可能性を見いだそうとする。橋川は竹内の「京都で行われた最後の講演」(一九七六年一〇月一八日、岩波の文化講演会「魯迅を読む」⑰三二九)を手がかりに、近代日本における魯迅の小説の特徴が西郷伝説において成立した可能性について示唆している。[*21]また、西郷の「征韓論」にアジア連帯の可能性を読み込もうとしている。[*22]近代日本における魯迅小説の成立およびアジア連帯の可能性を見いだそうとする点で竹内を継承する側面がある。

しかし橋川は島尾敏雄との対談で琉球弧という太平洋の島々のなかで日本の存在を相対化する思想として西郷を論じようとしており、その西郷論は竹内の示唆を超え、既成の日本像を転回する梃として展開していく可能性をもっていた。竹内を媒介に近代天皇制国家を新たな枠組みでとらえる視点を獲得していったのである。

次に近代の日本政治思想と中国との関係を論じた野村浩一(近現代中国政治思想史研究)と松本三之介(日本政治思想史)を挙げたい。両者はともに丸山眞男の門下で、竹内と交友があった。そして両者は竹内からの示唆をうけた

『近代日本の中国認識』を、時を隔てて発表している。

野村浩一は、日本の政治思想史を研究するつもりだったところ中国政治思想史研究を丸山から勧められ、取り組み始めたと回想している。[*23]また、『近代日本の中国認識』（一九八一年）「あとがき」に中国近代思想と日中関係の「両者は並行して勉強する必要がある」との竹内のアドバイスを得たとしている。

同書の特徴は、第一に、当時の日本知識人の中国理解の様相を近代中国の状況把握のうえで論じている点である。表題と同じ「近代日本の中国認識――「大陸問題」のイメージと実態――」では、いわゆる「大正デモクラシー」期における内田良平、内藤湖南、吉野作造、北一輝、白樺派、社会主義者など思想的立場の異なる論者の中国認識を検討し「いずれも失敗の歴史であった」としている。同時代の中国社会の底に渦まく「真の力」を本当につかみ切ることが出来なかったからである。もっとも「どのような枠組をもってしても、容易には捉えがたい状況」であり、中国の動きとともに解体するか目をつぶるかしか途はなく、結局日本は後者を選んだとする。[*24]中国認識において知識人と民衆が分裂していたという日本側の問題点もあげている。[*25]日本は西欧帝国主義の追随者のコースを辿るほかはなかったとし、中国の状況を認識するのは困難な日本側の事情への理解も示している。

第二に、「アジア主義」の成立基盤の可能性について考察している。「近代日本における国民的使命観・その諸類型と特質」では、大隈重信、内村鑑三、北一輝を挙げ、内村と北が「その使命観の提示を通じて、近代日本のいわゆる文明開化のコースに構造的な対立と、またそれに対する働きかけを試みていた」としている。ただしその内発的エネルギーが「国民的伝統」すなわちナショナリズムと切り離されていた点に問題があったとしている。[*26]

一方「尾崎秀実と中国」では、近代日本の体制に対する批判的視点を保持し、かつ「開かれた意識」のもとに問題を構想しようとした人々は「ほとんどつねに、その展開の舞台を中国に求め、中国の革命を通じて、日本の変革、世界の革命を展望しようとした」とし、そこに良質の「アジア主義」の基盤があると指摘している。[*27]

こうした観点から野村が評価する「アジア主義」者は橘樸である。橘は道教世界のなかに中国の民族思想を発見し、民衆自治のなかに中国社会の進歩をもたらす活力を期待し、福沢諭吉の儒教的官僚世界を変革し民衆世界から中国世界像を構築した人物とされている。ただしそれは日中戦争下の「現実的基盤の全き欠如」のもとでの思想だったとする。[*28]

このように野村は、橘の思想に「アジア主義」が最も良質な形で実在したと評価する一方、現実的基盤を欠き機能する場がなかったと指摘する。「アジア主義」を主題とする点で竹内を継承しながら、それが近代日本において断片的にしか存在しないとする竹内に対し、具体的な実像を明らかにし、現実的基盤欠如という原因をあげている。また、日本の西欧追随の近代化のコースを歴史的必然とするなかで中国理解を論じているように、近代日本と中国との懸隔した状況における中国像を明らかにしている。

次に松本三之介は、竹内の「アジア」論をヨーロッパの近代との関係で明らかにしている。「アジア」とはヨーロッパの自己拡大の過程で生じる非ヨーロッパの自己意識であり、竹内の構想する「アジア主義」は、ヨーロッパとアジアを対立概念とする歴史哲学を基礎に西洋文明に対する「文化的巻き返し」と「文明観の作りかえ」をめざすものであり、かつ自由や平等という近代ヨーロッパ文明の文化価値を全人類に貫徹する原理であるとしていた。[*29]『近代日本の中国認識』（二〇一一年）では、第一に、以上の「アジア」および「アジア主義」の概念を近代日本の思想を分析する枠組みに適用していることが挙げられる。中江兆民、宮崎滔天において、日本の独立のため西欧の近代文明を普遍的理念としながら、その西欧先進諸国での形骸化に対し儒教の規範的普遍主義を接合することで普遍理念としての規範力を回復させようとしていると指摘している。[*30]ヨーロッパ文明の自己拡大によって虚偽化された近代的概念の本来の機能を回復させる思想の試みが中江や宮崎にあることを指摘している。また、ヨーロッパ中心の偏った世界政治にアジアの日本が加わることで「正しい姿に近づく」という、ヨーロッパによるアジアの疎外を是正する思想が吉野作造にみられることも指摘している。[*31]竹内自身は具体的に展開することのなかった「アジア主義」の近代日本思想における展開を具体的に示し、日本思想史における「アジア主義」の可能性を改めて意義づけている。

第二に、中国認識における日本思想の枠組みの特徴を明らかにしている。たとえば国家の強化や国家目的の達成への尽力を「美徳」とする日本人の「天皇制日本の価値構造」が、国家意識の乏しさや国家形成能力の貧しさという点で中国蔑視の視点を形成していることが指摘されている。[*32]

そして第三に近代日本の中国認識の到達点を三木清や尾崎秀実の「東亜協同体」論としている点である。それは蔑視を含む中国認識の反省をふまえた「革新性」をもっていること、中国の民族主義を対等なものとして理解すべきことや日本の中国政策が持つ帝国主義的性格の排除、日本自身の変革の必要が主張されている点においてである。さらには民族主義を超克する可能性をもっていたとされる。[*33]日中戦争という両国関係の困難な状況のなかで、知識人が近代日本の中国認識の反省に立ち、日中の対等な提携という関係性の革新を考察した成果を「東亜協同体論」としている。「アジア主義」成立困難な戦時下の状況における日中関係の未来構築のための思想的営為を、竹内の論理の枠組みを継承しつつ、より具体的に論じ、その思想的「生産性」を明らかにしたといえよう。

最後に直接的とはいえないが、竹内の影響の広がりという意味で鹿野政直の思想史をあげておきたい。鹿野は、竹内のことを、占領軍主導の迅速な改革の進行を「既往の思想的体質の変らなさ」の反映だと問い「帝国」色の内面からの克服をめざして過去にこだわり抜いた思想家であるとする。[*34]また、竹内と「明治維新への視点」（一九六九年）で対談している。その冒頭に「決してそのすべてにではないが」と断りつつ「現代の予言者」である竹内の言に啓発をうけてきたとしている（『状況的』一九〇）。対談では、鹿野が天皇にとってかわる幕末の国家思想は「ほんとうにない」と断言するのに対し、竹内は日本の近代史は何度も考え直して「埋もれた可能性を発掘する努力」が必要だと発言していた（『状況的』二〇五〜二〇六）。

その後鹿野は『大正デモクラシーの底流―土俗的精神への回帰―』（一九七三年）で、戦後民主主義への「疑念」にもとづき過去の「大正デモクラシー」のすみやかなる凋落の内的要因を分析し、民衆が自生的に生活のなかで育んできた価値意識（土俗的な精神）と、「大正デモクラシー」の知識人が提示した近代の理念との間に救いがたいほどのギャップがあったことを明らかにしている。[*35]「大正デモクラシー」は民衆の土俗的精神を掬い上げることがなかったためファシズムに飲み込まれたと結論づけており、民衆の生活から発する要求や想念を掬い上げ国民の解放を実現するという竹内の課題を、近代日本思想研究において逆さまに投影したようにもみえる。

その後「もう一つの近代史」[*36]の可能性を追求した『近代日本の民間学』（一九八三年）は柳田民俗学をその代表格とし、「底深いナショナリズム」の発酵形態の一つであり、かつ世界への寄与を志向した国家への「抵抗と同化」をあわせもつ学問とされる。[*37]明治維新ではなく「大正デモクラシー」を基点とし、「抵抗」だけでなく「同化」の側面をも論じている点、またその後沖縄および女性史研究へと展開し読者に既成の歴史像や価値観の転換をせまっていく点において竹内とは大いに異なるものの、竹内が果たせなかった歴史の書きかえを実践する思想史であるともいえる。

## 註

＊1　鶴見俊輔発言「戦後日本の思想の再検討最終回　戦争経験から何を汲み取ったか」（『中央公論』一九五八年一二月号）二一四頁（久野収他『戦後日本の思想』勁草書房、一九六六年、所収）。

＊2　メディアを活用した大衆天皇制は戦前からみられるという指摘（右田裕規「戦前期「大衆天皇制」の形成過程」『ソシオロジ』二〇〇二年）や、吉野作造など戦前の思想家がイギリスの立憲君主制を理想とし「象徴天皇制」に連なる天皇制構想をもっていたことが指摘されている。一方で昭和天皇は戦後も「内奏」を要求しつづけたことも明らかにされている（後藤致人『内奏』中公新書、二〇一〇年）。戦前と戦後を連続して捉える視点が顕著にあらわれている。

＊3　共同研究には野村浩一、野原四郎、野沢豊、新島淳良、安藤彦太郎ら中国史及び中国文学、日中関係史研究者が参加していた。

＊4　久野収「序文」（『戦後日本の思想』勁草書房、一九六六年）。

＊5　拙稿「竹内好―「変革のための学問」をめざして―」『戦後思想の再審判―丸山眞男から柄谷行人まで―』（法律文化社、二〇一六年）。

＊6　大塚久雄発言（上山春平と対談）「危機の診断」（『思想の科学』一九六〇年一月号）二一頁。

＊7　また、「日記」によれば一九六一年四月九日の条に思想史の会で大塚久雄の「ナショナリズムの経済的キソに関する報告おもしろい」と評している（竹内「日記」⑯一四五）。大塚の話の中心は、ブルジョア的中間層の近代推進力を否定し「軽蔑」する講座派歴史学への批判である（「危機の診断」『思想の科学』一九六〇年一月号）。

＊8　竹内好発言（桑原武夫・羽仁五郎・松島栄一と「討議」）「明治維新の意味―今日も生きる課題―」（『中央公論』一九六二年一月号）一七七頁。

＊9　同上、一七七頁。

＊10　孫歌「まえがき」（『竹内好という問い』岩波書店、二〇〇五年）x頁。

＊11　色川大吉・鶴見俊輔・竹内好（対談）「維新の精神と構想」（『展望』一九六八年六月号）三六・四八頁。

＊12　「維新がいろいろの可能性をもっていた。ところが結果として天皇制国家がうまれ、それが既成事実となってしまった。いままでもそれから脱却することができないでいるわけなんだけれども、それからの脱却を考えるために明治維新のもっていたいろんな可能性を考えてみる。単に一つの選択が明治国家なのであって、別な選択が可能であったんじゃないかということを考えなおそうじゃないかということを（明治維新百年祭で――引用者注）提案したわけなんです」（竹内・鹿野政直対談「明治維新への視点」『状況的』）二〇六頁。

＊13　「この「第二革命」という言葉は、中国における辛亥革命後の第二革命を意識したもので、さらにその後の第三革命まで革命運動の連続性を、日本の西南戦争に見出そうとしたのではないか」との意見が、研究会の議論の場で、本書編者山田智氏から出された。重要な指摘と思われるが、具体的な検証は今後の課題として、さしあたり本章の論旨の一部に反映させるにとどめた。

＊14　前掲対談「維新の精神と構想」四四頁。

＊15　橋川文三「魯迅と柳田国男」『橋川文三著作集』（以下『著作集』と略す――引用者注）二巻、三四二～三四三頁。

＊16　同上、三四四頁。

＊17　橋川「柳田学のこれから」（『著作集』二巻）三五五頁。
＊18　橋川「西郷隆盛の反動性と革命性」（『著作集』三巻）。
＊19　橋川「『西郷隆盛紀行』あとがきに代えて」（『著作集』三巻）三二七〜三三一頁。
＊20　橋川「西郷どんと竹内さんのこと」（『西郷隆盛紀行』朝日新聞社、一九八一年）、一五六〜一五七頁。
＊21　前掲橋川「あとがきに代えて」、三二七頁。橋川は、魯迅『阿Q正伝』等の小説に「カオスから出てカオスに消える」形式があり、それが「無名の民衆の姿」を写すものとし、西郷が死後民衆伝説となったこととあわせ、西郷が魯迅と同様「無名の民衆」の代表者であり「民族独立の英雄」となる可能性があることを指摘している。
＊22　橋川「日本の近代化と西郷隆盛の思想—安宇植氏との対談—」（同上書）一八七〜一八八頁。「勝海舟の念頭にあったような中国と朝鮮と日本、この三国の政治的な連合体を作っていかねば駄目だという、そういう姿勢と相通じるようなものが西郷の頭の中にあったんじゃないでしょうか」。
＊23　平野健一郎他編「旧中国から新中国へ」（『インタビュー戦後日本の中国研究』平凡社、二〇一一年）七四頁。
＊24　野村浩一『近代日本の中国認識』（研文出版、一九八一年）一〇七〜一〇八頁。
＊25　同上、一一〇頁。
＊26　同上「近代日本における国民的使命観・その諸類型と特質」四四頁。
＊27　同上「尾崎秀美と中国」二〇六頁。
＊28　同上、二九五・二九七頁。
＊29　松本三之介「戦後思想と竹内好」（『戦後日本の精神史』岩波書店、一九八八年）一八四〜一八五頁。
＊30　松本三之介『近代日本の中国認識』（以文社、二〇一一年）三〇九頁。
＊31　同上、三一八頁。
＊32　同上、二九四頁。
＊33　同上、三〇〇・三〇四頁。
＊34　鹿野政直『近代日本思想案内』（岩波文庫、一九九九年）三四〇〜三四一頁。
＊35　鹿野政直『鹿野政直思想史論集』一巻（岩波書店）二二九頁。論集に収められる際「大正デモクラシー　救済のゆくえ」と改題された。

＊36　黒川みどり「序説　鹿野思想史と向きあう」（『触発する歴史学』日本経済評論社、二〇一七年）一五頁。
＊37　前掲鹿野、四一三・四一七頁。

# 三　〈朝鮮〉というトポスからみた「方法としてのアジア」

姜　海守

## はじめに――竹内好を「韓国（朝鮮）」というトポスから問うということ――

韓国における竹内好研究では、主に、中国文学研究者の竹内魯迅論、日本近代史研究者などの竹内アジア言説をめぐる研究という二つの側面に光が当てられてきた。後者においては、竹内のアジア（主義）論をやや否定的に捉える傾向もみられる。ここ一〇年ほど、「東アジア」論が韓国の人口に膾炙するや、竹内をその文脈の中で読む一連の動きが現れた。すなわち、そこでの竹内解釈は、中国文学や日本近代史といった従来の学問領域の枠組みにおける関心とは異なり「東アジアという次元における読み」という傾向がみえる。これは、竹内好という存在がすでに一九九〇年代以後の「アジア主義」のシンボルコードとなってきたことと関わりがあろう。韓国におけるこうした研究傾向の初期段階においては、中国における代表的な竹内研究者である孫歌の著作が一定の役割を果たしたことも事実であろう。今日の韓国における竹内解釈は、本論で詳述するように、竹内の「アジア主義」論をめぐる近代朝鮮史研究者梶村秀樹や在日韓国朝鮮人の朝鮮史・朝鮮思想史研究者たちによる批判とは異なるものである。これらの朝鮮史研究者らは、竹内を「東アジアの思想課題」のための東アジア論のテキストとして読むことは決してなかった。それは、時代状況のみならず、日本、韓国という場に置かれた研究者らの環境と問題認識の差異に起因する現象ではなかろうか。

こうした問題意識から、本章では、主に中国文学者・中国研究者として知られている竹内が述べた「方法としてのアジア」や「アジア主義」論のあり方を、「韓国・朝鮮」（以下、韓国と表記）というトポスから照明する。そこには、植民地としての経験の持つ韓国が竹内の「アジア主義」論において如何なる位相を持っており、また「方法としてのアジア」を語ること自体が韓国において如何なる文脈を持つことができるのか、という二つの意味が含まれている。「方法としてのアジア」という概念は竹内が一九六〇年一月に行った或る講演で初めて提示されたものであるが、こうした考え方をもとにされているのが、一九六三年八月編集の『アジア主義』であり、その解説「アジア主義の展望」であろう。この「アジア主義の展望」が公表されてまもなく、これをめぐって日本史をはじめとする歴史研究者だけでなく、梶村秀樹および在日韓国朝鮮人の研究者らから激しい批判を受けるようになる。こうした傾向は、今日においてもそれほど変わっていない。断片的ではあるが、こうした批判に対する当時の竹内の反応から、「アジア主義」をめぐる竹内の発想のあり方を垣間見ることができる。本章では、このように、これまでの竹内研究においてはほとんど論じられてこなかった「アジア主義」をめぐる批判と反応にみられる言説空間の行間を読みとっていく。

本章ではまた、竹内が「アジア主義」論および「方法としてのアジア」を通して提起しようとした問題を、今日の「韓国の問い」として検討し、その意味を改めて問うことを試みる。繰り返し述べれば、本章では、竹内好の「朝鮮（韓国）観」の考察に止まるのでなく、「方法としてのアジア」の韓国における意味、またそれを「韓国」というトポスから問う意味について考えていきたい。そのために、日本において「ポスト竹内」言説を構成する研究者たちの著作が韓国で翻訳され読まれていることの意味を合わせて考えることが必要であろう。こうした問いは、アジアの「同時代的状況」との不断の関わりの中で、これからの日本、韓国、中国における竹内研究の意味を改めて考えるために大切な課題に違いなかろう。

これまでのところ、竹内の「方法としてのアジア」が持つ現時点における重大な意味は、「二一世紀における近代の超克」もしくは「現代の超克」的言説を批判的に捉える視点を提起することにあろう。本章で取り上げる「二一世紀における近代の超克」の言説とは、溝口雄三と柄谷行人、そして宮嶋博史のような「方法としてのアジア」の修正的言説である。本章ではこのような「ポスト・竹内」言説について最後に触れたい。

## 1 竹内の朝鮮（韓国）認識と日本の「植民地主義」

戦前・戦時期における竹内の植民地朝鮮に対する認識そのものは、さほどのものではなかった。この時期の朝鮮についての文章はほとんど見当たらず、朝鮮についてわずかにみられる記述は、一生涯で一度の朝鮮半島の訪問、すなわち、一九三一年に東京帝国大学支那文学科に入学した翌年の夏、中国東北地方への旅の途中に一週間ほど滞在した時のものである。[*1] 竹内はその時の朝鮮人の印象を、「朝鮮人の女、洗面所にて子供を裸にして洗う」（「鮮満旅行記」一九三二年、⑮四）、「自動車運転士曰、鮮人ら夜道路に寝ると云う。枕にする石がごろごろころがっている」（同上、八）と記しているのみである。戦後、竹内が朝鮮（韓国）を自らの関心の対象とした大きなきっかけは朝鮮戦争ではなかろうか。隣国の戦争開戦に際して、竹内は「統一への願望が、国際政治を利用するか利用されるかして武力によらなければ解決しにくいのは、朝鮮民族の歴史的な悲劇である」（「日本共産党論（その三）」一九五〇年八月、⑥一五五）と述べている。竹内の態度は、「朝鮮の民衆のイメージ」（「日本再登場」一九五二年七月二三日、⑰一〇）を念頭に置きながら、「朝鮮の戦争」の情勢を見届けようとするものであった。

竹内は、一九五八年、在日韓国朝鮮人作家である金達寿が著した『朝鮮』の書評において、日本の韓国（朝鮮）に対する認識とその必要性を唱道する文章を書いている。

われわれ日本人一般が、むろん私もふくめてだが、じつに朝鮮について知らない。おどろくほど無知である。朝鮮はいちばん近い外国だから、本当はいちばんよく知っていなければならないわけだが、その朝鮮のことを相対的にはいちばん知らない。絶対的にも下から何番目かだろう。その知らないことが、朝鮮にとってばかりでなく日本にとっても、どんなに不幸であるかということの実感が乏しい。これにはわけがある。朝鮮が十三年前まで日本の植民地であったこと、日本の敗戦によって独立したが、独立の形がスッキリしていないこと、そのため日本人の（ある程度は朝鮮人の方にも当てはまる）心の整理ができていないことが主な原因だろうと思う。フランスにおけるアルジェリアほどではないにしても、朝鮮を外国として眺めるのをためらう気持ちが日本人の心にぬきがたくひそんでいる。（中略）私など中国のことを勉強していると、中国を知るためには朝鮮を知らなければならぬと痛切に思うことがあるが、その私にしても朝鮮の知識はほとんど皆無に近い。（「金達寿著『朝鮮』」一九五八年一〇月一三日、⑤二三三[*2]）

また、部落問題研究所の主催で一九五九年一二月一日に大阪朝日会館で行われた公開講演会において、竹内は、差別の対象としての「部落民」へのまなざしとともに、「朝鮮」と「朝鮮人」に対する日本人の差別的な感情を批判する見解を開陳している。すなわち、一九五〇年代における竹内にあっての差別の対象としての「鮮人」へのまなざしは、確かに日本社会の内部における差別の問題としての「部落問題」とパラレルに成り立っている、と竹内は考えたのである。しかのみならず、かつて支配の対象であった「朝鮮人」および「朝鮮問題」をめぐって日本社会と民衆の差別意識が無自覚的であることに着眼（「基本的人権思想と近代思想」一九五九年一二月一日、⑨一四～一五を参照）したことは、後述のように、朝鮮戦争を契機として本格的に登場した、日本知識社会における「アジアのナショナリズム」論と関わりがあろう。

「アジアのナショナリズム」を捉えなおそうとする竹内の見方は、一九六〇年代初めの「方法としてのアジア」へと発展していくが、特に「韓国との国交」交渉に際して、竹内は日本の朝鮮植民地支配に対する「贖罪感」と日本の「植民地主義」に対する認識を深めていく。「方法としてのアジア」が一九六三年七月に脱稿した「アジア主義の展望」を始めとする竹内の日本「アジア（主義）」論に繋がるという点において、ここに表れる韓国認識は注目に値する。

そこで贖罪感が問題になるわけだが、それが薄れつつありますね。薄れさせようとする意識的、無意識的な動きがあるわけです。中国に対してもそうだが、朝鮮に対しては特にそうですね。韓国との国交がうまくいかんのは、李承晩大統領はものがわからん男かもしれないが、あれだけ虐められていたら無理もない。十年、二十年じゃむつかしいかもしれない。けれども、努力はしなければならない。そうでなければ恥知らずです。民族が恥知らずになったのでは、世界に立てない。（「方法としてのアジア」一九六〇年一月二五日、武田清子編『思想史の方法と対象―日本と西欧―』創文社、一九六一年、二三五頁）

竹内は、日本の池田勇人政権が推進していた当時の朴正熙「軍事政権」（当時、朴は国家再建最高会議議長）との「日韓交渉」再開について、次に引用するように、それが日韓「民衆同士の友好に水をさすもの」であり、「韓国の民衆の選択を待たずに、日本が特定政権の承認を先取りするのは、一種の内政干渉であって、将来に禍の種をまくことになる」と、その遺憾の意を表している。そこからは、日本民衆と「韓国の民衆との間に友好の実をはか」ろうとする竹内の連帯感がうかがえる。

いまの日韓交渉は、大筋からいって、この民衆同士の友好に水をさすものだと私は思う。（中略）韓国の民衆との間に友好の実をはかる方法は、他にいくらでもある。その努力をしないでいて、条約の締結だけをいそぐのは本末顛倒である。いまの韓国は軍事政権下にある。この政権は来年は信を民衆に問うと公約している。とすると、それまで待つ方が相手にも親切というものだろう。十七年待ったのだから、ここへ来て半年や一年延ばしたっていいではないか。韓国の民衆の選択を待たずに、日本が特定政権の承認を先取りするのは、一種の内政干渉であって、将来に禍の種をまくことになる。（「日韓交渉私感」一九六二年一二月、⑨三五三～三五四）

ところで、「韓国との国交」のための交渉が再開されようとしていた一九六一年、東京では日本朝鮮研究所が創立され、その創立発起人の一人であった竹内は研究所理事を務めることとなった。[*3] 上掲の文章に表れているように、朴正熙「軍事政権」と日本政府の間での国交「条約の締結」の動きを批判する竹内の立場は、研究所所長の旗田巍や「一九六一～二年に二年間ほど創立前後の日本朝鮮研究所の常勤事務局をつとめた」[*4] 梶村秀樹のような研究所内の面々のそれと軌を同じくするものであった。だが研究所における竹内の活動は消極的であったらしく、同所における座談会に参加した記録もみえない。このことは、以下の文章に表れているように、研究所の大多数を占めている「左翼」系の人々に反感を持っていたためであるかもしれない。

　日本朝鮮研究所から、中国および北朝鮮への使節団派遣についての募金カンパが来る。（中略）私は朝鮮研究所の理事だから、ほんとは資金活動をやるべきなのだろうが、もし私がその決定の席に出ていたら反対したろうと思う。（中略）朝鮮研究所は一体としての朝鮮を研究し、また親善関係を深める目的で設立されたはずであるのに、今度の計画は、朝鮮の分裂を固定化する効果をもたらすからだ。一般にカンパというものを軽々にあつかいすぎる。これも昭和の左翼運動のなごりかもしれない。（一九六三年五月X日、⑯三九五）

いずれにせよ、竹内は「アジア主義の展望」発表後の一九六四年、朝鮮における植民地支配の歴史をめぐる「贖罪感」を、「（日露戦争の）戦勝の結果として朝鮮を併合してしまった。これはあきらかに帝国主義であり植民地主義であります」という文章で表す。公表の時間的なずれにもかかわらずこうした発言は、後述するように、「アジア主義の展望」で表れたように竹内が朝鮮半島における日本の侵略主義に目を閉じたという朝鮮史学者および歴史学者たちからの批判に疑問を抱かざるを得ない。すなわち、竹内は日本の「朝鮮併合」を「帝国主義であり植民地主義であ」(「中国近代革命の進展と日中関係」一九六四年一〇月三一日、④三七一)ると規定する。竹内はまた、孫文とネルーにあっての「日露戦争と日韓併合との間に線を引く論理」が、「西欧的方式」を追従した「日本の近代化」の過程には現れなかった、中国とインドの近代歴史的な過程上の「質的な差」に基づくものであるという歴史認識を表す。マルクス主義や日本が踏襲した「近代化理論」とは対照的な、中国とインドの近代期のプロセスが有する「質的な差」についての強調は、竹内なりの「近代(性)」をめぐる思念の方式であろう。竹内は「近代」の達成というものを、時間的な前後の問題としてではなく、「歴史的真実」とかかわる「質的な差」という点から捉えなおそうとしているのである(同上、④三七一)。竹内のこうした「質的な差」に着目した歴史的認識のあり方は、例えば「日韓併合」を日本の侵略主義的な見方で照明するか、ロシアとの関係の中における自然な展開過程として捉えるか、といった立場に立つものではない。こうした「質的な差」から朝鮮半島と、朝鮮半島をめぐる日本およびアジアの近代的歴史の過程を捉える観点は、すでに「方法としてのアジア」においてもみられるものであった。「アジア主義の展望」が発表された翌年の一九六四年一月の「日本人のアジア観」において、竹内は、そうした「近代」に対する「質的」な認識の方法について、こう述べる。

失ったのは、明治以来つちかってきたアジアを主体的に考える姿勢である。アジアの一員として、アジアに責任を負う姿勢である。それを放棄してしまった。そして、もし欲すればただちに世界国家なり世界政府なりが実現するような幻想にとらわれてしまった。はじめて敗戦を体験したショックがいかに大きかったとはいえ、かえすがえすも残念なことである。朝鮮の国家を滅ぼし、中国の主権を侵す乱暴はあったが、ともかく日本は、過去七十年間、アジアとともに生きてきた。そこには朝鮮や中国との関連なしには生きられないという自覚が働いていた。侵略はよくないことだが、しかし侵略には、連帯感のゆがめられた表現という側面もある。無関心で他人まかせでいるよりは、ある意味では健全でさえある。（中略）ただ、侵略を憎むあまり、侵略という形を通じてあらわされているアジア連帯感まで否定するのは、湯といっしょに赤ん坊まで流してしまわないかをおそれる。それでは日本人はいつまでたっても目的喪失感を回復できないからだ。（「日本人のアジア観」一九六四年一月、⑤一一八～一一九）

ここにみえる「アジアを主体的に考える姿勢」というナラティブは、「方法としてのアジア」の最後の文章にある「つまり主体形成の過程としては」[*5]という表現と符合する。竹内はまた、「アジアの一員として、アジアに責任を負う姿勢」である「アジア（人）」としての「主体的姿勢」とは、すでに日本の明治時代の以後から成る「アジア連帯感」でもって見て取れるという。竹内が「朝鮮の国家を滅ぼし、中国の主権を侵」した「侵略には、連帯感のゆがめられた表現という側面もある」という反語的な文章を用いたのも、「アジア連帯感」でもって日本の西欧的な近代化過程を相対化する「方法」的視点の形成を目的としてしたものといえよう。

しかしながら、こうした竹内の思想的な態度を近代日本の侵略主義に対する軽視ないし糊塗と批判する声も絶えない。死去する四年前に発表した論考において、竹内は、今日の日本における朝鮮植民地支配に対する反省と関連して、次のように論ずる。

被支配者は支配者のことは細部までわかるが、支配者は被支配者のありのままの姿を見ることができない。これは階級と民族とを問わず、あらゆる人倫関係を貫く法則であり、かつ偏見と差別の発生源である。したがってわれわれ日本人は、韓国人が日本を見るのとちがって、みずから積極的に努力することなくして韓国人の生活感情と思想とを窺うことはできぬ歴史的宿命を負っており、残念なことにその宿命は、今日なお十分には自覚されていない。このままでは隣国との対等の友好を打ち樹てることがはなはだ困難である。（「時勢の要求を満たすも

の——『現代韓国文学選集』について——」一九七三年四月、⑤二四三〜二四四）

晩年に書かれた他の論考においても、竹内は「われわれが、世界、またはアジアでもいいが、その像をえがくとき、朝鮮がほとんど視野の外にあるという現状がある。いちばん近い隣国であって、関係もいちばん密接であったのに、日本人の世界地図からはいまでも欠落している。ふだん意識に上らぬくらいに無視されている。これでは正確な自己認識は不可能ではないか。もし「日本の中のアジア」に朝鮮が欠落しているとすれば、その地図は不正確であるから、当然に「アジアの中の日本」も不正確になる」（「アジアの中の日本」一九七四年一月二〇日、⑤一七三〜一七四）と、他者としての韓国（朝鮮）の存在を強調している。竹内はまた、こうした近代日本の〈自己認識〉とのかかわりにおいて韓国（朝鮮）が「軽視」された他者となったのは「日韓併合の結果であって、それ以前はそうではなかった」という事実を指摘する。すなわち竹内は、「明治時代に日本人がいちばん関心をもった外国は朝鮮だった」ことを想起する一方、「朝鮮の支配権をめぐる争いであ」った日清戦争と日露戦争において日本が勝利を収めることによって「朝鮮の併合」が行われたが、「一九四五年の独立になった。だから、朝鮮民族の立場では歴史が連続しているのだが、われわれの側は、そのようなものとして隣国を眺める能力を失ってしまった。いまでもまだその能力を回復していない。中国の場合も、これに近いケースであるが、朝鮮ほどひどくはない」と論じるのである（「アジアの中の日本」⑤一七三〜一七四）。

竹内はこのように、明治時代以後の朝鮮半島をめぐる東アジアにおいての歴史的な展開とそれに繋がる「日韓併合」によって生じた、日韓の間での自他認識の毀損および歴史意識の不均衡について批判的に指摘している。向後の日韓民衆の間での「連帯」（「日韓交渉私感」、⑨三五三〜三五五を参照）を念頭に置いたこうした竹内の韓国（朝鮮）認識は、アジアへの日本社会における関心を喚起するとともに、一九五〇年代および日韓国交正常化（一九六五年）前後の一九六〇年代、そしてそれ以後の一九七〇年代の日本の識者たちの言説の中でも独歩的なものであった。主に中国文学の研究者である竹内は、「朝鮮についての知識が欠落していることが、日本人の中国認識にも大きなマイナスになっている。自分が中国の勉強をしていて、そのことを痛切に感ずる。中国研究の一部を割いて朝鮮研究をやるように研究態勢を変えなければいけないとさえ思う」（同上、⑤一七四）、と語っているのである。

ところで、日露戦争の「戦勝の結果として朝鮮を併合」する過程における日本の「植民地主義」に対して一九六〇年代に竹内が表明した「贖罪感」は、「戦争責任について」（一九六〇年二月）、「戦争体験論雑感」（一九六四年八月）、「戦争体験の一般化について」（一九六一年一二月）、「「戦争体験」雑感」（一九六四年八月）にみられるように、当時膾炙していた「戦争責任論」[*6]とは異なる。竹内は国交正常化のための日韓交渉が再開する一九六一年以降、日本の朝鮮における「植民地支配がもたらした責任」と植民地支配に対する「贖罪感」を喚起しているのである。

## 2 「連帯意識」の語りとしての「アジア主義」論と朝鮮

### ⑴ 竹内にとっての「朝鮮の戦争」の勃発、そして「アジアのナショナリズム」

竹内は、晩年の一九七四年九月九日で行われた、「アジア学の系譜」を対談記録の見出しとする「アジアとの関わりのエトス」という対談で、「私なんかはアジアという言葉で問題を考えるという時代は敗戦までなかったのです。いまでもアジアという発音をするときは、何かこの辺がかゆくなるんですね（笑）」[*7]と述べている。「戦後」に入り、「中国のレジスタンス―中国人の抗戦意識と日本人の道徳意識―」（一九四九年五月）や「日本人の中国観」（一九四九年九月）のように、主に中国に限られていた竹内の関心がアジア全体に拡大していったのは、「去年（一九五〇年）は朝鮮の戦争という世界的事件が起きた。はじめは内乱の様相だったが、日がたつにつれて、第三次大戦の前奏曲であることがはっきり見えてきた。（中略）戦局ばかりでなく、国際政治の面でも、これまでのような二つの世界の対立という固定観念や、イデオロギイ談義では割り切れないファクターが出てきた」（原題は「新しい観点の導入―アジアのナショナリズムを中心として―」一九五一年一月一七日、「アジアのナショナリズムについて」⑤三）[*8]と述べるように、「朝鮮の戦争」の勃発を契機としていた。竹内はこうした状況に対応するために、「新しい観点の導入が必要」と述べ、同年の『中央公論』一月号の特集「アジアのナショナリズム」に注目した。

もしも「アジアのナショナリズム」という新しい観点の導入が、日本人の危機意識、苦悶そのものから出発しないで対象化されて議論されるならば、別の失敗をくり返すだけだろう。一時の流行に終り、行動の指針にはならないだろう。紙の上の空論と、行動のアナキーとの、表裏一体の乖離現象を克服するための、日本人の哲学を作るための、日本民族の自滅を救うための、ほとんど最後の機会が、この「アジアのナショナリズム」という観点の導入を端緒として今日私たちに開かれているのではないだろうか。（「アジアのナショナリズムについて」⑤四）

竹内が「紙の上の空論と、行動のアナキーとの、表裏一体の乖離現象」を見たのは、日本共産党についてである。竹内はすでに、日本共産党に対して「与えられた自由を利用したが、自身に自由は作り出さなかつた。デモクラシーに甘えてもたれかかつたが、デモクラシーを批判してそれを自分のものにすることは怠つた。つまり、共産主義の原則は忘れていた」[*9]、と批判していた。要するに、竹内は日本共産党への批判となる「観点」として、特集「アジアのナショナリズム」に注目していたのである。竹内はその中で、丸山眞男の論文は「アジア諸国」の中で「日本だけがナショナリズムの「処女性」を失ったことを指摘している」（前掲、「アジアのナショナリズムについて」⑤五）[*10]と評しながら、「じつは、現実情勢の緊迫さに照らして眺めると、今日になってナショナリズムを取り上げること自体がもはや時期おくれではないかという懸念もあるのだ。丸山氏の心配するように、再び超国家主義に逆行する危険を避けて、アジアの処女性をもったナショナリズムへ日本のナショナリズムがつながる可能性は、おそらく非常に乏しいのではなかろうか」（同上、⑤五）と語る。竹内は、その後に発表された「アジアのナショナリズム」においても、「アジア諸国を結びつけている連帯意識は、ナショナリズム（民族主義）と呼ばれている。このアジアのナショナリズムは、西欧が経てきたナショナリズムとは質的にちがうものである」と述べ、「アジア諸国」における「連帯意識」と西欧のナショナリズムとが「質的にちがう」ことを強調する。そうしたナショナリズムは、かつて日本も採った「帝国主義」における「排他的ナショナリズムに代えるに弱者の連帯のナショナリズムをもって」いるものである。ここで竹内が「アジアのナショナリズム」を見つめるまなざしには、「自由、平等など、西欧近代の生み出した価値遺産の継承発展の段階へと論理的に進む。それは一口にいって、ヒューマニズムを貫徹せしめるそれ自身新しいヒューマニズムであるという意味で、今日の思想として重要なのである」という考えが反映されている（「アジアのナショナリズム」一九五五年八月二五日、⑤六〜九）。[*11] こうした竹内の発言は、次節で詳述するように、「方法としてのアジア」に表れた主要な内容を先取りするものである。[*12]

## (2)「アジアのナショナリズム」から「方法としてのアジア」へ

いいだももは、一九六一年に発表された竹内の「方法としてのアジア」（一九六〇年一月二五日講演、一九六一年初版、一九六六年修正版）について、「課題を先き取りしたアジア・ナショナリズムは、世界史的危機の意識の所産として、世界的世界史の意識を全人類的に形成する過程の一環となることができるならば、現代の歴史的意識に能動的にして先端的な貢献をもたらすにちがいありません。わが戦後において、このような「新しい観点」としてのアジア・ナショナリズムをもたらし、「方法としてのアジア」をもたらした第一人者は、衆目の見るところ竹内好さんにほかなりません」[*13]と評している。上に述べたが、いいだが指摘するように、竹内は「自由、平等など、西欧近代の生み出した価値遺産の継承発展」を担うべきところに「新しい観点」としての「アジアのナショナリズム」の意味を見出した。竹内は、こうした観点から、この「方法としてのアジア」において、次のように述べる。

自由とか平等とかいう文化価値が、西欧から浸透する過程で当然、さっきの、タゴールが言うような武力を伴って――マルキシズムから言うならば帝国主義ですが、そういう植民地侵略によって支えられていることによって、価値自体が弱くなっている、ということに問題があると思う。つまり平等と言っても、ヨーロッパの中では平等かもしれながいが、アジアとかアフリカの植民地搾取を認めた上での平等であるならば、全人類的に貫徹しない。それをどうして貫徹させるかという時に、ヨーロッパの力では如何ともし難い、限界があるということを感じているものが、アジア的なものだと思う。（中略）つまり、西洋が東洋に侵略する、圧迫する、それに対する抵抗がおこる、という関係で、世界の近代化を考えるのが、今流行のトインビーなんかの考えですが、これにはやっぱり西洋的な限界があると思う。（前掲「方法としてのアジア」一二二七）

また続けて、竹内は講演の「方法としてのアジア」の最後の文章でこう述べている。

西欧的な優れた文化価値を、より大規模に実現するために、西洋をもう一度東洋によって包みかえす、逆に西洋自身をこちらから変革する、文化的な巻き返し、あるいは価値の上の巻き返しで、東洋の力が西洋の生み出した普遍的な価値をより高めるために西洋を変革する、これが今の東対西という問題点になっている。これは政治上の問題であると同時に文化上の問題である。日本人もそういう構想をもたなければならない。その巻き返す時に、自分の中に独自なものがなければならない。それは何かというと、おそらくそういうものが実体としてあるとは思わない。しかし方法としてはありうるのではないか。それを取り出せるような観察の、あるいは認識の立場というものがどこにあるか、あるいは方法がどこにあるかという問題が大切ですね。そこで、方法としてのアジアという題をつけたわけですが、私にもよくわからなくて、巧く言えないのです。もうすこし勉強してからやります。（同上、一二二七～一二二八）

この二つ目に引用した文章は、一九六六年四月に公刊された竹内好評論集第三巻の『日本とアジア』において、幾つかの修正が施されている。「巻き返しで、」が「巻き返しによって普遍性をつくり出す」とされ、「東洋」による「普遍性」の創出が強調されている。また、「方法としてはありうるのではないか」の間に「つまり主体形成の過程としては、」を入れることによって、「日本人」もその一員とする「東洋」における「主体形成の過程」のための「方法としてのアジア」を想定している。

このように、竹内の「方法としてのアジア」という論考は、西欧と日本の近代化とは異なる、中国やインドなどにおける近代化の型を強調していること[*14]、また西欧が作り出しながらも、そこから逸脱する「普遍性」を「巻き返」すために、東洋における「普遍性」のための「方法としてのアジア」を模索しようとするものである。だが、こうした近代化の質が異なるとの指摘によって東洋の「主体性」を追究しようとする語りは、最終章で述べるが、「ポスト竹内」言説において、〈実体〉としての「方法としての中国」論を導き出していく。

### (3) 「方法としてのアジア」による「アジア主義」論へ

「解説」と命名されているが、「アジア主義」言説の開陳でもある「アジア主義の展望[*15]」は、竹内自らが「病中」である「筆者の都合で後半分が走り書き程度にな」り、「「満州国」思想についてては残念ながらまったく触れずにしまった」と述べているように、未完成の試論的論考であった(「アジア主義の展望」『アジア主義』筑摩書房、一九六三年、六三頁[*16])。すなわち、竹内は、「方法としてのアジア」の講演の後に『アジア主義』について一冊の本を編集し、その「解説」を書こうと思っていたわけではない。このことは、竹内が一九六三年三月一七日の日記に、「否応なく引き受けた筑摩の思想史の一冊『アジア主義』に収録すべき論文をさがすために手もとの雑書をひっくり返す。はじめは気が重かったが、やり出すと興味が出て、後から書庫をあさった」(⑯三七二)と述べていることからもわかる。自らの「アジア主義」論の展開に際して、竹内は、「私の考えるアジア主義は、ある実質的内容をそなえた、客観的に限定される思想ではなくて、一つの傾向性ともいうべきものである。右翼なら右翼、左翼なら左翼のなかに、アジア主義的なものと非アジア主義なものを類別できる、というだけである。そういう漠然とした定義をここでは暫定的に採用したい」（前掲「アジア主義の展望」一二頁）という視角から議論を始める。そしてまた彼は、「範疇としてアジア主義を固定する試みはかならず失敗するだろうと思う。アジア主義は多義的だが、どれほど多くの定義を集めて分類してみても、現実に機能する形での思想をとらえることはできない」と述べたうえで、次のように語る。

アジア主義は、膨張主義または侵略主義と完全に重ならない。ということだ、またナショナリズム（民族主義、国家主義、国民主義および国粋主義）とも完全に重ならない。（中略）しかし、それらのどれども重なり合う部分はあるし、とくに膨張主義とは大きく重なる。もっと正確にいうと、発生的には、明治維新革命後の膨張主義の中から、一つの結実としてアジア主義がうまれた、と考えられる。しかも、膨張主義が直接にアジア主義を生んだのではなく、膨張主義が国権論と民権論、または少し降って欧化と国粋という対立する風潮を生み出し、この双生児ともいうべき風潮の対立の中からアジア主義が生み出された、と考えたい。（同上、一一～一三）

竹内は、こうした前提に立って、「アジア主義」の「定義は困難であるにしても、アジア主義とよぶ以外によびようのない心的ムード、およびそれに基づいて構築された思想が、日本の近代史を貫いて随所に露出していることが認めないわけにはいかない。ただそれは、民主主義とか社会主義とかファシズムとか、要するに公認の思想とはちがって、それ自体に価値を内在させているものではないから、それだけで完全自足して自立することはできない。かならず他の思想に依拠してあらわれる。したがって、アジア主義もまた史的に叙述できるという考えは、たぶん歴史主義の毒におかされた偏見だろう」（同上、一三）と指摘するのである。ここでは、「アジア主義」の定義を下すことの困難さが表現されているとともに、それを「史的に叙述できるという考え」が積極的に否定されている。竹内は、その

「アジア主義」を実体として「史的に叙述できるという考え」を、「歴史主義の毒」とまで表現しているのである。そうした「実体的思想であって史的に展開されたもの」としての「アジア主義」とは、ある種の「アジア主義からの逸脱、または偏向であ」り、それがまさしく「「大東亜共栄圏」思想」であったというのである。その「実体」としての「「大東亜共栄圏」思想」は、敗戦とともに「思想」として滅んだ」ものになる。竹内は、「アジア主義の帰結」としての「大東亜共栄圏」とともに、「思想」としての意味も失ったと述べている。次の文章にみられるように、『アジア主義』の編集は、「アジア主義」という言説を、「戦後の一時期には支配的」であった「解釈」のレベルから、「実体」的なものとして語るのではないものの、「思想」の遺産として新たに生かそうとする試みである。

第二次大戦中の「大東亜共栄圏」思想は、ある意味でアジア主義の帰結点であったが、別の意味ではアジア主義からの逸脱、または偏向である。もしアジア主義が実体的思想であって、史的に展開されるものだとすると、帰結点は当然「大東亜共栄圏」であり、敗戦によって「思想」として滅んだということにならざるをえない。そして事実、そういう解釈が戦後の一時期には支配的だった。(同上、一三〜一四)

竹内がそうした「それぞれ個性をもった「思想」に傾向性として付着するもの」として、決して「独立して存在するものではない」「アジア主義」にこだわる理由は、それが「どんなに割引きしても、アジア諸国の連帯(侵略を手段とすると否とを問わず)の指向を内包している点だけには共通性を認めないわけにはいかない」点にある。竹内は、「これが最小限に規定したアジア主義の属性である」と断定するのである。竹内にとって、「東亜共栄圏」とは「アジア主義をふくめて一切の「思想」を圧殺した上に成り立った擬似思想」であり、「生産的」なるべきものとしての「思想とは言えない」ものであり、実際にも「共栄圏思想は何ものも生み出さなかった」だけでなく、「共栄圏思想」それ自体が「アジア主義の無思想化の極限状況」であった(同上、一四)。

竹内はそうした「アジア主義」の「思想の無思想化」（同上、一五）した代表的な例として、「戦争の時期」に「大アジア主義を名のる書物」であった平野義太郎の『大アジア主義の歴史的基礎』（一九四五年）を取り上げている（同上、一五）。竹内は、次のように持論を展開する。

こういう自称大アジア主義は、それが思想の名に価せぬものであるから、われわれの遺産目録にかかげるわけにはいかない。彼が玄洋社のアジア主義を卑小化して祖述しているに過ぎない。本物の玄洋社流のアジア主義は、見方によっては徹頭徹尾、侵略的であるが、その侵略性を平野のように隠してはいない。そして時勢におもねるのではなくて、時には政府に反抗して主張されたものである。したがってわれわれは、アジア主義の一類型として当然こちらを採用しなければならない。これはアジア主義という範疇をどうとらえるかについての一つの規準である。（同上、一九）

ここから、竹内は「玄洋社」についての議論に入る。「アジア主義の展望」の導入部分において、玄洋社の「朝鮮問題」とのかかわりをめぐり、「そもそも「侵略」と「連帯」を具体的状況において区別できるかどうかが大問題である。玄洋社の転向のあつかい方にも問題がある。朝鮮問題の場合、結果はたしかに「日韓併合」という完全侵略におわったわけだが、その過程は複雑であって、ロシアなり清国なりの「侵略」を共同防衛するという一側面も「思想」としてはなかったわけではない。また、「日韓併合」という結果に対しては、玄洋社なり黒竜会なりは大いに不満であって、日本政府を弾劾しているのは、本巻に収めた内田良平の「日韓合邦」を見てもわかる」（同上、一一）と述べられている。竹内は、その「玄洋社の転向」に至る過程の複雑さについて、「初期ナショナリズムと膨張主義の結びつきは不可避なので、もしそれを否定すれば、そもそも日本の近代化はありえなかった。問題は、それが人民の自由の拡大とどう関係するかということだ。そしてこの回答は単純ではない。玄洋社（および黒竜会）が、当初から一貫して侵略主義であったという規定は、絶対平和論によらないかぎり、歴史学としては、無理がある」（「アジア主義の展望」六一）という「あつかい」で説明する。こうした「玄洋社（および黒竜会）」の「膨張主義」ないし「侵略主義」への弁明の弁によって竹内が表現していることは、次のように、過去の「アジア主義と切れ」た、「戦後になって突如としてアジアのナショナリズムという新しい問題が投入され」たことと関っている。

おくれて出発した日本の資本主義が、内部欠陥を対外進出によってカヴァする型をくり返すことによって、一九四五年まで来たことは事実である。これは根本は人民の弱さに基くが、この型を成立させない契機を歴史上に発見できるか、というところに今日におけるアジア主義の最大の問題がかかっているだろう。戦後になって突如としてアジアのナショナリズムという新しい問題が投入されるが（飯塚浩二「アジアのナショナリズム」参照）、これは過去をアジア主義と切れて、天心なり滔天なり内田なり大川なりと無関係に論じられることに、そもそも問題があるわけだ。（同上、六一）

このように竹内において日本の「アジア主義」とは、日本におけるある種の「アジアのナショナリズム」の伝統としてあるものであった。だが、竹内の捉える「アジア主義」言説とは、「実体的な思想であって、史的に展開されてきたものであり、そのうえ、「敗戦によって「思想」として滅ん」でしまった「大東亜共栄圏」との対比で捉えられるものであったのである。

## 3　「歴史学」と「歴史主義」との間で

上述した竹内の「アジア主義の展望」は、まもなく、植民地経験の持つ近代朝鮮を研究の領域とする梶村秀樹や在日韓国朝鮮人の歴史学者たちからの激しい反駁を受けた。基本的に、竹内の「アジア主義」論に対し、朝鮮史研究者たちをはじめとする歴史学者たちが反駁するという構図がみえる。彼らの批判の対象となったのは「方法としてのアジア」ではなく、この「アジア主義の展望」であった。実際、近代日本における「アジア主義」は朝鮮半島をめぐる議論から始まっている。朝鮮史研究者の中で、もっとも執拗に竹内の「アジア主義」論批判を展開しつづけた人物は、近代朝鮮社会経済史研究者の梶村秀樹であった。[*17] 梶村の批判は、「竹内好氏の「アジア主義の展望」の一解釈」（一九六四年四月）「「日本人の朝鮮観」の成立根拠について―「アジア主義」再評価論批判―」（一九六四年七月）、「現在の「日本ナショナリズム」論について」（一九六五年五月）、「排外主義克服のための朝鮮史」（一九七一年六月）、「自由民権運動と朝鮮ナショナリズム」（一九七三年一〇月）、「朝鮮からみた明治維新」（一九八〇年三月）[*18]などに表れている。つまり、梶村による竹内の「アジア主義」論批判は、一九六〇年代中葉より竹内死去後[*19]の一九八〇年に至るまで続いたのである。梶村が最初に竹内を批判した論考である「竹内好氏の「アジア主義の展望」の一解釈」には、「アジア主義の展望」に対する梶村の反応がみえる。

竹内好氏の「アジア主義の展望」（中略）は、率直にいって私には理解困難な論文である。なぜ、今日、少なくとも「見方によっては徹頭徹尾侵略的な」玄洋社＝黒龍会をあのように評価しなければならないのか？（中略）今日、南朝鮮の困難な状況の中で戦っている人たちが、例えば「朝鮮問題の場合、結果はたしかに「日韓併合」という完全侵略におわったわけだが、その過程は複雑であって、ロシアなり清国なりの「侵略」に共同防衛するという一側面も「思想」としてはなかったわけではない」（一一頁）というくだりを読んだら、どんな気がするだろう。また、今日の日本と朝鮮との関係においてどんな意味をもたらざるをえないだろうか？　もっともこのようなイデオロギー論的裁断だけでは竹内氏の思想とまともにかみあうことにはならないと竹内氏はいわれるだろう。主体性をもつ思想家たらんとする竹内氏の意図に敬意を表するために、あえて私はこの難解な論文を解釈し討論を提出してみたい。[*20]

このように、梶村にとって、「アジア主義の展望」は「理解困難な論文」・「難解な論文」であった。それは、「「見方によっては徹頭徹尾侵略的な」玄洋社＝黒龍会」をめぐる、竹内と朝鮮史研究者梶村の「評価」のずれに関わる。[*21]梶村は「竹内氏は、この竹内氏自身も認められる明白な侵略主義的イデオロギーを、イデオロギーと思想が分離できるという前提にたって、思想として評価しなければならないとされる。イデオロギーと分離された思想とはどんなものだろうか？」[*22]と、「イデオロギー」と「思想」を「分離」することが前提とされていることに疑問を呈しているのである。梶村は、「それらは思想の形式であって内容ではない。価値内容としては何がひきだされるべきなのか。岡倉天心に発する「東洋の思想」の思想系列だろうか？　判沢氏はそう解釈しておられるが、それなら論文はもっと別の構成であったはずである。竹内氏の考えはそうではなくて、形式だけを内容と区別してとりだそうということではないかと思う。イデオロギーとしては内田良平も平野義太郎もかわりないのだ。もしこう解釈して良いのだとすると、内容と分離された形式が（かりに分離できたとして）どうして民衆の主体性を結集できるのかといわざるをえない。内容ときり離された黒龍会の思想はたちまちその行動性をも喪失してしまうだろう。黒龍会＝玄洋社の思想を評価しなければ、「民衆」は権力に抵抗することもできないといわれるのだろうか？」[*23]と批判しているのである。梶村は、「内容と分離された形式」だけでは「民衆の主体性を結集」し、それによって「権力に抵抗することもできない」と語っているのである。梶村は、竹内の「玄洋社流のアジア主義」への「弁護論」が、次のような現情勢の下でなされるものと判断する。

「最近、対韓再進出が強行されようとしている状況の中で、竹内好氏・判沢弘氏らが再評価・復権を要求しているのは「アジア主義」のこのような側面であろう。それは、現時点での資本の要求にまさにおあつらえむきであり、実際、内閣調査室などからの資金で発行されている「日韓会談」推進のためのパンフレットや「自民党日韓会談推進ＰＲ要綱」は同様の論理を前面におしだしている。しかも竹内氏らは意図的デマゴーグとしてでなく、主観的には反体制の側にたちながらこのような主張をだされているだけに、その説得力に対して我々は危惧を抱かざるをえない」[*24]。

「こけおどしやアジアに対する虚偽認識、空疎なヒロイズムでもっともらしく粉飾されているだけだ。竹内のこのようないい方こそ私には不可解であり、また不愉快である。（中略）再びナショナリズム、アジア主義で「民衆」を結集しようというのだろうか？　私はそういう契機を歴史上に発見できなくてもやむをえないし、それでがっかりすることもないと思う。それでがっかりするということはまさに主体性と事実をみくびっている証拠ではないだろうか。アジア主義のような手あかにまみれたことばを何回も洗い直して利用しようとするより、それを否定のバネにすることを「民衆」によびかけた方がましではないかと思う[*25]」。

梶村は、結果的に、「主体性と事実」を重視する「民衆史」家の立場から、竹内の日本「アジア主義」論は受け入れがたい議論であるという。梶村にあって、竹内の「アジア主義」論はただ「アジア主義」の「再評価・復権」を「粉飾」するナラティブに過ぎないというのである。しかしながら、竹内の「アジア主義」論が現政治圏においての「日韓会談」の推進と互いに論理的な共通性を露呈していると捉えることには無理があろう。竹内は、実際、「日韓交渉」上における日韓「民衆同士の友好」を強調しながら、現在の朴正熙軍事政権下において「韓国の民衆の選択を待たずに、日本が特定政権の承認を先取りするのは、一種の内政干渉であって、将来に禍の種をまくことになる」と批判していたのである。

ところで、梶村が一九八〇年三月に公刊した「朝鮮からみた明治維新」において、梶村の竹内批判に微妙な変化が見てとれる。この論考は、梶村の竹内批判の中でも唯一、竹内の死後のものである。

例えば故竹内好氏の、それでは何をよりどころに日本人の主体性において未来をきりひらいていくのかという、もっとも根本的な問題設定に対しては、「連帯思想」を単に抹消するだけでは、無意味に感じられた。「アジア主義の再評価」を敢えて提唱された竹内氏の意図を矮小化した多数のエピゴーネンたちに、私は大いに反発し、ひいてはそういうエピゴーネンを生むような竹内氏の提唱のしかたにまで異議をとなえたのだったが、竹内氏と積極的に切り結べる論点を発見できなかった。一時はやけくそになって、過去に連帯のよりどころを求められない以上、そんなことはすっきりあきらめて、過去を否定のバネとしてこれから創るしかないじゃないかといいもしたが、すると、それなら無駄な歴史の勉強などをやめてしまえということになって、自分に帰ってくるだけだった。[*26]

ここには、「「アジア主義の再評価」を敢えて提唱された竹内氏の意図」という「もっとも根本的な問題設定」を否定するような、かつての梶村の姿勢は見えない。「もっとも根本的な問題設定」とは、「未来をきりひらいていく」ような「日本人の主体性」にかかわるものである。批判の対象となるべきなのは、そうした「竹内氏の意図を矮小化した」、「東亜共栄圏の思想―内田良平を中心に―」を書いた判沢弘のような「エピゴーネンたち」であるというのである。だが、こうした「エピゴーネンを生むような」竹内の「過去に連帯のよりどころを求め」ようとする「提唱のしかた」と、「朝鮮を通して日本の思想状況を見ている」梶村は、最後まで「積極的に切り結べる論点を発見できなかった」という。梶村は、すでに一九七七年四月の「遠くからの追悼」において、「「アジア主義」の時もすれちがいっぱなしで、いまだに私の方が正しいと思っている。(中略) 追悼文らしくなくなってしまったが、要するに竹内さんにはあばたもえくぼもあり、自分のあばたをそれとして大事にするみごとな頑固父親だったと思う。そのあばたをえくぼのようにいいたてる崇拝者やエピゴーネンが多くて虫ずが走る。私は絶対に彼らより永く竹内さんの心を記憶にとどめるつもりだ[*27]」と述べているが、「いまだに私の方が正しいと思っている」と自負するのは「未発のままに」ある「民衆の連帯論[*28]」への思念のためである。[*29]

一方、「在日」の朝鮮近代史・思想史研究者である姜在彦は「戦争に投入された全エネルギーを継承して、竹内は一体どういう思想を形成したいのか。「侵略による連帯」なるものを、こんにちに継承して再現したいとでもいうのか。われわれは、これを浪費であるとするのに未練をのこす心情が理解できない。(中略)帝国主義段階において、侵略と被侵略の民族間における連帯というのは、反帝という共通の基盤のうえでしか成立しないものである。ましてや、内田良平と李容九、それに象徴される侵略と売国の間に、「連帯」という思想は芽生える土壌がないのである[*30]」と批判している。こうした日本の朝鮮史研究者をはじめとする歴史学者、または韓国における竹内研究者たちの間においては、今後も、竹内の「アジア主義」論をめぐり、批判的な議論が再生産されることが予想される[*31]。

## 4 「危機神学的な」態度と「未来的意義」による回答

確かに竹内の「アジア主義」言説は、日本近代史の「一国史」内での議論であった。一般に玄洋社(および黒竜会)のような明治初期のアジア主義論者たちは朝鮮「一進会」の李容九らと金玉均のような朝鮮の「アジア主義者」たちと共有の価値のもとで共同活動を行ったと言われているが、竹内は、そうした日本のアジア主義者だけでなく、朝鮮の「アジア主義者たち」についての議論にかかわろうとはしなかった。だが、一九五〇、六〇年代の韓国においても、日本語で紹介できるような近代初期の朝鮮の「アジア主義」についての研究がほとんどなされなかったことも事実である。

いずれにせよ、当時の梶村を始めとする朝鮮史研究者陣営などからの批判に対して、竹内は反論を示すことはなかった。植民地としての経験を持つ朝鮮を研究のフィールドとする梶村や宮田節子だけでなく、在日韓国朝鮮人の歴史研究者である姜徳相などからの連名の形でなされた反駁[*32]に対して、竹内は答えなかった。恐らく、竹内にとって返答することは厳しかったであろう。彼は、「沈黙」を守った。しかしながら、竹内は一九六五年から六六年に入り、日本近代史研究者の井上清および遠山茂樹、そして朝鮮史専門の東洋史学者である旗田巍からの批判に対しては反応を示しており、そこに彼等歴史学者陣営の批判に対する竹内の考えをみることができる。竹内がここで反論の対象とする井上の論考は「日本の「近代化」の特徴とその歴史的条件」[*33]、遠山の「明治維新新研究の社会的責任」および「日本近代と東アジア」[*34]である。特に、後者の遠山の論文をめぐって、竹内は「ライシャワー学説は、日本の近代化は成功したが中国の近代化は失敗した、それはなぜか、という問題の立て方である。これは講座派理論から植民地問題だけを抜き去ったものにほぼ等しい。遠山氏の二つの論文は、いろいろ精密になった部分はあるにしても、骨子は、植民地問題を再投入することによってライシャワー学説に対抗しようとするものだ。ところが私は、それとまったくちがう。そもそもこの問題の立て方自体が疑わしい、というのが戦後二十年一貫した私の主張である。かりにそれを定式化すれば、中国の近代化は成功したが日本の近代化は失敗した、それはなぜか、という問題設定になるだろう」(「学者の責任について」一九六六年四月、⑧二六九〜二七〇)と評する。

竹内は自らに対する批判をめぐり、「必然論で天皇制支配者の最初から一貫した軍国主義を弁護し、しかも軍国主義が人民の自由を拡大することもありえたといわんばかりである」(同上、二五三)と、激情を交えながら応えている。また、竹内は、一九六五年四月に公刊された葦津珍彦の『大アジア主義と頭山満』を敢えて取り上げながら、こう批判する。

ついでに申しそえる。葦津氏のこの本は、私はいい本だと思う。少くとも井上教授や旗田教授よりは学問である。かつ、巻末付録には桑原武夫氏と貝塚茂樹氏の歴史解釈に対して重大な問いが発せられている。それを論壇がとりあげないのは、じつにおかしい。もう一つ、この部分での私の疑問は、私がいつ樽井藤吉を「アジア連帯の先覚者」あつかいしたかということだ。身に覚えのないことだ。旗田教授は私の文を読まないで、一知半解の聞きかじりで勝手な裁断をしているとしか考えられない。(中略)樽井は「侵略」ともいえるし「連帯」ともいえるが、まあ「侵略」が勝っているだろう、といった程度のことをくだくだと述べているので、読者の迷惑をおもんぱかって引用を省くことにしよう。前に引用した分類の最後に「ともかく評価のさだめにくい問題の書である」と教授は書いているが、これは教授自身の心境の吐露であろう。（同上、二六一～二六二）

竹内は、「私の文をこんなに誤読する人の考証を、そのまま信用していいものかどうか。こういう考証を共有財と認めることに私はやはり留保をつけざるを得ないだろう」（同上、二六五）と述べ、「私の感じでいうと、歴史家は文献の読み方が甘い。文字の表面だけをかすっている。眼光紙背に徹するまでは望まぬが、せめて紙中にはとどいてもらいたい」（同上、二七一）と主張する。ここには、竹内が、基本的に、「文字の表面」に止まる歴史家たちの文献読解に大きな不満を抱いていたことがわかる。さらに竹内は、「連帯と侵略の二分法を採用する教授（旗田巍――引用者）の立論の内容には立ち入らない」（同上、二六六）と述べたうえで、こう論じる。

私は逆に、連帯と侵略の二分法の妥当性を疑うことから出発しているのだ。そのことは『アジア主義』解説の最初のところに述べてある。遠山氏（および井上、旗田両教授）と私とでは、問題の立て方がちがう。私の問題は、連帯と侵略の組み合わせの諸類型を考えることにある。類型を考えた上で何をするか。そこまではまだ考えていないが、たぶん遠山氏の期待するような「現代的意義」は出てこないだろう。しかし未来的意義は大いにあるつもりだ。それがなければ励みにならない。私は私なりの神を信ずる。遠山氏の神がカトリック的なのにくらべると、私の方は、より危機神学的な神ではあるが、これが私の党派性だ。たぶんこのことは、つきつめていくと人間性および歴史観（または歴史像）のちがいに行きつくだろう。遠山氏において、人間は動機と手段の区別が明瞭な、他者によってまるごと把握できる透明な実体であるし、私にあっては流動的な、状況的にしか自他につかめぬものである。歴史もまた、遠山氏には重苦しい所与であるし、私には可塑的な、分解可能な構築物としてである、というちがいがあるように思う。（同上、二七二～二七三）

竹内は、彼の「アジア主義の展望」において、すでに「そもそも「侵略」と「連帯」を具体的状況において区別できるかどうかが大問題」と述べている。上の引用文中で注目されるのは、遠山のような歴史家が追究する「現代的意義」ではなく「未来的意義」を追求するという竹内の発言である。しかしながら、その「未来的意義」は、〈所与〉として与えられるものではなく、常に「流動的な、状況的」な形でしか獲得できないものである。これを竹内は「危機神学的な」態度であると自らの立場を表している。こうしたスタンスに立つ竹内にとって、「アジア主義」に対する歴史的な判断はすでに定まっている。それは、過去の反省のうえで追憶されるものではなく、「未来的意義」のための「可塑的な、分解可能な構築物として」位置する「思想」的遺産なのである。

## 5　韓国における「ポスト竹内」言説の受容が示唆するもの——むすびに代えて——

「近代化の型」をめぐり、西洋と西洋化した日本のそれとは異なる「中国やインドなど」のアジアにおける「異質な型」(「方法としてのアジア」二一九頁)について語る竹内の「近代の超克」言説は、昨今の韓国における二一世紀型の「近代の超克」論を導く側面を持っている。「韓国」という場所から竹内の「方法としてのアジア・アジア主義」論が持つ意味が何かを問うこと——この問いへの糸口は、「実体としてのアジア」もしくは「アジア的なるもの」でもって竹内の「方法としてのアジア」というテーゼを修正しようとする、いわば、韓国における「ポスト竹内」的な議論の翻訳出版とそれに関する議論であろう。「ポスト竹内」言説を展開した論者として、日本の中国思想史研究者の溝口雄三、文学評論家である柄谷行人、そして韓国で学問活動をしつづけてきた宮嶋博史などを挙げることができる。竹内の「方法としてのアジア」を修正するように批判した代表的な人物とみることができる溝口は、「方法としてのアジア」を意識した『方法としての中国』(一九八九年)において、持論を語りはじめている。この書はいまだ韓国語に翻訳されてはいないが、同じく溝口の著作である『中国の衝撃』(二〇〇九年。日本では二〇〇四年に公刊)[*35]がすでに韓国語に翻訳・刊行されている。『中国の衝撃』の韓国人共訳者は、竹内の『日本とアジア』の韓国語訳(二〇〇四年)にも参加していた。翻訳に際し、両書にみられる溝口の視点の相違が認識されていたかどうかは確認できないが、『方法としての中国』を先に読んでいれば、溝口の竹内との観点の差異、そして溝口の「中国の近代」観をよく理解することができよう。

半世紀前に竹内好が投げかけた問題とは、アジアが日本の近代を反照する際にいかなる方法になりうるかということであった。竹内の「方法としてのアジア」を修正した「方法(すなわち、実体)としての中国」を通して表されたこれらの二一世紀型の「近代の超克」言説は、同世紀における中国の「帝国」的登場だけでなく、新しい「帝国」概念の成立について論じる柄谷の「帝国」論[*36]にみられるように、世紀転換期に語られている。このことからわかることは、竹内の「方法としてのアジア」を補正、修正しようとする議論が、「対抗軸[*37]」としての「(アジア)連帯」のための言語として機能し得ないことは明白である。したがって、こうした「ポスト竹内」言説が翻訳、受容されている今日の韓国の言説空間において必要なことは、竹内の「方法としてのアジア」に対する再省察ではなかろうか。韓国というトポスから竹内の「方法としてのアジア」を再検討することは、現在も植民地経験とそれによる「植民地主義」の遺産を背負っている状況の下で、「権力の多元性」に向けての「対応軸」としての「連帯」の言語を獲得するために意味があろう。

昨今の韓国歴史学会においては、梶村秀樹らが述べるような「内在的発展」論は語られなくなり、そのオルターナティブとして、宮嶋博史の主張するような「儒教的近代」論が多くの読み手を獲得している。竹内好の「方法としてのアジア」の修正的言説は、常に「中国独自の近代」、「儒教的近代」という「西洋近代」に対するアンチテーゼとして語られてきた。繰り返し述べれば、「方法」としての「アジア」に対抗する言説は、〈実体〉としての「中国(ひいてはアジア)独自の近代」・「儒教的近代」という言説しかあり得ない。これこそが、実際に、「西洋近代」の裏返しとしての二一世紀型の「近代の超克」言説であろう。

## 註

＊1　「私が朝鮮の土地を踏んだのは、前にも後にもただ一回、今から四十二年前の夏、中国東北への旅行の途次、一週間ほどの期間だけであります」（「おもかげの消えぬ人」⑤二四五）。

＊2　「竹内好を記録する会」によれば、一九五八年七月に竹内は「都立大学に朝鮮語科を設ける案を進める（一〇月から非公式に講師を招く）」（http://takeuchiyoshimi.holy.jp/nenpu/nenpu2.html　検索日は二〇一七年九月五日）という。

＊3　谷口修太郎によれば、「一九六九年六月のある日」の竹内の呼びかけによる「差別を考える会」での呼びかけは、「日本の朝鮮に対する民族差別を中心にすえて朝鮮問題を研究」する「日本朝鮮研究所の機関誌『朝鮮研究』など」が「〔中略〕不用意に差別用語を使用し、しかも……抗議されるまでそのことに気がつかなかった」ことの重大性を指摘し、この問題を「言論人の共同責任として取りあげることを提唱した」ものであった」（「竹内好と部落解放運動」⑮月報一四、一九八一年、七〜八頁）という。

＊4　梶村秀樹「私の反省」（『朝鮮研究』九・一〇、日本朝鮮研究所、一九六九年）三〇頁。

＊5　この表現は、一九六〇年一月二五日の講演の「対象としてのアジアと方法としてのアジア」にはみられないが、『思想史の方法と対象』に収録されるまでの過程で書き加えられた。

＊6　丸山眞男が、一九五六年三月号の『思想』において、「思想の言葉」として「知識人の戦争責任の問題」を取り上げているのは好例である。

＊7　「アジアとの関わりのエトス」（『アジア』一一巻七号、アジア評論社、一九七六年八月〜九月合併号）七八頁。

＊8　竹内はその後、「スタンフォード大学教授ゴビー氏から送られた論文」をめぐって行われた討論「朝鮮戦争について—アメリカの学者にこたえる—」（思想の科学研究会編『芽』、建民社、一九五三年二月）に参加した。そこで竹内は、「アジアがアメリカの政策に、抵抗しているということは何人もあまり感じていないような感じがするんですがどうでしょうかね」（一七頁）と述べている。一方、同年の一〇月に「米国の対日講和問題」をめぐる座談会「アジアの意志」において、竹内は「ナショナリズムとアジア人意識とはズレがある。アジアを一つにするということはインドが一番はつきりしているが、それでは全体を割り切れない」（「アジアの意志」『改造』三二巻第一一、改造社、一九五一年、一〇九頁）と述べた。

＊9　「玉砕主義を清算せよ」（『改造』三二巻八、一九五〇年）四〇頁。日本共産党を「玉砕主義」と批判するこの論考は、竹内が「いま、この原稿を書いているとき、朝鮮では武力衝突がおこつている。すでに北鮮軍はソウルを占領したともいい、また別の通信は、南鮮軍が反撃に転じたとも伝えている」（三七～三八頁）と述べているように、「朝鮮の戦争」の勃発後に執筆されたことがわかる。

＊10　すなわち、丸山は「アジア諸国のうちで日本はナショナリズムについて処女性をすでに失つた唯一の国である。他の極東諸地域ではナショナリズムは若々しいエネルギーに満ち青年の偉大な混沌を内にはらんでいるのに対し、ひとり日本はその勃興―爛熟―没落のサイクルを一応完結した」（丸山眞男「日本におけるナショナリズム―その思想的背景―」『中央公論』七四三、中央公論社、一九五一年、二九六頁、傍点は原文）という。

＊11　これよりも先に発表された小論においても竹内は、「日本の明治維新後の進歩が、日本人だけに許されたものだと考えるのは独断である。しかも、加藤（加藤秀俊――引用者）氏の指摘するように、その進歩がその独断を導き出しているのであって、そのために他のアジア人との間の連帯感が断ち切られているのだから、われわれは二重の不幸である」（「アジアに散らばった日本の兵隊」⑤二〇六）と、「アジア人との間の連帯感」を強調している。

＊12　一方、丸山は、竹内が評価する彼の論文において、「今日アジアのナショナリズムの動向は、とくに朝鮮事件以来世界の最大の注視の的となつているといつてもいい過ぎではない。朝鮮でも中国でもインドでも、東南アジアでも、いまや民族運動は巨大な革命的な力として立ち現れている」（前掲「日本におけるナショナリズム―その思想的背景―」二九六頁）という。

＊13　いいだ・もも「竹内好論―方法としてのアジアが直面している歴史―」（『思想の科学』五、思想の科学社、一九六六年）二八頁。引き続き、いいだは「そして、その「新しい観点」「方法」としてのアジアには、にもかかわらず普遍化への契機がとぼしいということが、わたしのこのささやかな竹内論のモチーフにほかなりません」（二八頁）と批判している。

＊14　竹内はデューイを引用しながら「日本は、見かけは非常に近代化しているようであるけれども実はそうじゃない。あれは根がないものである」（前掲「方法としてのアジア」、二二一～二二二頁）反面、「中国の近代化は非常に内発的に、つまり自分自身の要求として出て来たものであるから強固なものであるということを当時言った」（同上、二二四頁）という。竹内はここで、西欧の近代を模範とした日本の近代化のあり様を捉えようとするのでなく、「自分の位置をはっきり掴む」ために「少なくとも中国とかインドというような日本と違った道を歩んだ別の型」（同上、二二四～二二五頁）にみられるある種の「アジアのナショナリズム」、すなわち、「主体形成の過程」を照明する立場に立っている。そしてそれこそが、竹内の「方法としてのアジア」なのである。

＊15　竹内は、「方法としてのアジア」の講演後、自ら編集した『アジア主義』の解説である「アジア主義の展望」を著す前に「日本と

アジア」（一九六一年六月）を発表している。この論考で竹内が述べたかったことは、「今日、アジア（アフリカをふくめてもよい）のナショナリズムとよばれているものの実体と、運動法則とは、この文明を虚偽化するより高い、より広い文明観の発展への全過程を意味していると考えられる。文明の否定を通しての文明の再建である。これがアジアの原理であり、この原理を把握したものがアジアである。（中略）独立はあくまで自力でかち取る以外に達成できない、という確信はアジアのナショナリズムを普遍的に貫いている」（⑧九一）という文章に集約されている。ここには「アジアの展望」を貫徹する歴史観が表明されている。それこそ、「文明一元論」である。

＊16　竹内は、そもそも、「「満州国」思想」について、議論を「予定してあったのは石原莞爾、橘樸、笠木良明、権藤成卿らであ」ったと述べている。一九六三年七月X日の竹内の『日記』には、「『アジア主義』の解説がいよいよ最後のドタン場まで来てしまった。（中略）筋が何度も立ちかけては崩れるので、その度に全体の構成をまた考え直さなくてはならない。どうやら明治の部分だけで予定の百枚が埋まってしまいそうな形勢だ」、「今度の『アジア主義』解説は、時間切れで後半が思うように展開できなかったので、原稿を渡したあとでも、そう晴れがましい気にはなれなかった」（⑯四一三）と記されている。

＊17　関連研究には、山本興正「梶村秀樹における民族的責任の位置―ナショナリズムをめぐる議論を中心に―」（『コリアン・スタディーズ』二、国際高麗学会日本支部、二〇一四年）がある。

＊18　この他、「亜州和親会をめぐって―明治における在日アジア人の周辺―」上・下（一九七七年）にも参考文献の一つに、竹内好編『アジア主義』が含まれている。

＊19　梶村は、竹内の死去に際して、「竹内さんが亡くなったことを知って追悼の意を表したい気持が起こり、執筆を買って出た。なぜ「遠くから」なのかというと、私は生前の竹内さんとはいつも相性が悪かったからである」（「遠くからの追悼」『朝鮮研究』一六五、東京大学文学部朝鮮文化研究室、一九七七年、一頁）という追悼の文章を書いている。ここで梶村が「三度目はこの朝研の初期の頃、竹内さんもたまにくる所員だった」（一頁）と述べているように、梶村は竹内と日本朝鮮研究所を通じて面識があった。

＊20　梶村秀樹「竹内好氏の「アジア主義の展望」の一解釈」一九六四年。『朝鮮史と日本人』梶村秀樹著作集一（明石書房、一九九二年）九七頁。

＊21　詳細は、同上、九九頁を参照。

＊22　同上、一〇〇頁。

＊23　同上、一〇二頁。つづけて、梶村は「歴史学の中に一般的なナショナリズムの通念のあいまいさについては、もちろん歴史学研

究会自体の過去の活動にも責任がある。歴研の内外で、戦前講座派の理論体系の延長線上に今に至るまで「真の近代化未現実論」とともに、「真の近代化未現実論」が、くり返し表明されている。支配のイデオロギー、また大衆意識も、状況の変化によってそれなりの変改を行なっているのに、歴史学は、いまなお戦前的な発想の枠組みを基本的に踏襲して、その思想的遺産を食いつぶしているにすぎないように思われる。このような状態のために、戦前の轍をふむどころか、今日のイデオロギー状況にのみこまれてしまう危険さえ大きいのだと思われる。ある意味では、例えば「アジア主義の展望」における竹内氏や、或いは三流の思想家にすぎないとはいえライシャワー氏も、戦前講座派或いは戦後歴研の忠実な学習者として自己を主張することができると思われる」（「現在の「日本ナショナリズム」論について」、一九六五年五月。前掲、『朝鮮史と日本人』一二〇頁）と述べている。

＊24 「「日本人の朝鮮観」の成立根拠について―「アジア主義」再評価論批判―」一九六四年（同上、一〇七頁）。梶村は、他の論考においても、竹内に対して「日韓会談」に伴う「「日韓親善」イデオロギー」（「排外主義克服のための朝鮮史」一九七一年六月。同上、二八頁）に便乗したと批判している。

＊25 「竹内好氏の「アジア主義の展望」の一解釈」（同上、一〇二～一〇三頁）。

＊26 「朝鮮からみた明治維新」一九八〇年三月（同上、一四二頁）。

＊27 前掲「遠くからの追悼」一頁。

＊28 前掲「朝鮮からみた明治維新」一四四頁。

＊29 こうした梶村の竹内批判について、朝鮮思想史研究者の尹健次は、玉城素の『民族的責任の思想―日本民族の朝鮮人体験―』（一九六七年）にみられるような、「対アジアへの民族的責任という発想からは一歩後退した性質のものであ」るといった発言をしながら、「竹内の思想の弱さないしは曖昧さ、さらには危険性をもっとも鋭く指摘したのは、戦後世代として自らのアジア観を正し、朝鮮を中心とするアジアへの加害責任を明確にしていこうとしていた梶村秀樹ら、朝鮮史研究会（一九五九年発足）の若き研究者たちであった」（「戦後思想の出発とアジア観」『戦後思想と社会意識』、岩波書店、二〇〇五年、一六二～一六三頁）と評価する。

＊30 「朝鮮問題における内田良平の思想と行動―大陸浪人における「アジア主義」の一典型として―」（『歴史学研究』三〇七、一九六五年）、二二頁。このほか、日本近現代経済史家の中瀬寿一と現役の「在日」朝鮮近代史・近代日韓比較思想史研究者の趙景達もまた、「竹内好編『アジア主義』―新植民地主義的進出のモラリッシュ・エネルギーとしての現代的機能―」（『朝鮮学報』三六、一九六五年）、「日本／朝鮮におけるアジア主義の相克」（『情況』三期八巻二、二〇〇七年）でもって竹内批判に加わった。

＊31 一方、上記のような梶村の竹内批判を引き継ぐ形において、竹内の「方法としてのアジア」を批判しようとしたのが、昨今、歴

史社会学分野の研究に携わっている中野敏男である。中野は、「「方法としてのアジア」という陥穽―アジア主義をめぐる竹内好と梶村秀樹の交錯―」と題する論文において、近年の「植民地主義」研究の視点から梶村の竹内批判を評価したうえ、竹内の「アジア主義」論の「議論の構造に朝鮮の植民地化問題が欠落している」ことを改めて取り上げている。すなわち、中野は竹内の「議論の構造」が、結局は、「朝鮮の植民地化という文脈」上において「侵略主義的なアジア主義たちを現実に救済してしまっている」こと、「方法としてのアジア」の持つ「躓き」と「陥穽」について指摘している（『前夜』八、影書房、二〇〇六年、一二四頁、傍点は原文）。中野はまた、「植民地主義批判と朝鮮というトポス―アジア主義をめぐる竹内好と梶村秀樹の交錯その2―」において、「アジア主義」という「侵略と植民地主義」を生きた「民衆の経験」と「悔恨」に射程を置いた梶村の「民衆史」的なまなざしを高く評価する。だが、竹内と梶村は「「中国」と「朝鮮」という場」をそれぞれ自らの研究の中心に置いており、従って、竹内を、梶村とは異なるとして、「朝鮮というトポスが、日本の植民地主義をとりわけその深部で問い糾さずにはおかない質と構造を備えている」（『前夜』九、二〇〇六年、二一九〜二二三頁、傍点は原文）と捉えることは、先入観による図式的な批判とはいえ、本章で考察してきた竹内の考え方ともずれがある。すなわち、中野は竹内の「アジア主義」論が、史実としての日本の朝鮮への「植民地主義」を最初から射程外にしていたという前提で議論を始めるのである。竹内には、「民衆史」とは言わずとも、「民衆」または「民衆の主体」への視線がなかったわけではない。竹内は、一九五〇年代の初盤に、「民衆は、すでに存在し、それを利用すればいいという性質のものではない。天くだりのいわゆる「大衆路線」の考え方はまちがっている。民衆は不断に形成すべきものであって、それを形成するものは、ほかならぬ民衆自身である」（一九五三年八月、⑥二五五）と述べている。

*32 楠原利治・北村秀人・梶村秀樹・宮田節子・姜徳相「アジア主義と朝鮮―判沢弘「東亜共栄圏の思想」について―」（『歴史学研究』二八九、一九六四年）。

*33 『一九六四年北京科学シンポジウム歴史部門参加論文集』。後に『文化評論』四〇（新日本出版社、一九六五年）に収録。

*34 出典は各々、『展望』（一九六五年一二月）、『世界』（一九六六年一月）、『展望』（一九六六年九月）である。

*35 溝口は、その後、竹内を再考する二〇〇六年のシンポジウムにおいて発表した「方法としての「中国独自の近代」―明末清初から辛亥革命へ、歴史の軌跡を辿る―」（鶴見俊輔・加々美光行編『無根のナショナリズムを超えて―竹内好を再考する―』日本評論社、二〇〇七年）においても、『方法としての中国』および『中国の衝撃』で展開した論旨を明確な竹内批判とともに提示している。

*36 柄谷行人『帝国の構造―中心・周辺・亜周辺―』（青土社、二〇一四年）。

*37 子安宣邦『「近代の超克」とは何か』（青土社、二〇〇八年）二一七〜二一八頁。

# 参考文献一覧

※各論考の注に引かれたもののほか、各著者より以下の各文献が参考にした文献として挙げられた（一部、注との重複を含む）。


秋吉　収「『中国文学（月報）』と中国語―竹内好らの活動を軸として―」（『中国文学論集』〈九州大学中国文学会〉三五、二〇〇六年）
幼方直吉「魯迅を生かす道―竹内好氏の中国観について―」（『中国研究』一〇、一九四九年）
王　俊文「一九三八年の北京に於ける竹内好と「鬼」の発見―ある「惨として歓を尽くさず」の集まりを中心として―」（『東京大学中国語中国文学研究室紀要』一〇、二〇〇七年）
大原祐治「北京の輩と兵隊―「中国文学月報」における竹内好・武田泰淳―」（『学習院大学人文科学論集』一一、二〇〇二年）
大原祐治「羅漢と仏像―雑誌「中国文学」における竹内好・武田泰淳―」（『昭和文学研究』四五、二〇〇二年）
岡山麻子『竹内好の文学精神』（論創社、二〇〇二年）
小熊英二『〈民主〉と〈愛国〉―戦後日本のナショナリズムと公共性―』（新曜社、二〇〇二年）
小倉芳彦『吾レ龍門ニ在リ矣　東洋史学・中国・私』（龍渓書舎、一九七四年。『小倉芳彦選集』二、論創社、二〇〇三年）
鹿野政直『近代社会と格闘した思想家たち』（岩波ジュニア新書、二〇〇五年）
斎藤秋男「二〇世紀における日本の中国研究(1)中国文学研究会とわたし」（『中国研究月報』五九六、一九九七年）
佐藤　泉『戦後批評のメタヒストリー―近代を記憶する場―』（岩波書店、二〇〇五年）
朱　琳「『中国文学月報』から見た近代日本知識人の中国文学認識―大衆重視の視点から―」（『国際文化研究』〈東北大学国際文化学会〉一九、二〇一三年）
朱　琳「二人の「弱者」の交錯―一九三〇年代における竹内好と武田泰淳の中国体験を中心に―」（『国際文化研究』〈東北大学国際文化学会〉二一、二〇一五年）
立間祥介編『竹内好著作ノート』（図書新聞社、一九六五年）
鶴見俊輔『竹内好―ある方法の伝記―』（リブロポート、一九九五年。岩波現代文庫、二〇一〇年）
鶴見俊輔『「思想の科学」私史』（編集グループSURE、二〇一五年）

平石直昭「竹内好における歴史像の転回―大東亜・魯迅・アジア―」(『思想』九九〇、二〇〇六年)
日本アジア・アフリカ作家会議編『戦後文学とアジア』(毎日新聞社、一九七八年)
松本健一『竹内好論』(第三文明社、一九七五年。岩波現代文庫、二〇〇五年)
松本健一『竹内好「日本のアジア主義」精読』(岩波書店、二〇〇〇年)
松本三之介「戦後思想と竹内好」(テツオ・ナジタ・前田愛・神島二郎編『戦後日本の精神史―その再検討―』岩波書店、一九八八年)
丸川哲史『竹内好　アジアとの出会い』(河出書房新社、二〇一〇年)
渡邊一民『武田泰淳と竹内好』(みすず書房、二〇一〇年)

# あとがき

本書は、二〇一三年に世に問うた、『内藤湖南とアジア認識—日本近代思想史からみる—』（勉誠出版）に集ったメンバーが中心となってできあがったものである。私たちは、歴史学という根っこは共有しているものの、中国古代史と日本近現代史という専門領域を異にする研究者が意見を交換しあう場をもつことに意義を見いだし、その後も研究会を続けてきた。学問の「タコツボ化」に対するささやかな抗いのつもりではある。

そのなかで、内藤湖南につづいて、双方の研究者がともに関心をもつことのできる対象として見いだしたのが、竹内好であった。私たちは、共通のテキストを読んで議論するということを研究会の中心に据え、ほぼ月に一度のペースで一同が会し、『竹内好全集』を読み進めてきた。その作業をとおしてそれぞれが設定したテーマが、本書に結実することとなった。

竹内好の作品は、数多くの人に読まれ、また論じられてきた。しかし、改めてそれらを概観してみると、歴史学研究者によるものはけっして多くはなく、しかも竹内という幅広い思想家の一部分をとり出して、それぞれの問題関心から自由に論じているものが多いように思われる。私たちは、共に『全集』を読んできたことを活かして、できるだけ竹内の全体像に迫りたいと考えた。しかし、思想家竹内の存在は巨大であり、いまだそれが十分に果たせたとは言いがたく、残された課題も多いが、それに迫る第一歩を踏み出せたとすれば幸甚というほかはない。

なお、前著にご寄稿いただいた松本三之介先生には、その後もなんどか研究会に足をお運びいただき、長時間わたってお話しくださり、幅広い見地からの多大な刺激をいただいてきた。そのたびに私たちは目を開かれ、狭い袋小路に入って右往左往している自己を省み、社会科学の原点に立ち返って学び直す必要を痛感させられてきた。改めて感謝申し上げたい。

本書の刊行にあたっては、有志舎代表取締役の永滝稔氏が快くお引き受けくださり、構成等についても、貴重なご助言をいただいた。この場をお借りして、心よりお礼を申し上げる。

二〇一七年一〇月

黒川みどり

〈追記〉

本書は、科研費　基盤研究（C）「近代日本における「他者」認識としての中国観」二〇一二～一四年度（研究代表者　黒川みどり）、基盤研究（B）「近代日本の学知と中国ナショナリズム―中国社会論と東洋史学の交叉点から―」二〇一六～一九年度（研究代表者　小嶋茂稔）の研究成果の一部である。

## 編者・執筆者紹介

**黒川みどり**（くろかわ　みどり）
早稲田大学大学院文学研究科博士後期課程満期退学　博士（文学）
現在、静岡大学学術院教育学領域教授
主要著書：『共同性の復権』（信山社、2000 年）、『近代部落史』（平凡社新書、2011 年）、『創られた「人種」』（有志舎、2016 年）

**山田　智**（やまだ　さとし）
1971 年生まれ　専修大学大学院文学研究科博士後期課程単位取得退学
現在、静岡大学学術院教育学領域准教授
主要編著・論文：『内藤湖南とアジア認識』（黒川みどりと共編、勉誠出版、2013 年）、「正史成立前夜」（『静岡大学教育学部研究報告〈人文・社会・自然科学篇〉』第 66 号、2016 年）、「竹内好と楊聯陞」（『静岡大学教育学部研究報告〈人文・社会・自然科学篇〉』第 67 号、2017 年）

**小嶋茂稔**（こじま　しげとし）
1968 年生まれ　東京大学大学院人文社会系研究科博士課程修了　博士（文学）
現在、東京学芸大学教育学部教授
主要著書：『漢代国家統治の構造と展開』（汲古書院、2009 年）、「近代日本における「東洋史」の形成と湖南の中国史」（山田智・黒川みどり共編『内藤湖南とアジア認識』（勉誠出版、2013 年）、「国家による労働力編成と在地社会」（東洋文庫古代地域史研究編『張家山漢簡「二年律令」の研究』公益財団法人東洋文庫、2014 年）

**廣木　尚**（ひろき たかし）
1977 年生まれ　早稲田大学大学院文学研究科博士後期課程修了
現在、早稲田大学大学史資料センター助教
主要論文：「近代日本の自治体史編纂におけるアカデミズム史学と地域意識」（『日本史研究』第 579 号、2010 年）、「南北朝正閏問題と歴史学の展開」（『歴史評論』第 740 号、2011 年）、「黒板勝美の通史叙述」（『日本史研究』第 624 号、2014 年）

**田澤晴子**（たざわ　はるこ）
1966 年生まれ　名古屋大学大学院環境学研究科博士後期課程修了
現在、岐阜大学教育学部准教授
主要著書・論文：『吉野作造』（ミネルヴァ書房、2006 年）、「竹内好」（大井赤亥他編『戦後思想の再審判』法律文化社、2015 年）、「「郷土研究」とアカデミズム史学」（『年報近現代史研究』7 号、2015 年）

**姜　海守**（かん　へす）
立命館大学大学院文学研究科博士後期課程修了
現在、国際基督教大学アジア文化研究所研究員
主要著書・論文：「植民地「朝鮮」における「国文学史」の成立」（西川長夫・渡辺公三編『世紀転換期の国際秩序と国民文化の形成』柏書房、1999 年）、「「小楠問題」を語りなおす」（平石直昭・金泰昌編『横井小楠』東京大学出版会、2010 年）、「「道義」言説と植民地朝鮮におけるナショナル・アイデンティティ」（『アジア文化研究』第 43 号、2017 年）

**竹内好とその時代**
歴史学からの対話
2018年3月10日　第1刷発行

編　者　黒川みどり・山田　智
発行者　永滝　稔
発行所　有限会社　有　志　舎
〒166-0003　東京都杉並区高円寺南4-19-2、クラブハウスビル1階
電話　03-5929-7350　　FAX　03-5929-7352
http://yushisha.sakura.ne.jp
振替口座　00110-2-666491
D T P　言海書房
装　幀　折原カズヒロ
印　刷　モリモト印刷株式会社
製　本　モリモト印刷株式会社


ISBN978-4-908672-19-4